노선 따라 즐기는 도심 속 감성 스팟 242

대충 그린

서울 핫플 다이어리

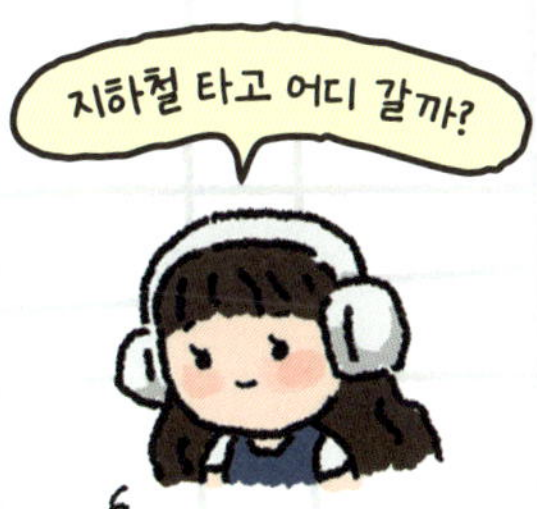

글·그림 이예은

이덴슬리벨

프롤로그

떠돌수록 이야기가 쌓인다

차도 없고, 운전면허도 없고, 그 와중에 운전은 무섭다. 그래서 나는 뼛속까지 뚜벅이다. 그런 나에게 지하철은 오래전부터 가장 익숙하고 편한 교통수단이자 친구였다.

"지하철 타고 어디 갈까?"
프리랜서가 되고 나선 더더욱 이 지하철과 함께하는 시간이 많아졌다. 정해진 사무실도 없고, 출근지도 없는 나는 서울 이곳저곳을 전전하며 '오늘의 사무실'을 찾곤 했다. 그런 유랑하는 삶 속에서 자연스럽게 주변을 더 많이 둘러보게 되었다. 길을 잘못 들어 발견하게 된 골목, 우연히 들어간 카페와 음식점, 갑자기 튀어나와 인사해 주던 고양이까지. 평소에 무심코 지나쳤던 작은 순간들이 특별해 보였고, 그 순간들을 간직하고자 그림일기를 그리기 시작했다. 그리고 이런 소중한 경험들을 사람들과 나누고 싶어 책을 집필하게 되었다.

넓다면 넓고 좁다면 좁을 수 있는 서울. 지하철역을 중심으로 그 주변에서 내가 보고 느끼고 겪은 이야기들을 담았다.

서울이라는 도시를 새롭게 바라보는 시선으로 읽어주면 좋겠다.
이 책은 여행책이자, 일기장이자, 지도이고, 어쩌면 지금 이 순간 내 삶의 스냅샷이기도 하다. 독자에게도 각자의 추억과 감정 위에 이 책이 스며들기를 바란다.
그럼, 이제 나와 함께 책 속 지하철에 몸을 실어보자.

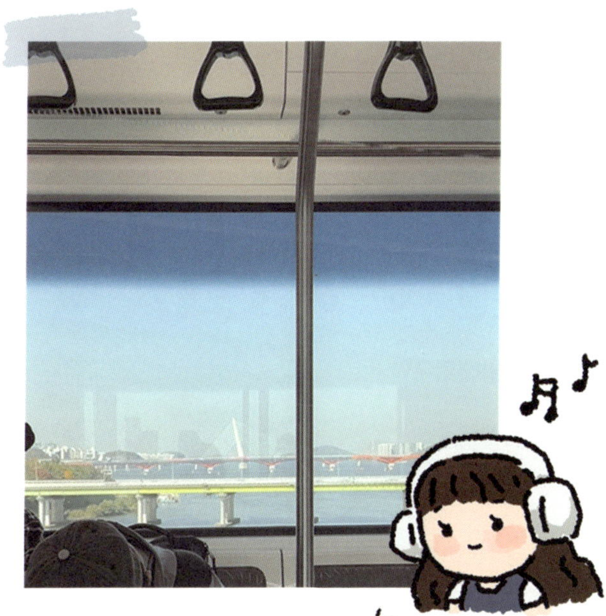

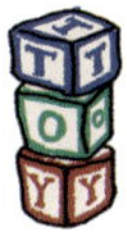

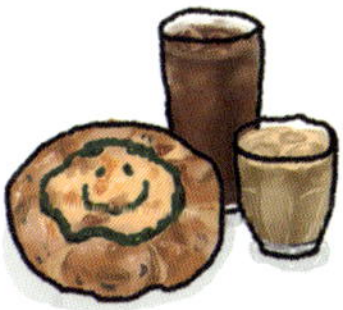

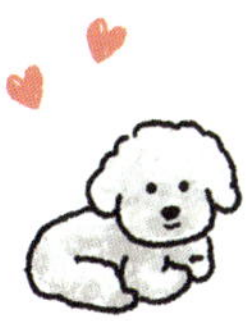

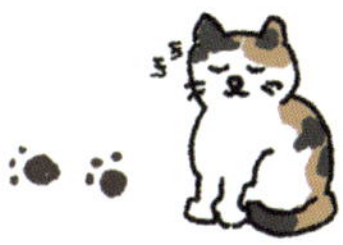

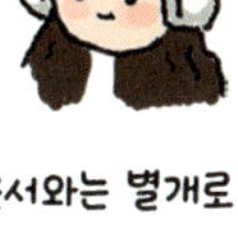

실제 지하철 노선도 순서와는 별개로

제 경험의 흐름대로 역을 소개하고 있으니 참고해 주세요!

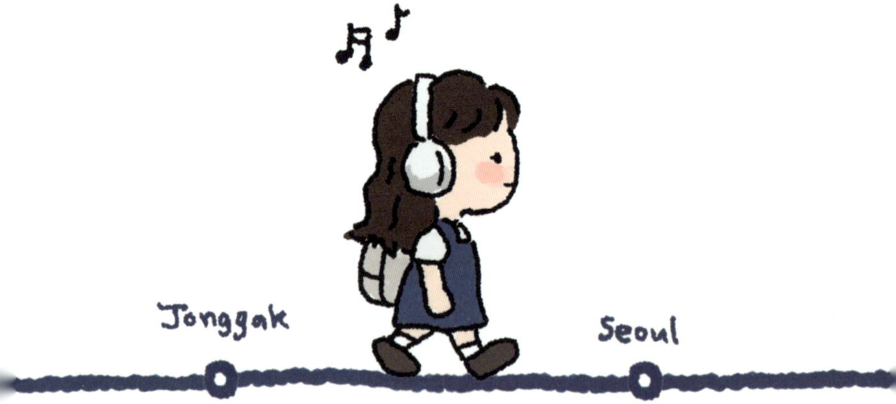
Jonggak
Seoul

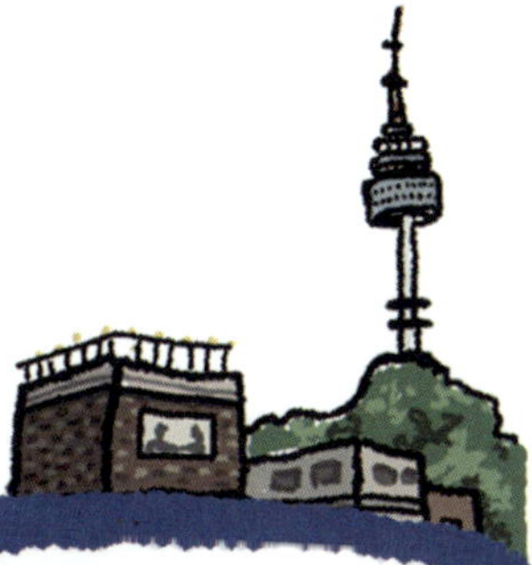

1호선

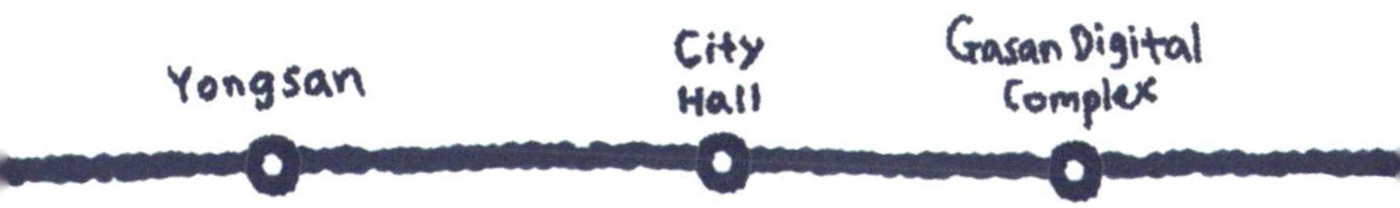

다크블루 라인

Dark-Blue Line

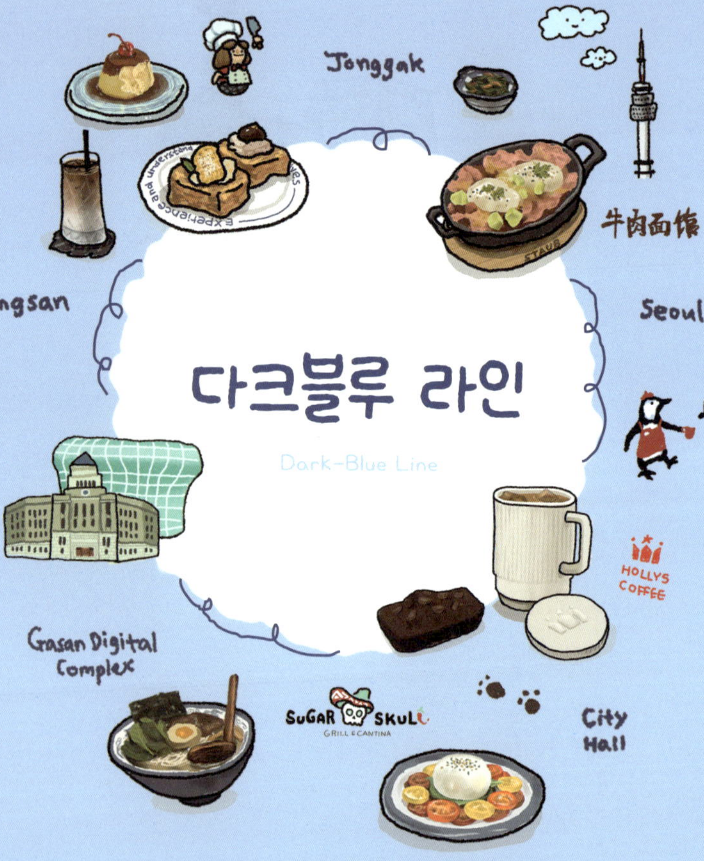

1호선을 타고 서울역에서 남영역을 지날 때면 전력 공급이 잠시 중단된다는 방송이 흘러나온다. 잠시 후 열차 안의 불이 꺼지고 고요해지는 순간이 찾아오는데… 과학과 거리가 먼 나는 '아, 잠깐이라도 전기를 아끼려는 건가?' 하는 일차원적인 생각을 하곤 했다. 마치 에너지 절약을 위해 랜드마크의 조명을 소등하는 캠페인처럼 말이다.
알고보니 이 구간은 전기 공급 방식이 바뀌는 절연구간이라고 한다. 하지만 그 사실을 알게 된 뒤에도 나는 여전히 이 순간을 일종의 '퍼포먼스'처럼 느낀다. 북적이던 열차 안이 단숨에 숨을 죽이고, 오직 손에 들린 휴대폰 화면 불빛만이 사람들의 얼굴을 밝히는 모습. 그리고 곧 조명이 켜지면 아무 일 없었다는 듯 다시 활기가 도는 순간이 나에겐 특별한 풍경으로 남는다.

사람들은 1호선을 흔히 '빌런들의 호선'이라고 부른다. 별별 소동이 넘쳐난다고. 하지만 이 구간에서만큼은 소란했던 빌런들의 무대도 잠시 막을 내리고 모두가 차분해질 것만 같은 느낌이 든다.

1 종각역

가볼 만한 곳

보신각, 청계천, 영풍문고,
젊음의 거리, 인사동 거리

서울커피상회

혼자 와서 책 읽고 글 쓰기 좋은 곳.
커피 맛이 정말 좋았고
초록초록한 식물들과
클래식 음악이 코지함 그 자체!

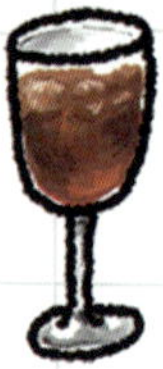

보신각 뷰

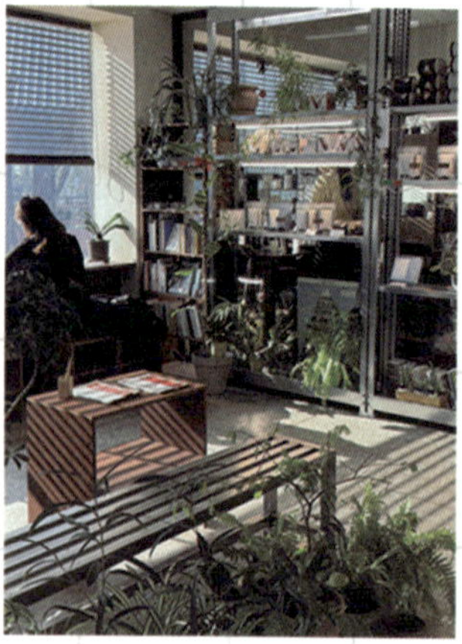

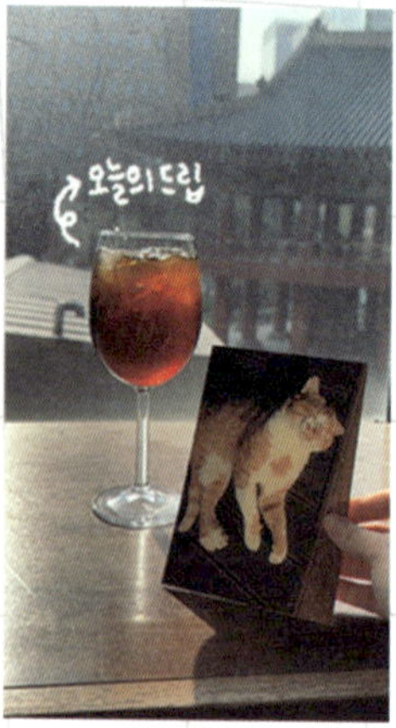

귀여운 고양이 엽서도 판매중

Jonggak

牛肉面馆

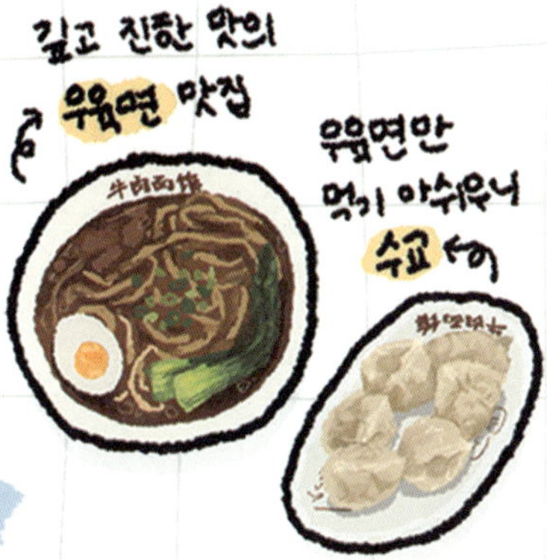

진중 우육면관 본점

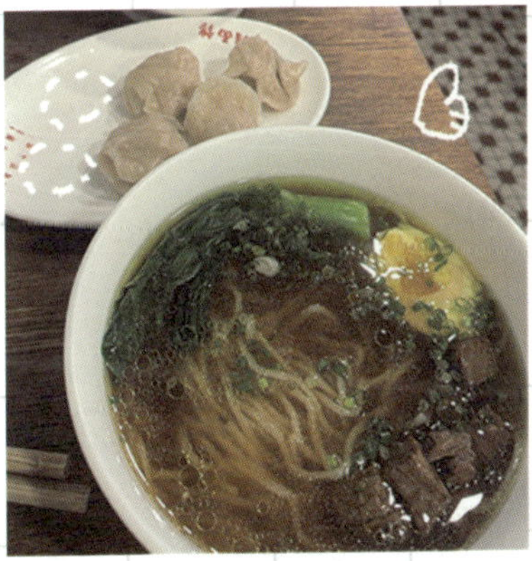

Tip!

반찬으로 나오는 갓김치
꼭 곁들여 먹기!

5년 연속 미슐랭 맛집! 원래 항상 웨이팅 있었는데,
옆에 별관도 생겨서 오래 기다리지 않아도 된다.

대만에서 먹었던 우육면이 생각나는
진한 향과 깊은 국물 맛!
수교도 같이 곁들여 먹으면 든든한 한 끼 완성!

아마츄어작업실 청계점

굉장히 아늑하고 아기자기한
아지트 같은 카페!
레트로하고 재밌는 곳이다.

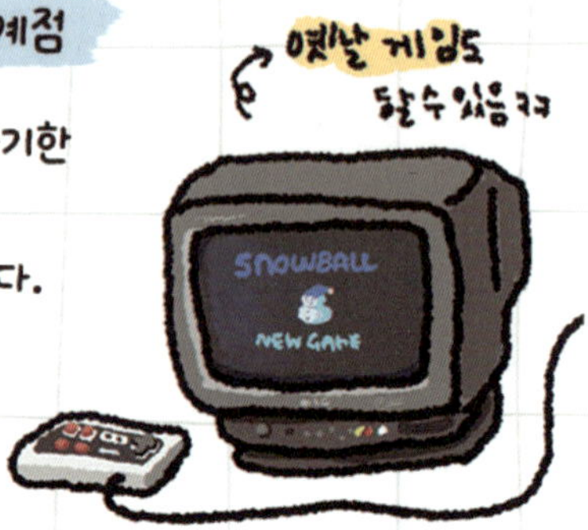

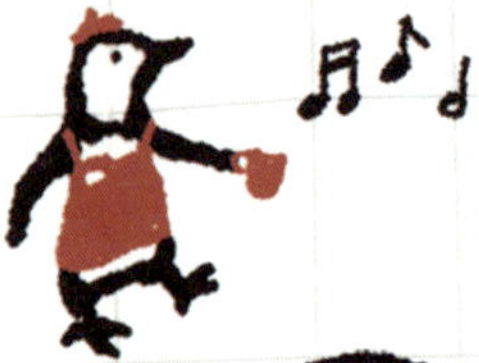

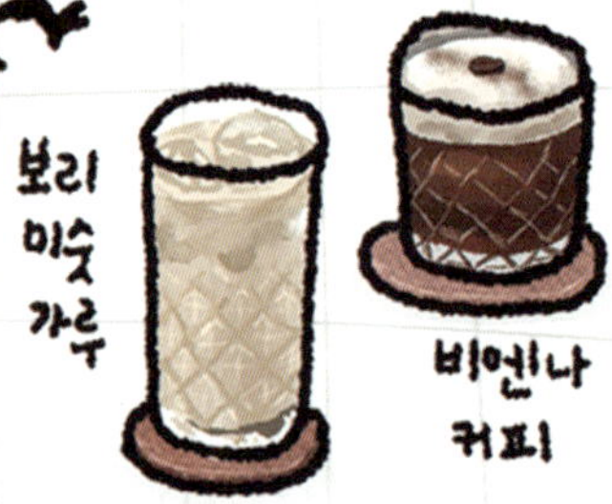

메뉴도 다양하고
맛있는 편.
작업하기도 좋고
대화하기도 좋은
느좋 플레이스
↳ 느낌 좋은

폴루이트

술집 많고 시끌벅적한 젊음의 거리에
조용하고 차분, 아늑한
카페가 있을 줄은!
차, 커피 종류 다양하고
케이크도 꽤 있다.

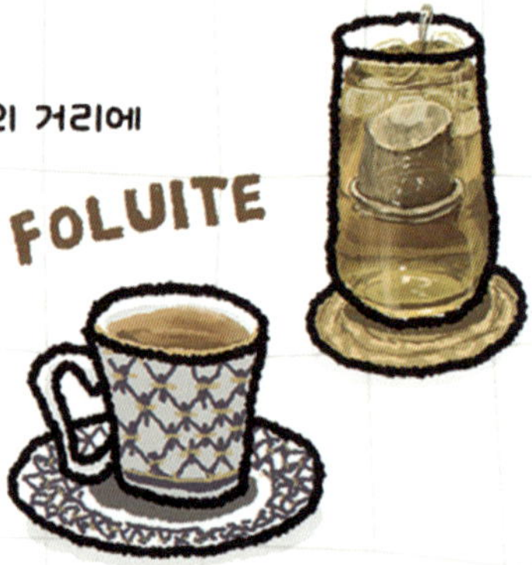

노우즈종로 풍경점

부라타치즈
샐러드

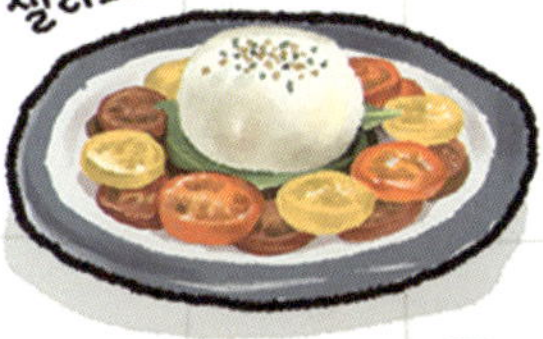

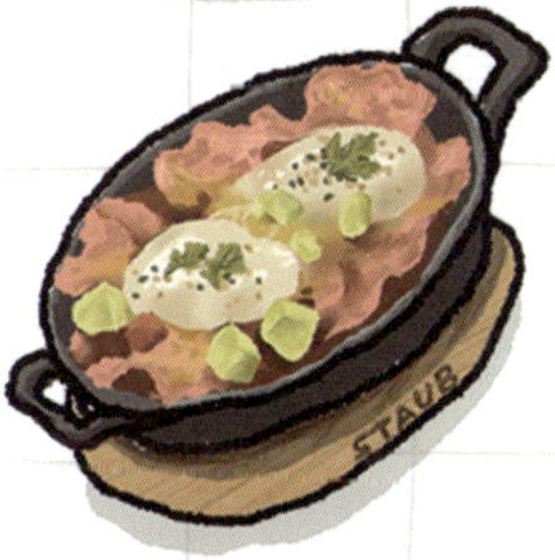

훈제 햄 라따뚜이와 수란

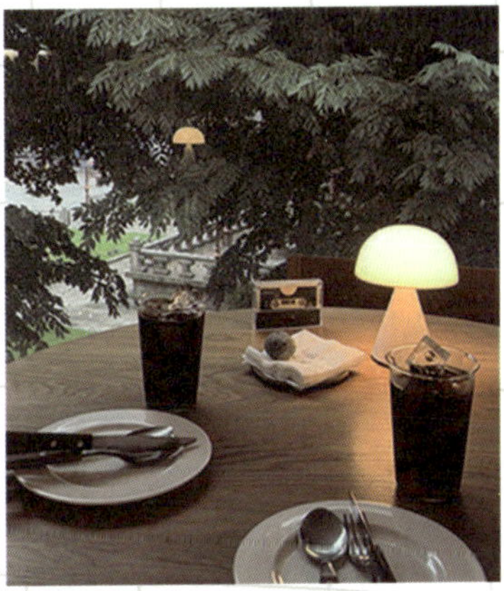

통창으로 시원하게 트여 있어
뷰 좋고 분위기 좋은 곳.
창가석으로 미리 예약하고
방문하는 것을 추천한다.

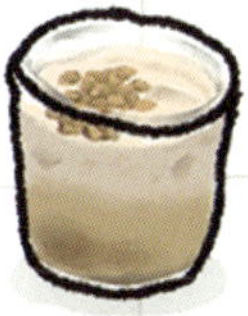

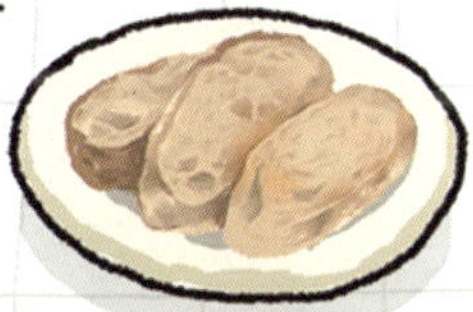

독립밀방
시그니처브런치세트

→ 독립밀방과의
콜라보

율무크림
라떼

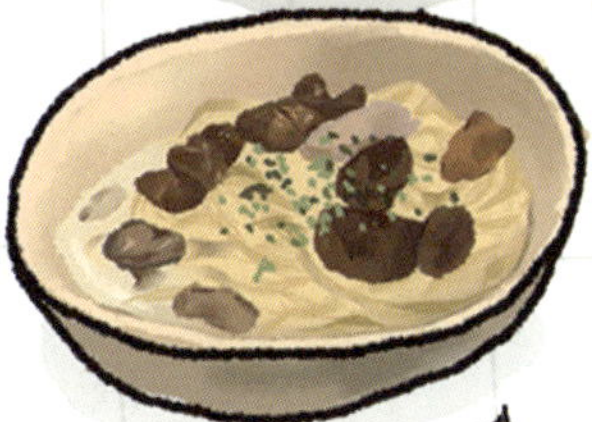

포르치니 버섯 크림 링귀네

청계천

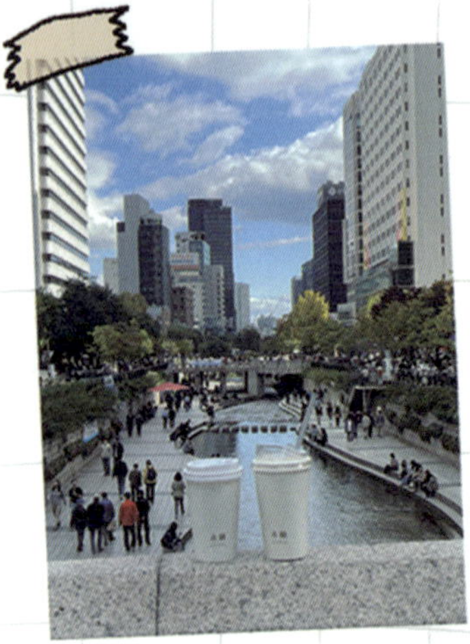

도심에 이런 곳이 있다는 게
귀하다...

빌딩 숲 사이
힐링 스팟!
낮엔 활기차고,
밤엔 낭만 있는
K-하천

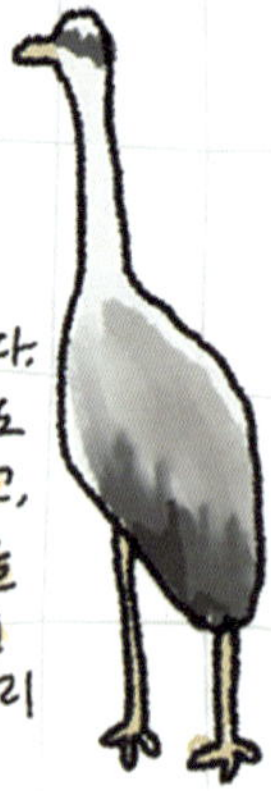

백로인 줄
알았는데
찾아보니
'왜가리'였다.
멀리서 봤는데도
엄청 컸고,
사람들의 관심을
즐기던
인싸왜가리

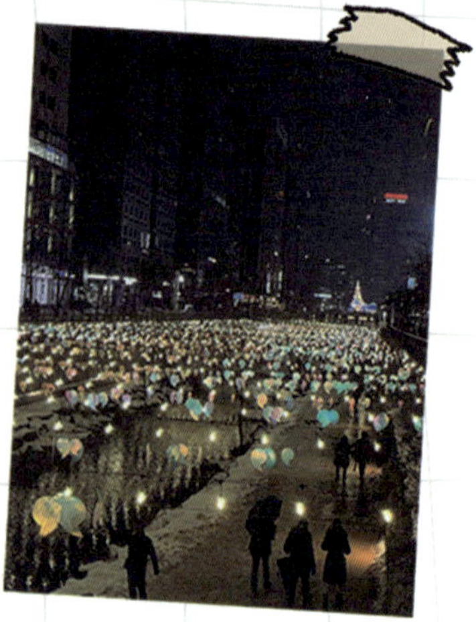

Jonggak

할리스 청계천점

HOLLYS COFFEE

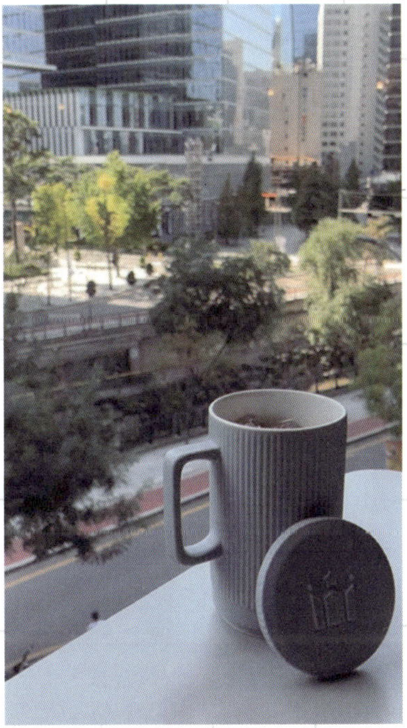

나의 최애
할리스 지점!
4층까지 있어
자리도 넉넉하고,
작업하기 좋은 곳.
청계천 뷰가
이곳의 매력
포인트다.

할리스에서
제일 좋아하는 메뉴!
블랙아리아 딥라떼

청계천뷰에
짱넓은 카페!

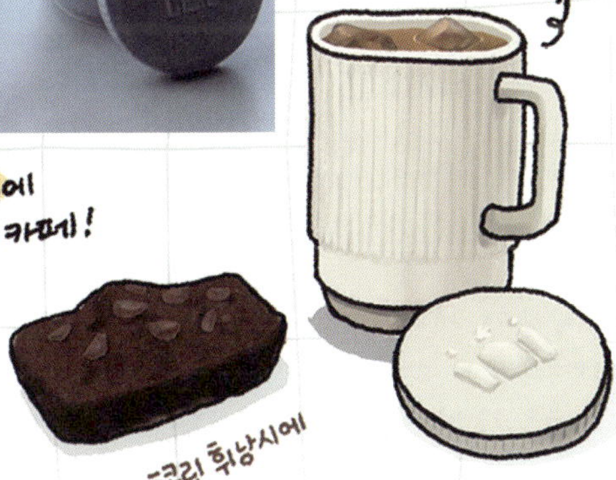

샤오바오 우육면

샤오바오우육면
XIAOBAO

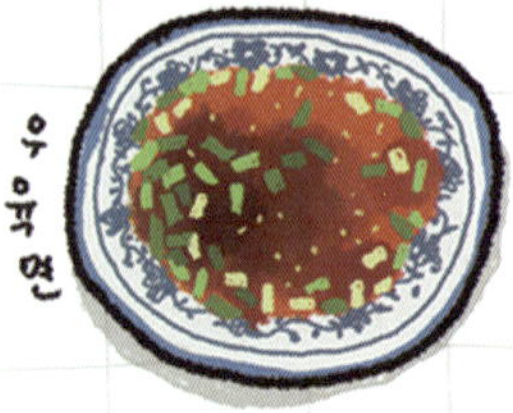

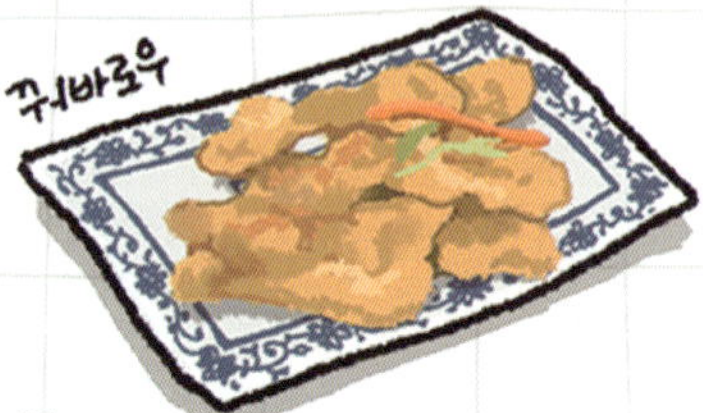

종로 올 때마다 꼭 들르는 맛집.
면 종류가 무려 8가지라 골라 먹는 재미가 있다.
내 취향은 1,2번 얇은 면!
뜨끈한 우육면에 바삭한 꿔바로우 한 점 먹으면 완벽하다.

트레블 플스방

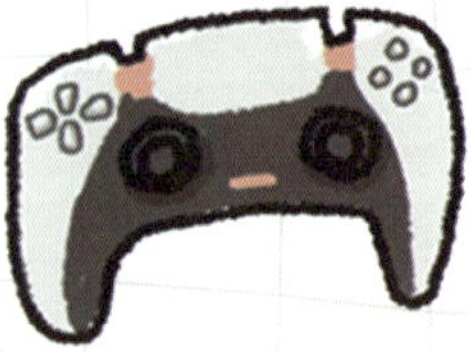

플레이스테이션
게임하기 좋은
아늑한 공간!
주말엔 늘 대기 있으니 참고!

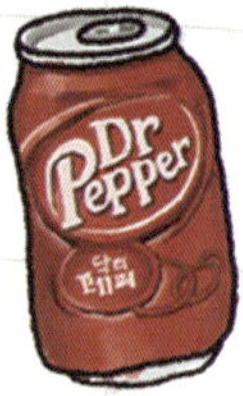

(나) (친구)
플스 초보자가 플스 입문자 데리고
플스방 감 ㅋㅋ 세상 뚝딱거리는
오버쿡드하면서 한달치 웃음
다 웃음 ㅋㅋㅋㅋ 꿀잼꿀잼

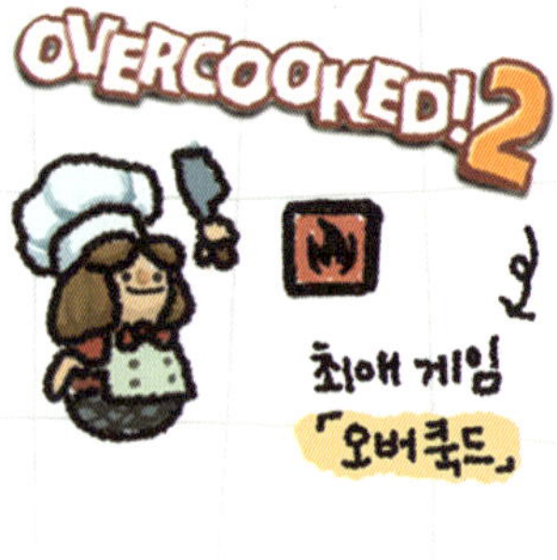

최애 게임
「오버쿡드」

Jonggak

슈가스컬 종로점

SUGAR SKULL
GRILL & CANTINA

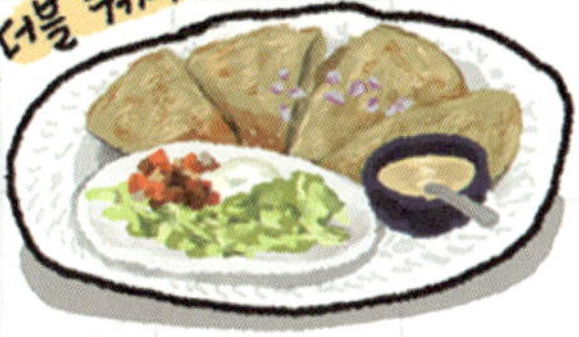

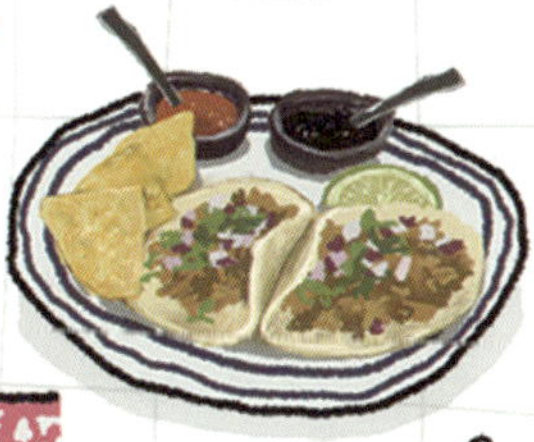

타코에
갑자기 꽂혔던
시절

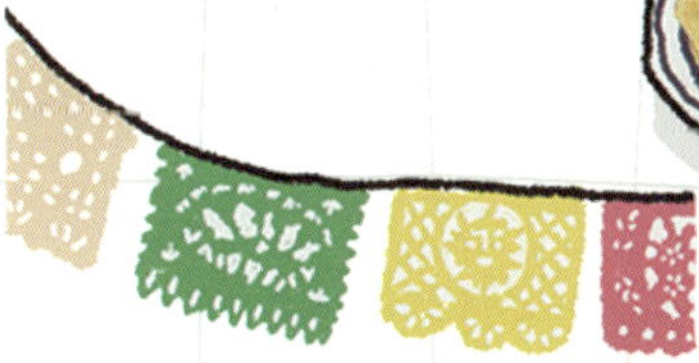

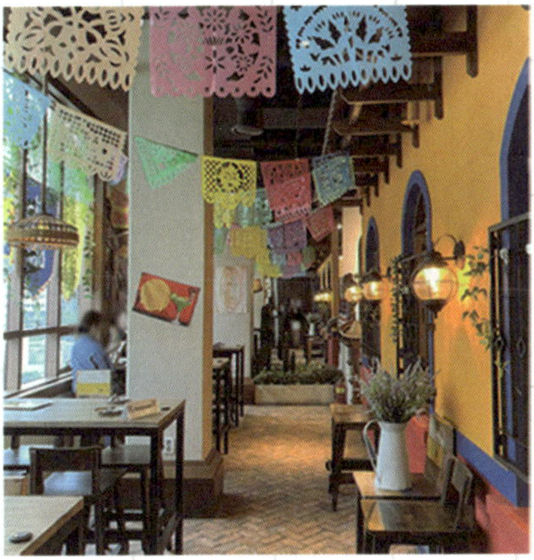

입구부터 코코 감성
제대로인 타코집!

실패 없는
베스트 메뉴들로만
주문했는데,
카니타스 타코도
맛있었지만
두툼한 퀘사디아가
정말 맛있었다.

1 서울역

가볼 만한 곳

서울로7017, 서소문 역사공원,
숭례문, 남대문시장, 남산 서울타워

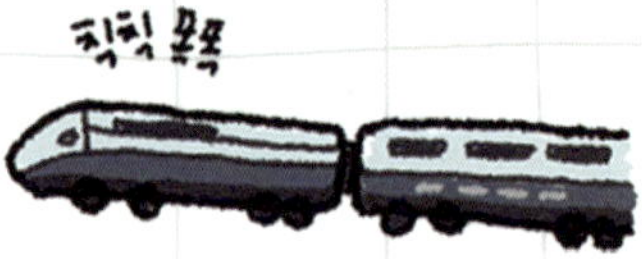

서울로 PH

서울역을 오가는 기차들,
남산타워가 한눈에 보이는 뷰 맛집!

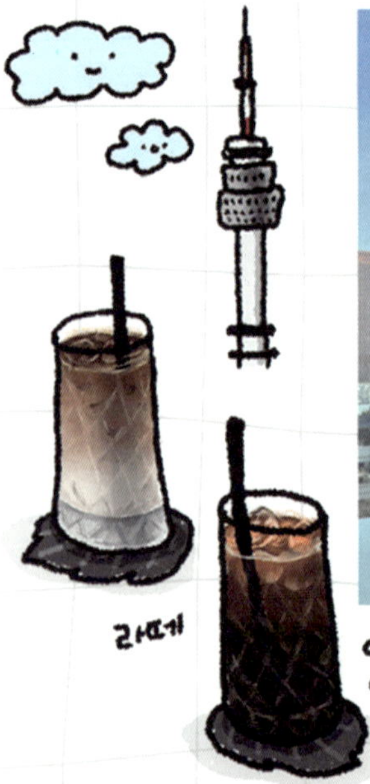

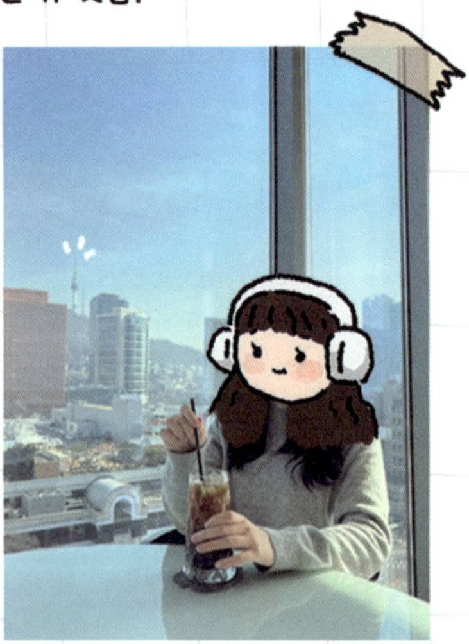

라떼

아이스 아메리카노

11층에서 내려다보는 서울 야경도 끝내준다!

Seoul

유즈라멘

ゆずラーメン

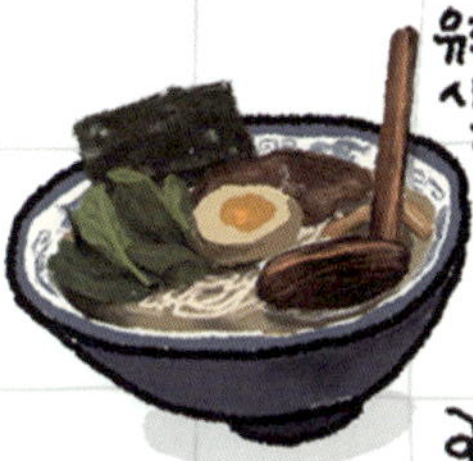

유즈 시오 라멘

나의 최애 라멘집(속닥)
꼬들꼬들한 면에 불향 가득
차슈, 유자 맛 국물까지!
유자 향이 취향에 맞는다면
테이블마다 놓여있는
유자 착즙액 더 추가하기!

유자차에 라멘 담궈 먹는 맛?!
첨엔 그 맛을 몰랐는데
중독성이 엄청나다..

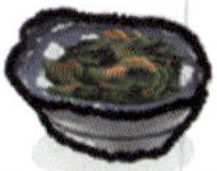

파김치가 느끼함 싹! 잡아줌

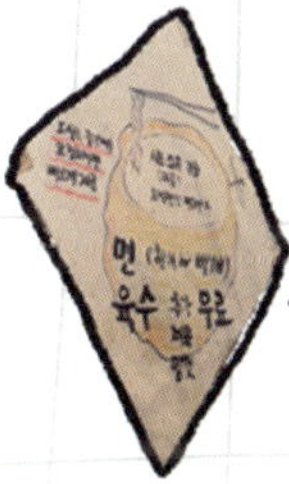

Tip!
면, (한개 or 반개)
육수 추가되는 게 대박..

잉꼬

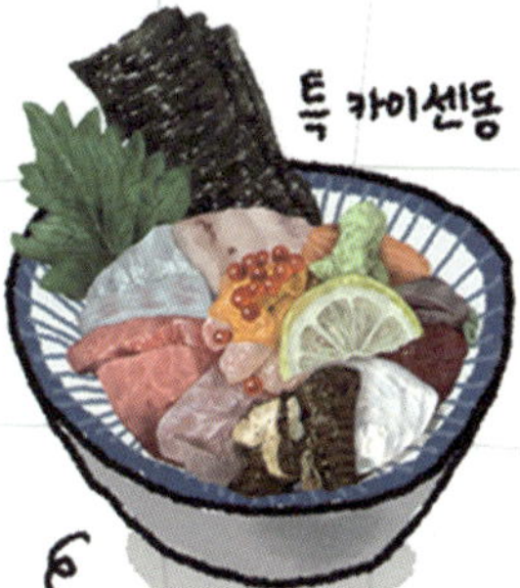

특 카이센동

회가 왕두툼

서울역 일식 맛집!
재료가 신선하고
퀄리티가 매우 좋다.
후토마키도 인기 메뉴.
공간이 협소해서
미리 전화 예약하는 것을 추천!

손기정 문화도서관

공간이 예쁜 도서관.
초록빛 나무들과 붉은 벽돌 건물이 어우러져,
주변을 걷기만 해도 기분이 좋다.

캠핑의자에 앉아서 책 읽으면 정말 힐링된다♥

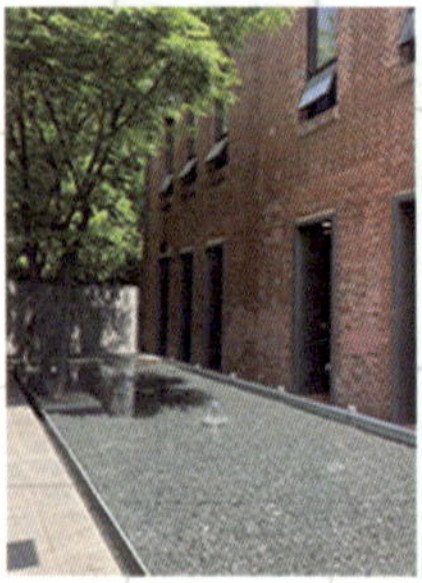

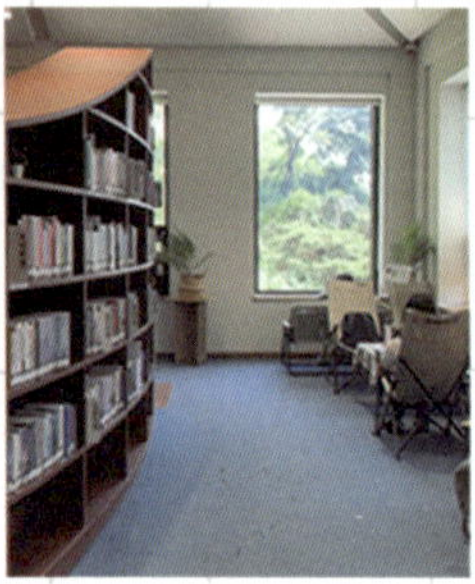

그라운드시소 센트럴

GROUNDSEESAW

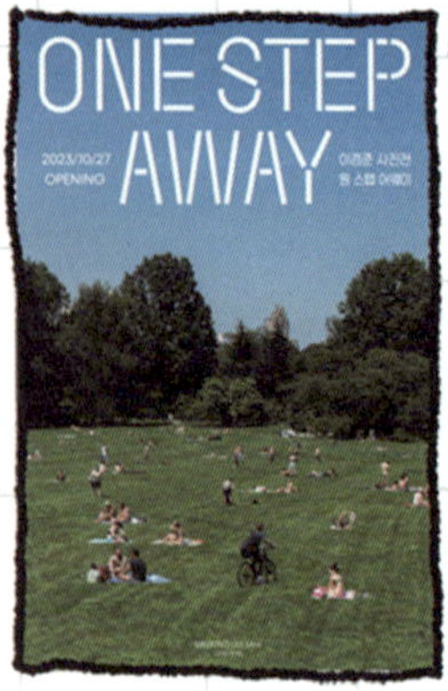

마음이 몽글몽글해지는
색감 예쁜 사진전이
자주 열린다.

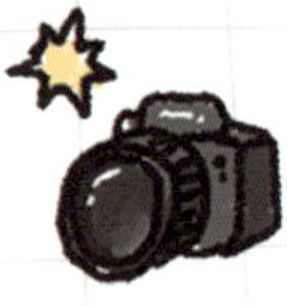

→ 23년도에 봤던
「이경준 사진전」

Seoul

포컬포인트

FOCAL POINT

맛있는 파이가
종류별로 다양하고,
매장도 넓어서 쾌적하다.
서울역 바로 앞이라
접근성도 굿!

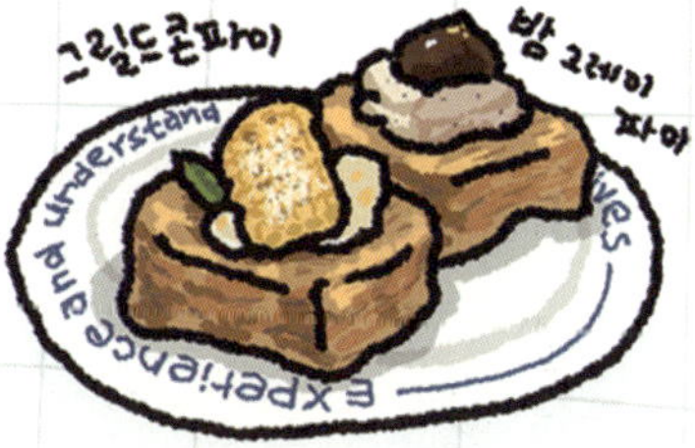

아티제 서울스퀘어점

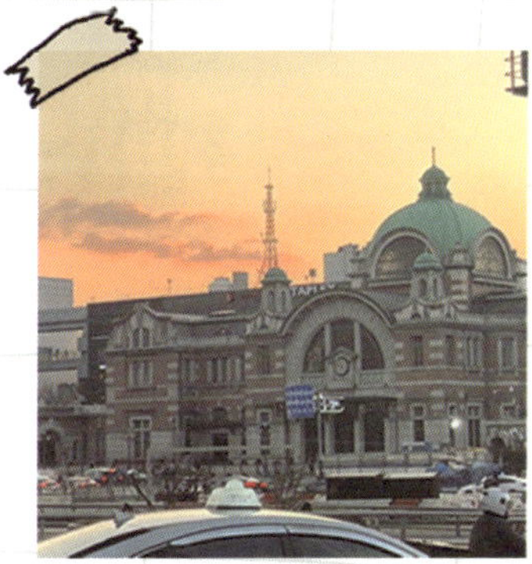

↳ 건너편으로 보이는 옛 서울역사

자리도 많고 넓어서
작업하기 좋은 카페.
큰 창 덕분에 개방감이
있어 답답하지 않다.

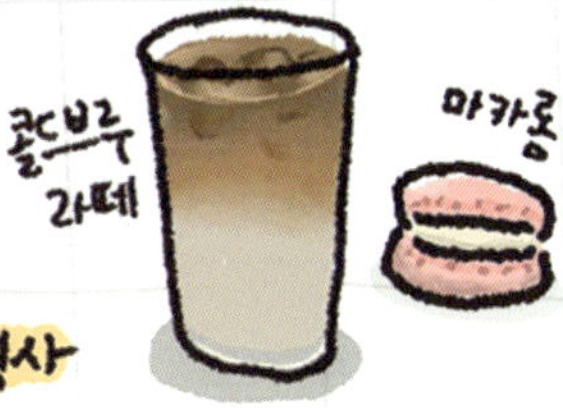

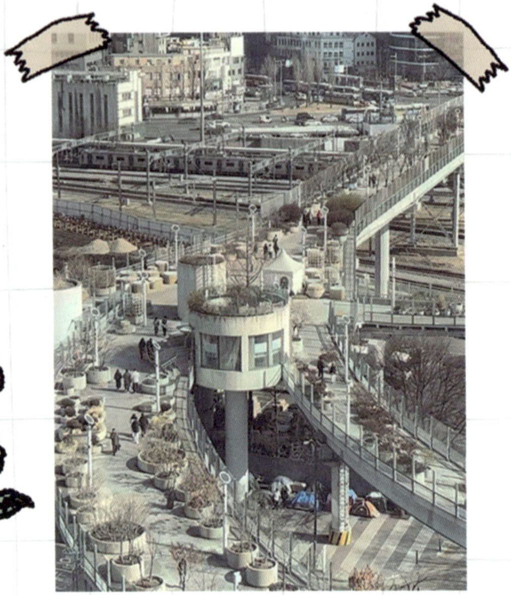

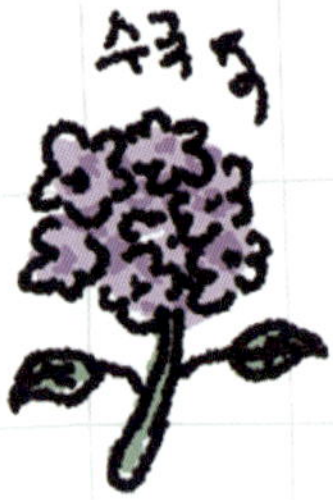

Seoullo

서울로7017

서울역 앞 고가도로를 산책로로 조성한 공중 공원 보행길.
밥 먹고 배부를 때 산책하기 딱 좋다.
중간중간 나무 이름을 읽어보는 것도,
기차를 구경하는 것도 재미있다.
어린이들을 위한 트럼펄린도
있었는데, 타고 싶었던 어른이.

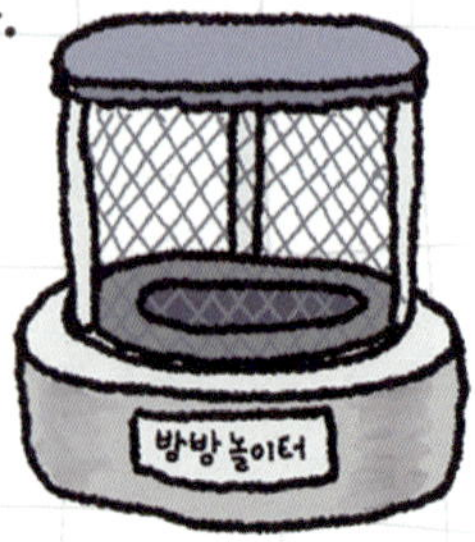

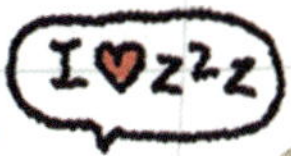

잠시

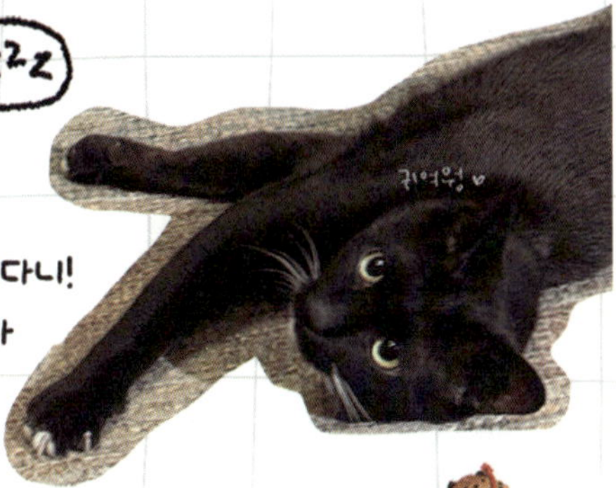

이런 곳에 이렇게
귀여운 카페가 있었다니!
아기자기한 분위기가
취향 저격이었다.
'잠'을 콘셉트로
한 점도 재미있고,
메뉴들까지
하나같이 다 너무 귀여웠다.

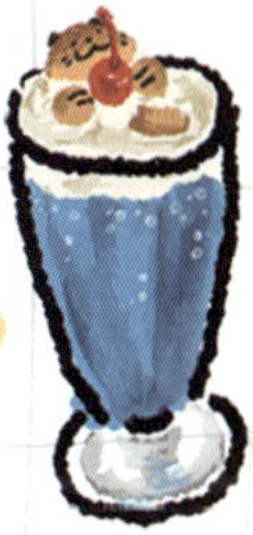

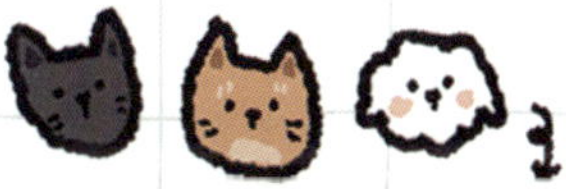

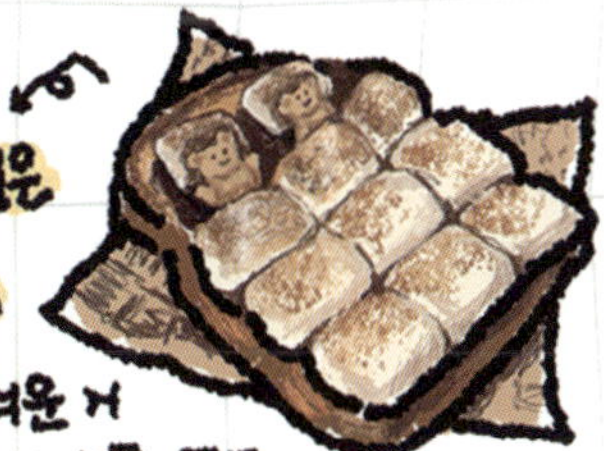

특히 귀여운 곰돌이들이
침대처럼 누워 있는
'스모어 토스트'는
비주얼부터 너무
사랑스럽고,
맛도 훌륭했다.

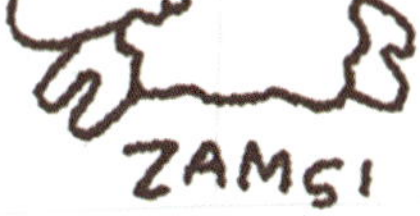

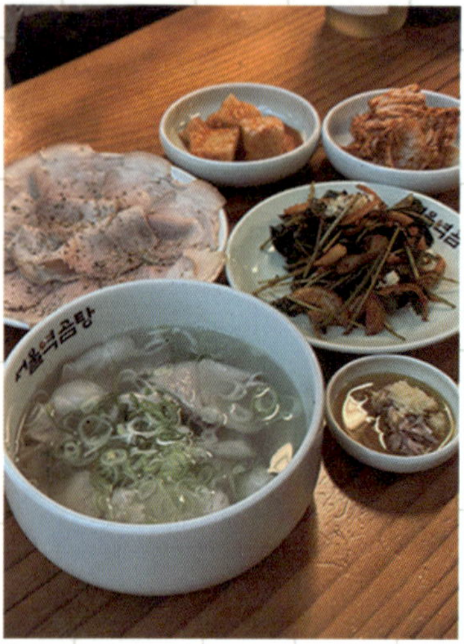

서울역곰탕

깔끔하고 맑은
돼지곰탕집!
심심할 줄 알았는데
간이 딱 맞고,
겉절이 김치랑 함께
먹으면 정말 맛있다.
냉제육은 무조건
주문해야 한다.
반접시도 있어서
부담스럽지 않다.

돼지곰탕

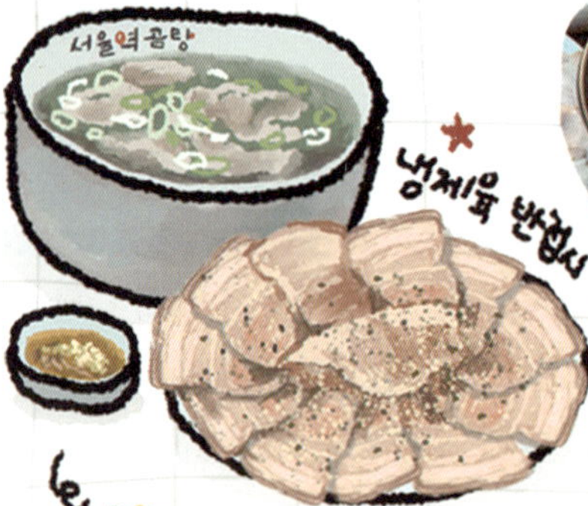

★ 냉제육 반접시

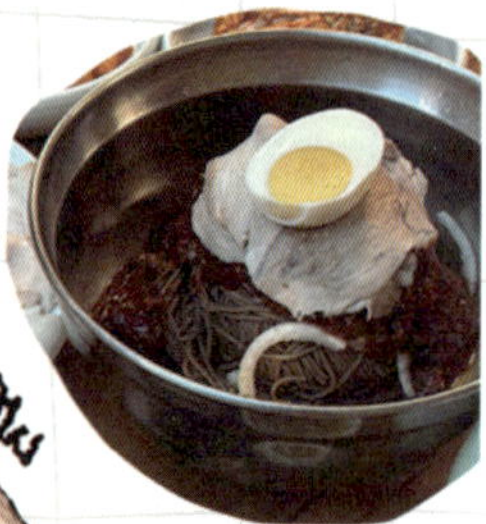

+생메밀
비빔면

↳ 깔끔하고 건강하게
맛있었다!
흑백요리사 맛집

Seoul

더하우스1932

오래된 주택을 개조한 아늑한 카페.
지하부터 2층까지 이어지는 독특한 구조에,
구석구석 다양한 자리가 마련돼 있다.
계단이 작고 가파르니 올라갈 땐 조심할 것!
빵 종류도 다양하고 커피도 맛있어
여유롭게 머물기 좋은 공간이다.

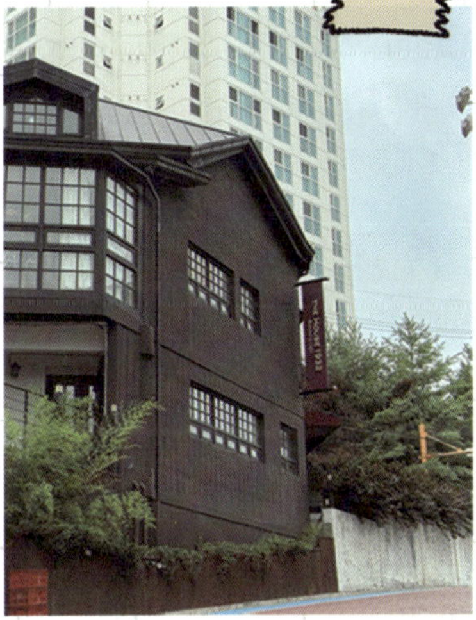

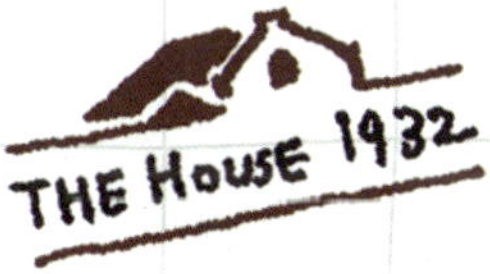

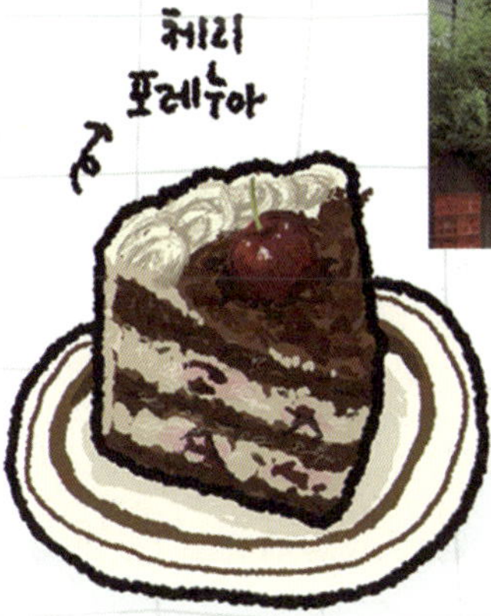

1 용산역

가볼 만한 곳

용리단길, 용산어린이정원,
아이파크몰, 아모레퍼시픽미술관

오근내 닭갈비

용산에서 유명한 닭갈비집.
웨이팅이 심하기 때문에 미리 웨이팅앱으로
웨이팅 걸어두거나
덜 붐비는 점심시간을 공략하기!

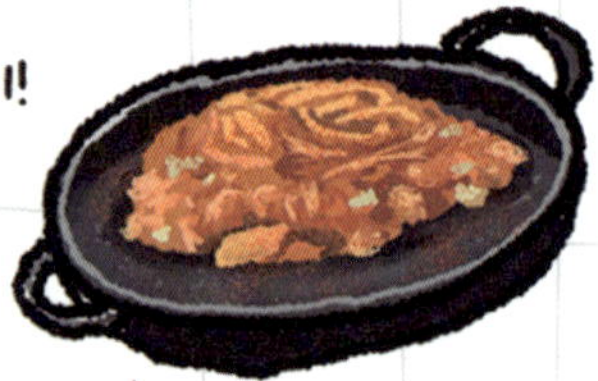
닭갈비

TIP!

우동 사리를 (꼭!!) 넣어 먹는 걸 추천!

저는 2호점으로 갔어요!

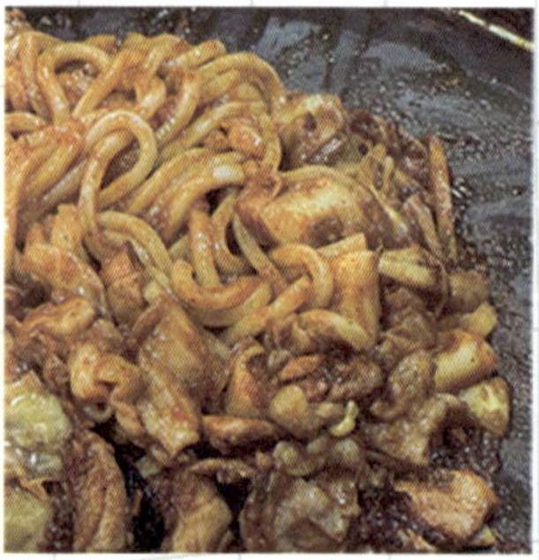

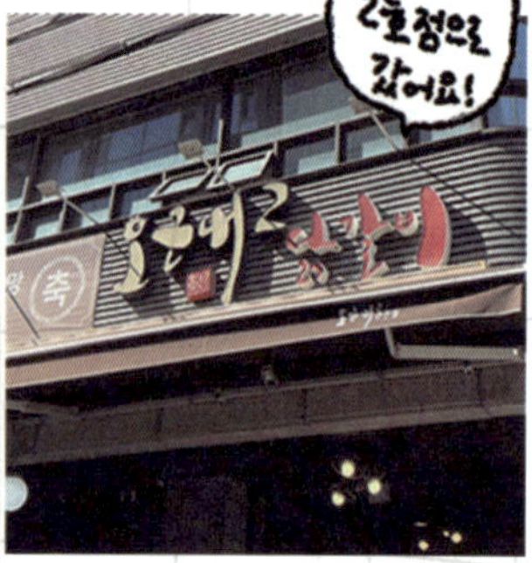

스탠다드번

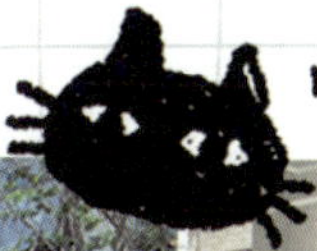

먀-옹

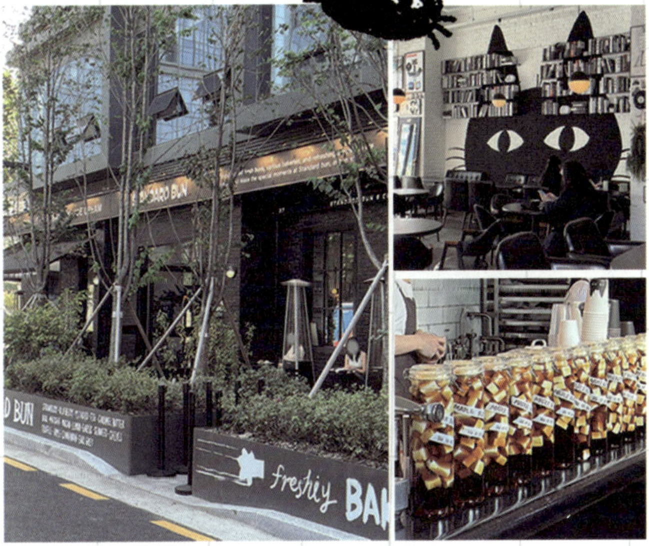

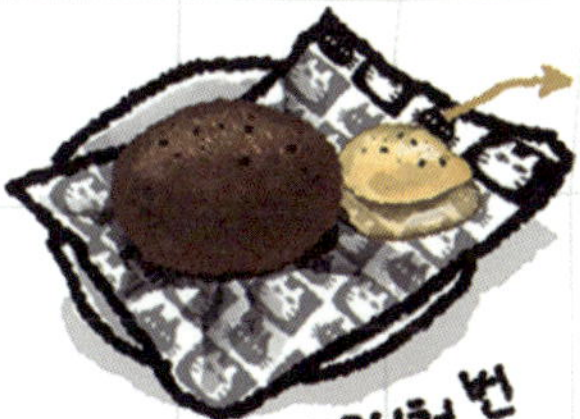

걸바속촉 모카번에
달콤 부드러운
메이플 버터를
곁들여 먹는 시그니처 번

시그니처 번

더 맛있어져라~

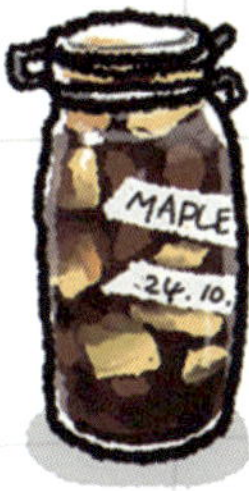

메이플
시럽에
절여진
버터

Yongsan

피롤츠 커피하우스

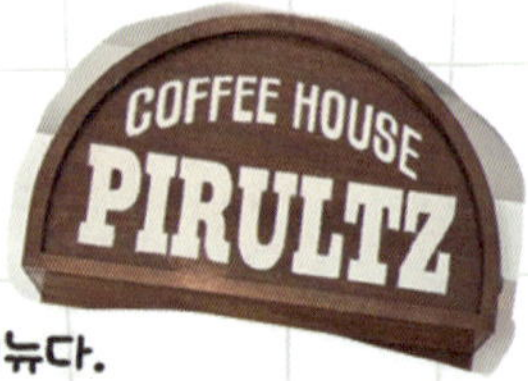

용산에서 만나는 을지로 감성.
아늑한 분위기의 다방 감성 카페로
비엔나커피, 쌍화차가 시그니처 메뉴다.

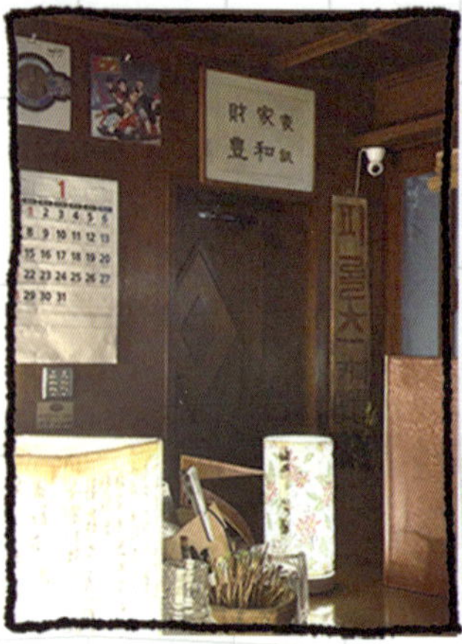

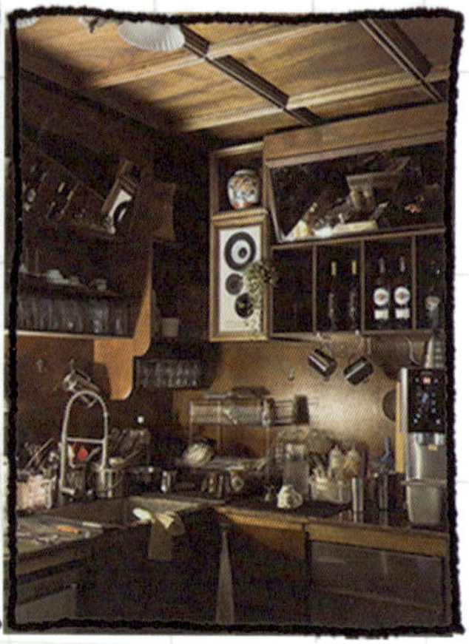

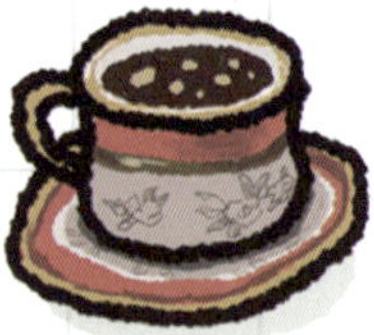

다방감성
쌍화차

귀여운 푸딩을 파는
분좋카

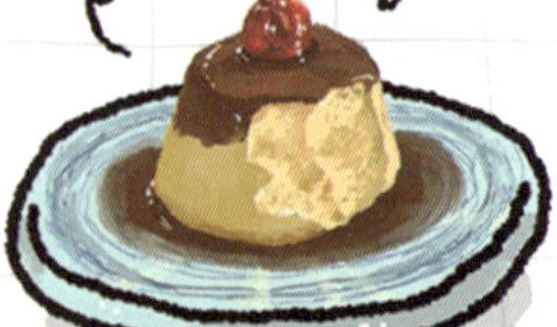

Tip!

예쁜 사진을 찍고 싶다면
카라멜 푸딩을 꼭 주문할 것!

who
made this!!

산동

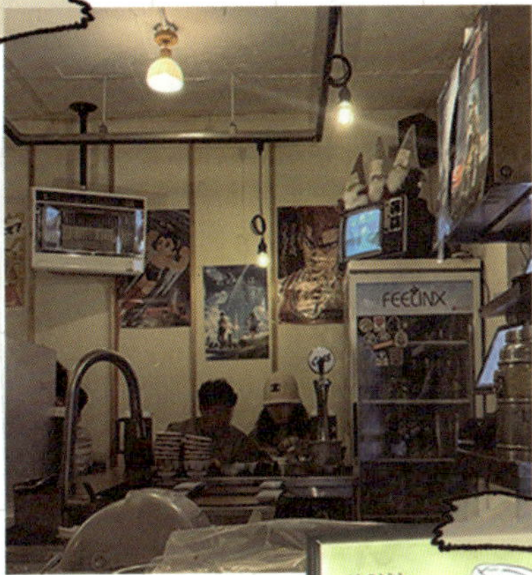

용산의 유명한
튀김 맛집.
텐동이
메인 메뉴지만,
더부룩한
점심 이슈로
친구와 둘 다
사케동을 시켰다.
두툼한 연어가
입안에서 살살 녹아 맛있었다.
가게가 작아서
항상 웨이팅이
있는 것 같다.
그래도 입구 앞
난로를 쬐면서
따뜻하게
기다릴 수 있었다.
다음엔 꼭
대표 메뉴인
텐동을 먹어보리..

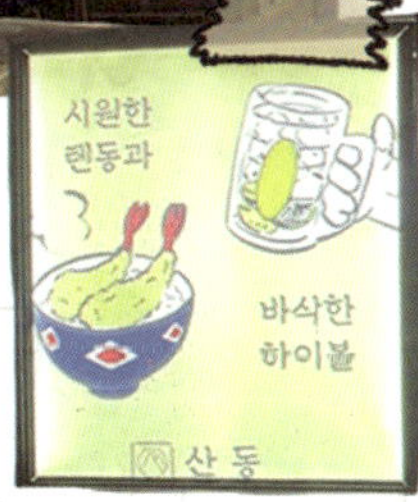

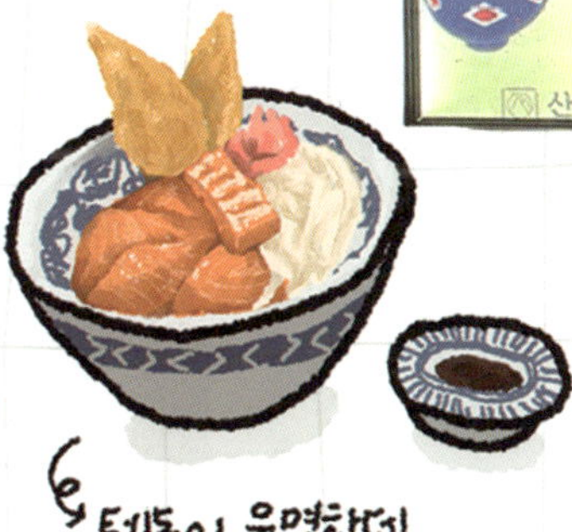

텐동이 유명한데
사케동도 맛있음!

Yongsan

아이파크몰 용산점

용산역과 바로 연결되어 있어 접근성이 좋고,
다양한 팝업과 행사로 항상 활기 넘치는 곳!
그만큼 사람도 많지만
쇼핑, 식사, 영화를 한곳에서 해결할 수 있어
실내 데이트 장소로 추천!
가챠할 수 있는 곳도 많아서 자주 갔었다.
(3층 가챠파크, 6층 가챠랜드)

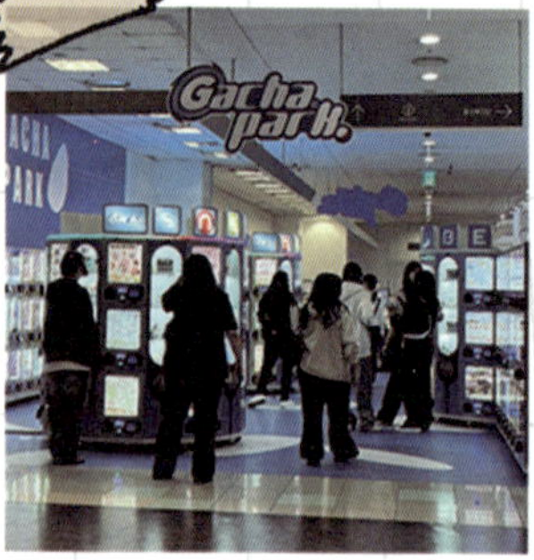

방앗간마냥 자주 들렀던 가챠파크!

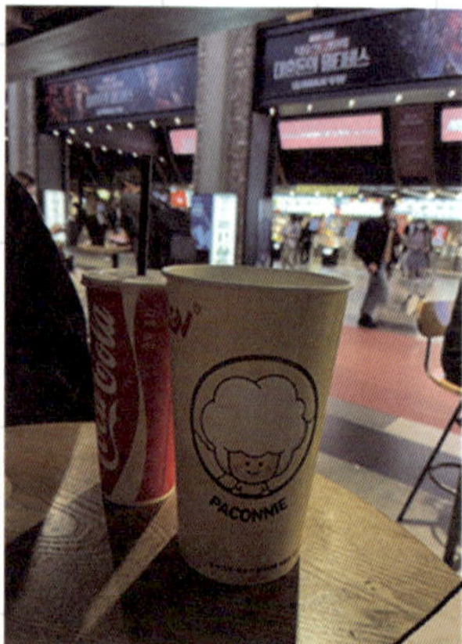

팝콘 냄새 못 이겨서 영화 안 보고 팝콘만..ㅎㅎ

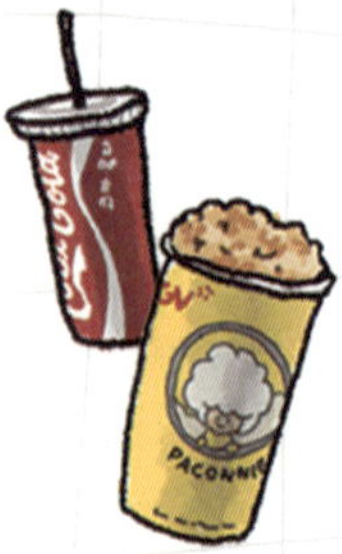

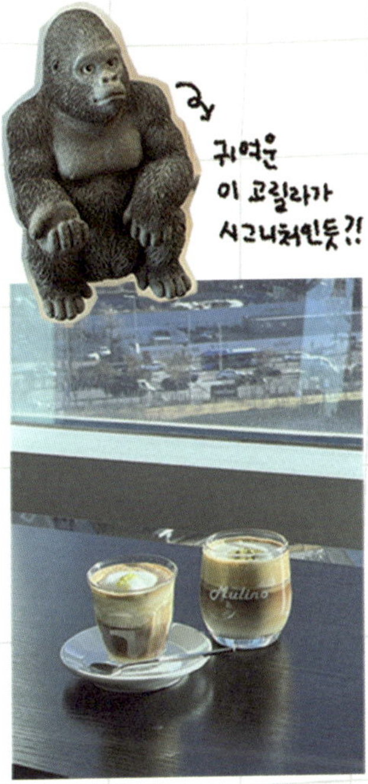

귀여운
이 고릴라가
시그니처인듯?!

뮬리노 에스프레소바

아이파크몰에서 드문
한적하고 넓은 카페.
다양한 에스프레소 메뉴가
있고, 통창으로 시티뷰를
즐기기 좋다.

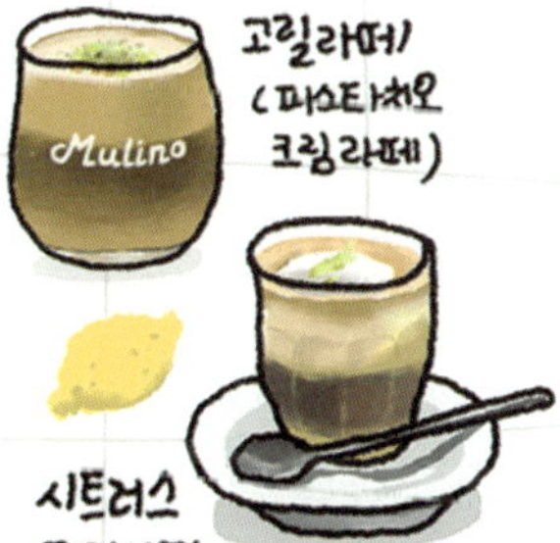

고릴라떼
(피스타치오
크림라떼)

시트러스
그라니따
(레몬셔벗+에스프레소)

보글

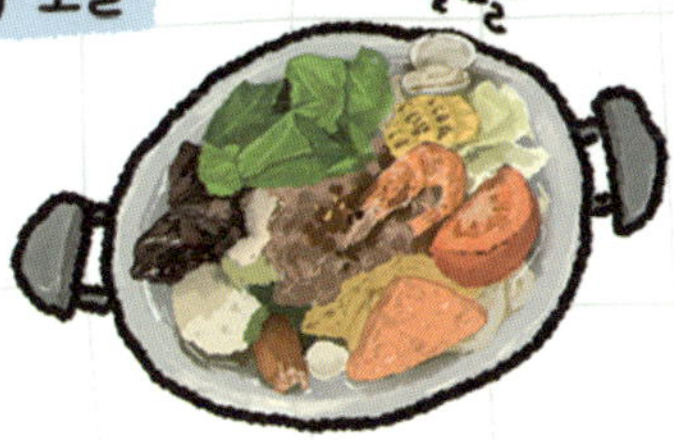

보글보글

건강하게 먹은
기분 내고 싶을 때
자주 갔다.
후식으로 달콤한
자스민차도 줌!

Yongsan

1 시청역

가볼 만한 곳

서울특별시청, 서울광장, 덕수궁, 덕수궁 돌담길, 서울시립미술관

서울특별시청

옛 시청과 현 시청 건물을 한 번에 볼 수 있다. 옛 시청 건물은 현재 서울도서관으로 쓰이는데 사람이 많지 않아 여유롭게 시간 보내기 좋다.

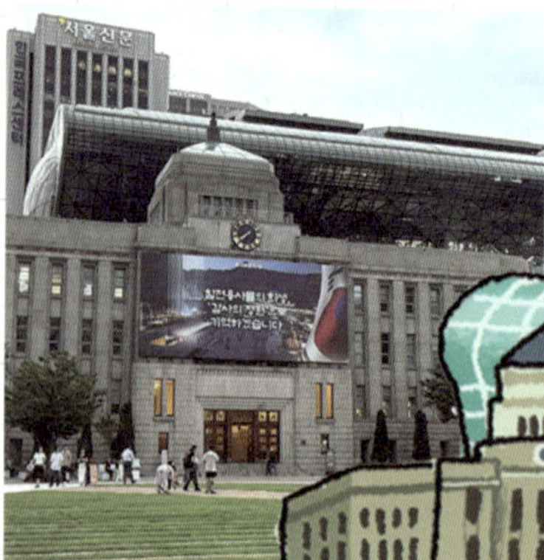

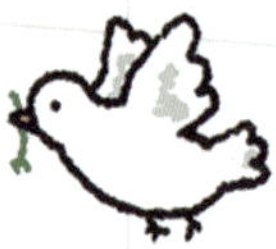

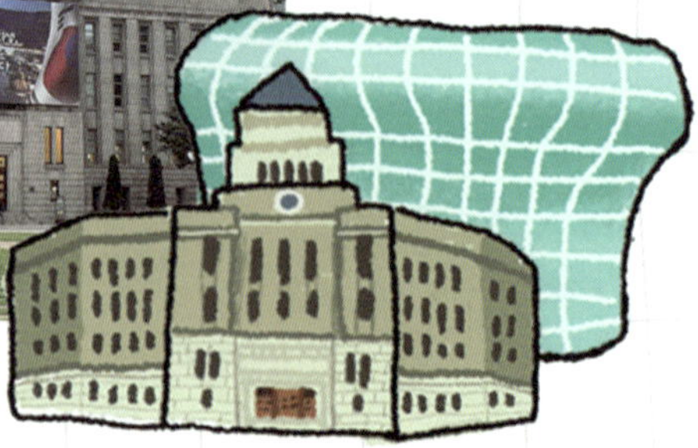

현재는 도서관으로 쓰이는 옛 시청 건물

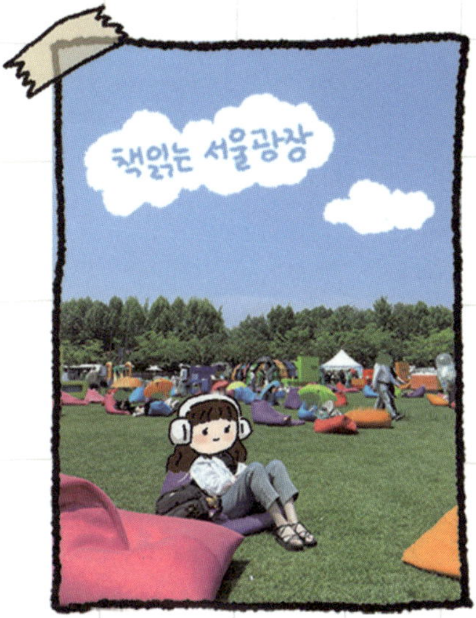

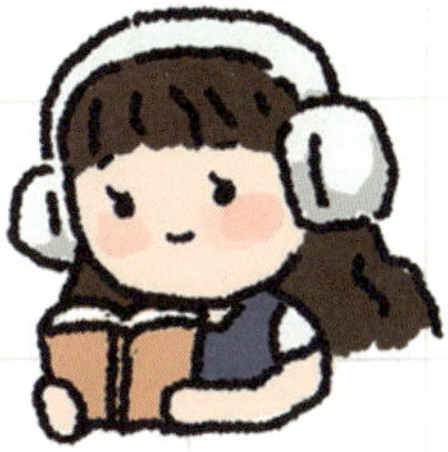

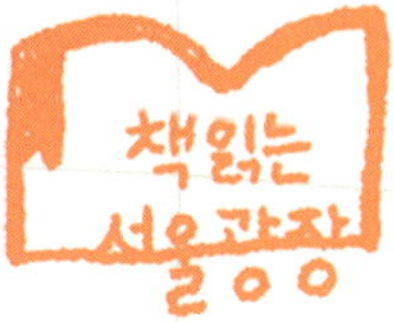

서울광장

다양한 행사가 열리는 넓은 잔디밭의 서울광장!
그중에서도 야외 도서관인 '책 읽는 서울광장'은
꼭 참여해봐야 하는 힐링 행사다.

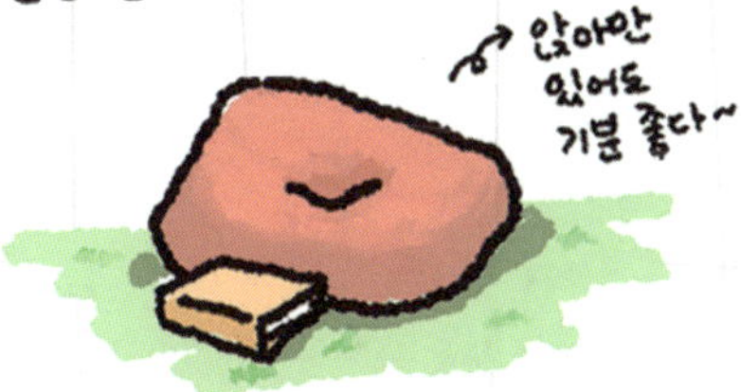

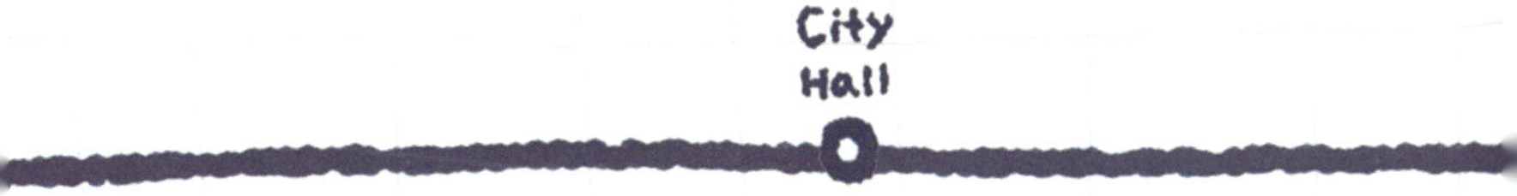

진주회관

냉콩국수 전문

진주회관

서울 3대 콩국수 맛집.
'콩물에 국수만 들어가는데 이 가격?'
이라고 생각할 수 있지만
한 입 먹는 순간 바로 납득되는 맛이다.
1인 1접시로 나오는 김치와의 조합은 정말 최고다!

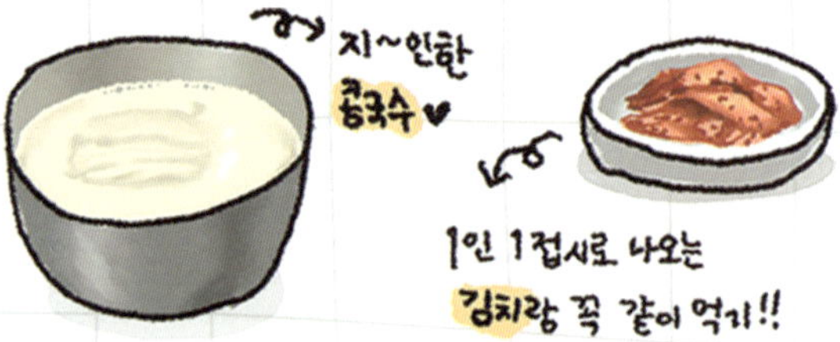

만족오향족발

서울 3대 족발 중 한 곳!
부드러운 족발 끝판왕!

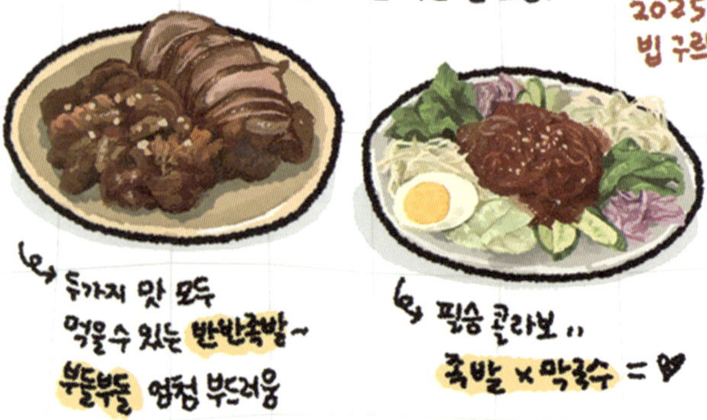

리에제와플 더 뷰

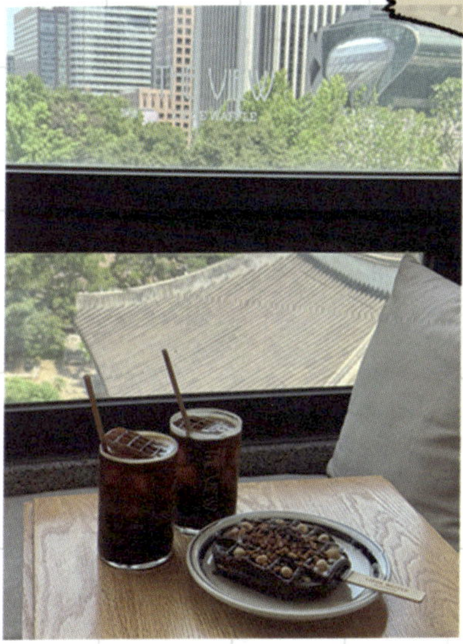

5층에 있어서
뷰도 좋음
덕수궁 + 시청뷰

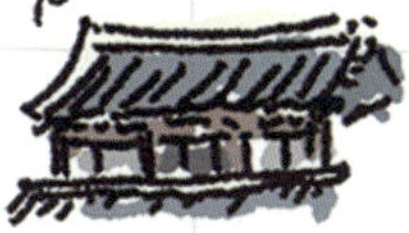

와플 종류가
다양해서
결정 힘듦 주의!

또 먹고 싶다..

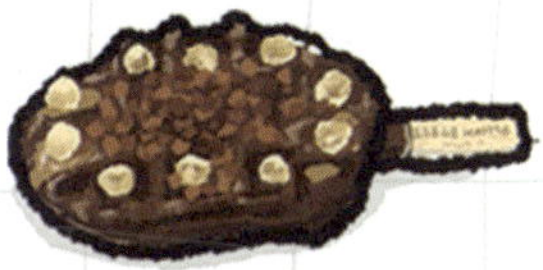

당 충전 제대로 되는
와플 벨지움 헤이즐넛 초코!
콕콕 박혀있는 헤이즐넛이 킥!!

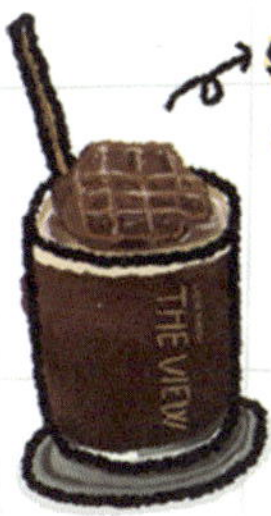

와플 모양
얼음이
넘 귀여웠던
아이스
아메리카노

City
Hall

서울시립미술관

서울시립미술관
SEOUL MUSEUM OF ART

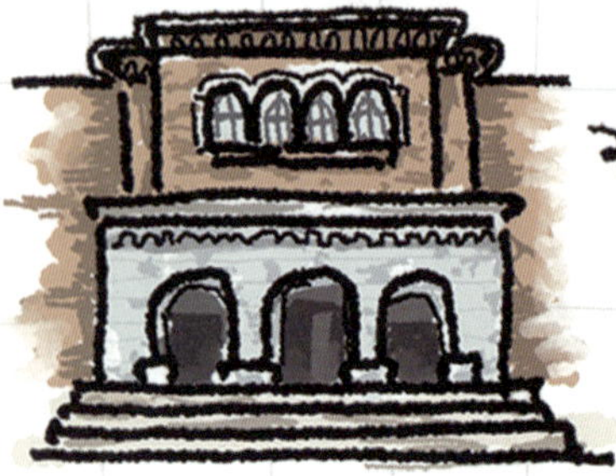

어릴 때 숙제하러
갈 땐 몰랐는데,
어른 돼서 가니
공간 자체로 힐링되는
곳이었다

다양하고 재미있는
전시가 항상 열리는 곳.
심지어 거의 다
무료 전시!
건물 전면부의
많은 창으로 들어오는
햇빛이 공간을 더
아름답고 따뜻하게
해주는데, 어릴 때부터
이 분위기를
정말 좋아했다.

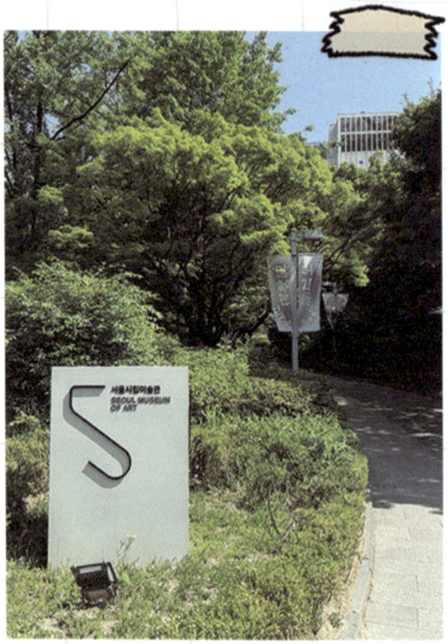

미술관으로 올라가는
이 산책로도 힐링 스팟 중 하나!

테라로사 청계광장점

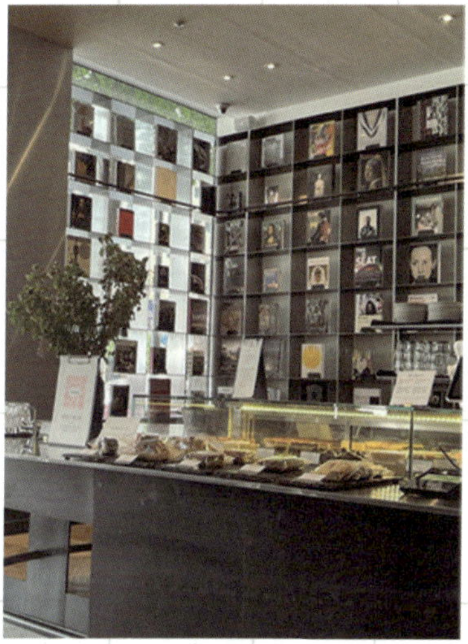

청계천 앞
인테리어가 예쁜 카페.
커피도 맛있고
분위기가 좋다.

입구에
가득 핀
수국이
정말 예뿜

TIP!

<단시간에 행복해지는 법>

커피 한 모금에
달달하고 꾸덕촉촉한
초콜릿 바 한입 베어 물기!

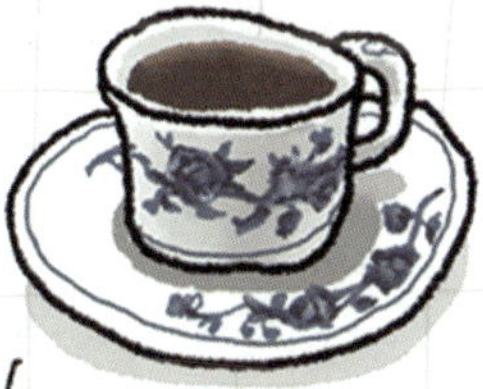

핫으로 시켰을 때
나오는 찻잔이
예쁘다!

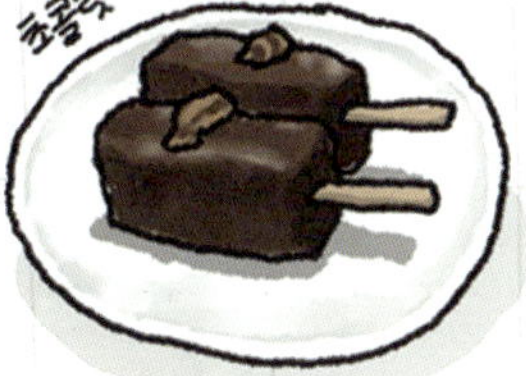

City Hall

1 가산디지털단지역

가볼 만한 곳

아울렛, G밸리산업박물관, 퍼블릭가산, 안양천 벚꽃길

퍼블릭가산

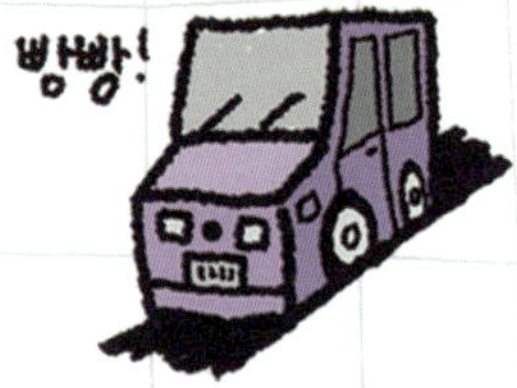

업무·주거·문화가 어우러진
거대한 복합공간.
그곳에서 만난 장 줄리앙 전시는
오래도록 인상에 남았다.

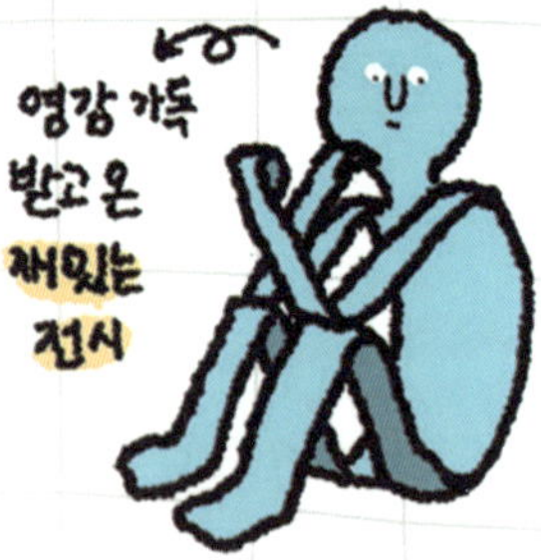

Jean Jullien
PAPER SOCIETY
장줄리앙의 종이세상

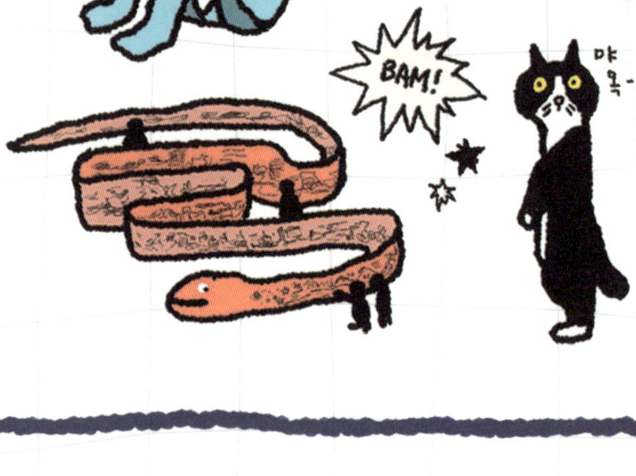

인크커피

가산의 랜드마크로 불릴 만큼 유명한 대형 카페.
건물 한가운데 자리한 중정이 특히 인상적이다.
평소에는 물이 흐르는 정원 컨셉이고,
겨울이면 대형 트리가 세워져 멋진 포토존이 된다.
디저트 종류도 다양했고, 맛도 무난하게 괜찮았다.

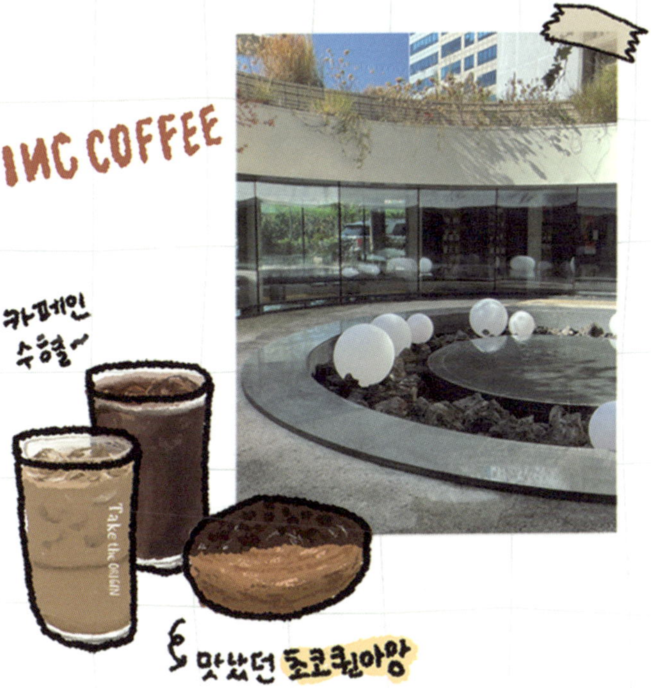

Gasan Digital Complex

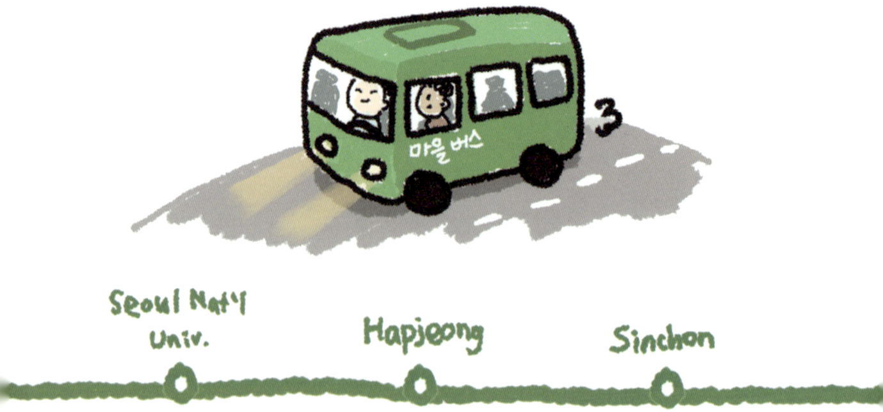
마을 버스
Seoul Nat'l Univ.
Hapjeong
Sinchon

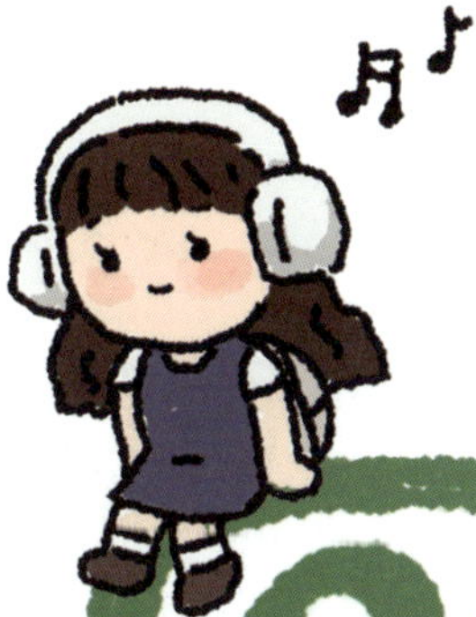

2호선

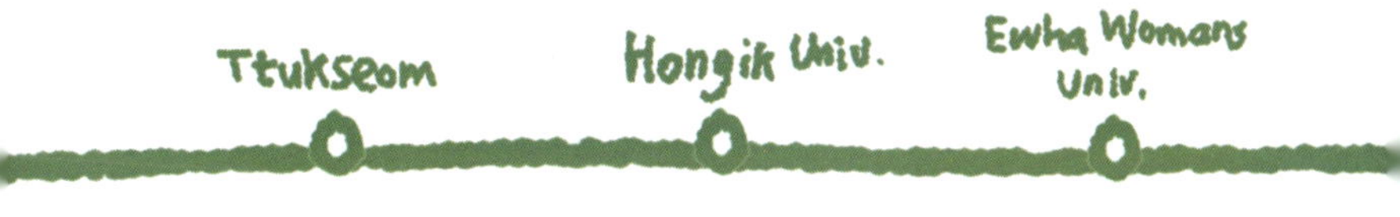

그린 라인

Green Line

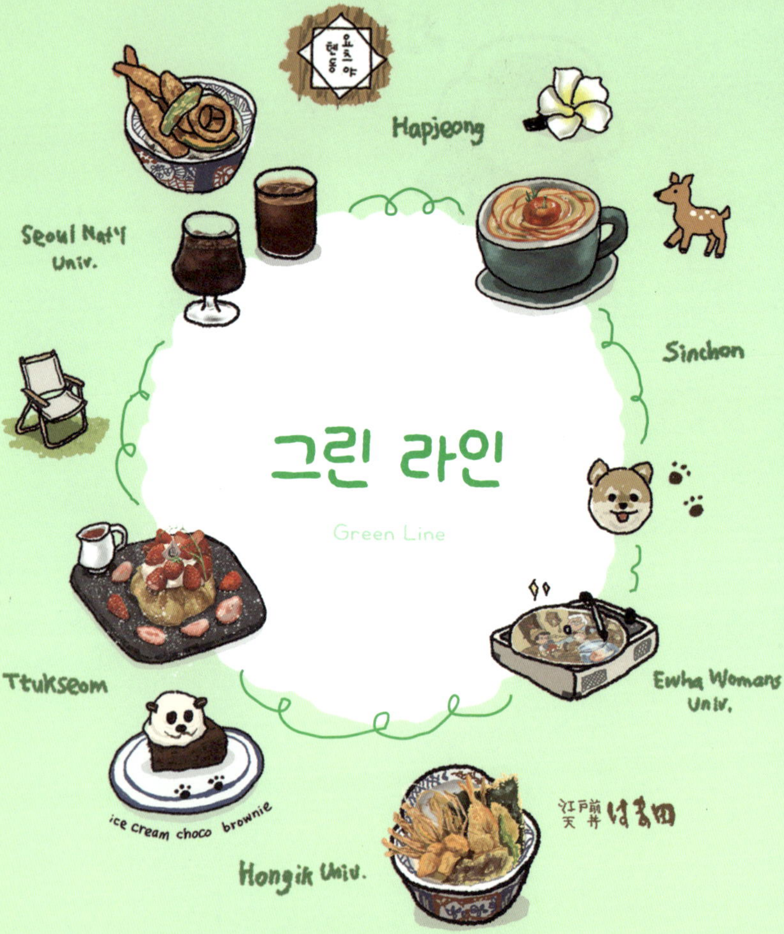

내가 처음 탄 지하철은 2호선이었다.
빳빳한 종이 승차권을 개찰구에 넣고 들어가, 스크린도어가 없던 선로 옆을 벽에 바짝 붙어 지나가던 시절. 초등학교부터 대학교, 집까지 내 일상의 모든 길은 2호선 위에 있었다. 언니의 팔짱을 끼고 즐거움으로 가득했던 어린 날의 2호선은 내게 언제나 설렘이었다.

어른이 된 뒤, 2호선은 어느새 다른 기억으로 덮였다. 강남역으로 출퇴근하던 직장인 시절엔 열차에 타는 것만으로도 감사해야 했다. 이미 발 디딜 틈도 없이 지하철 안은 만원인데 사람들이 끊임없이 더 들어가는 마법을 매일 아침 목격했다. 프리랜서가 된 지금도 가끔 2호선을 타고 카페로 출근한다. 출퇴근 시간을 피해도, 여전히 바빠 보이는 사람들로 가득한 2호선. 나도 모르게 비장해진다. 창가에 앉아 스쳐 지나가는 풍경을 바라보는 것만으로도 마음이 들떴던 2호선은, 이제 치열한 하루 속으로 들어가는 하나의 통로일 뿐이다.

인생의 가장 달콤한 기억과 가장 떫은 기억이 이 둥근 초록선 위에서 돌고 있다. 나는 그 노선 위에서 자라고 또 살아간다.

2 서울대입구역

가볼 만한 곳

샤로수길, 봉천제일종합시장, 행운동 먹자골목, 서울대학교

텐동요츠야

샤로수길 텐동 맛집이자, 처음 텐동을 접했던 곳! 튀김인데도 느끼하지 않고 담백하면서 바삭했던 그 맛이 아직도 생생하다.

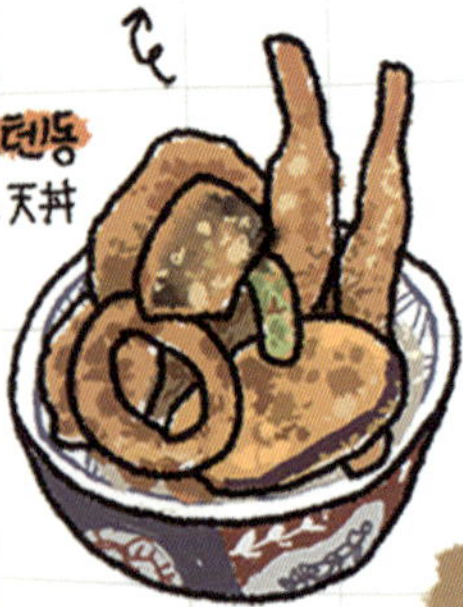

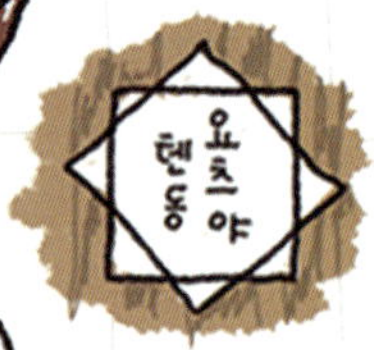

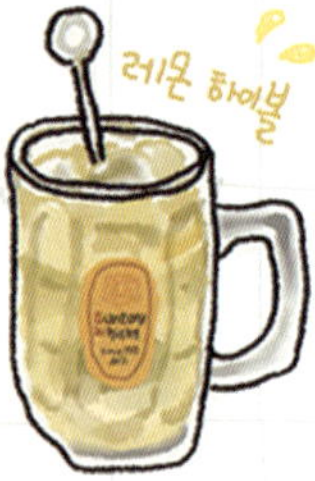

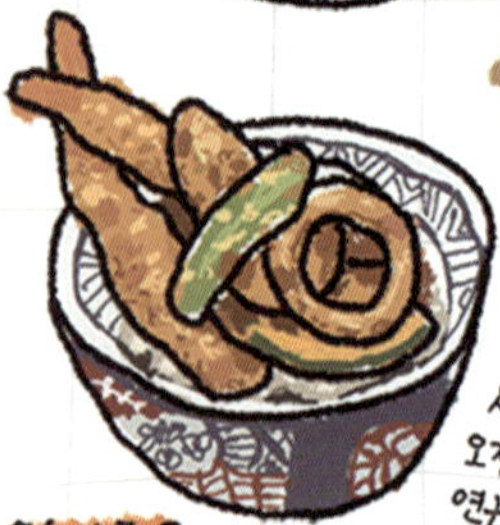

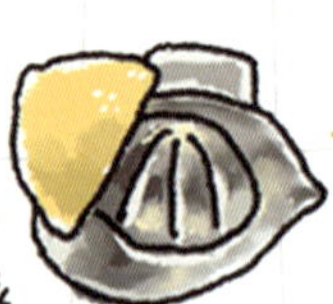

Seoul Nat'l Univ.

커피볶는여자

고소한 커피 메뉴가 맛있는
분위기 좋은 한옥 감성 카페.

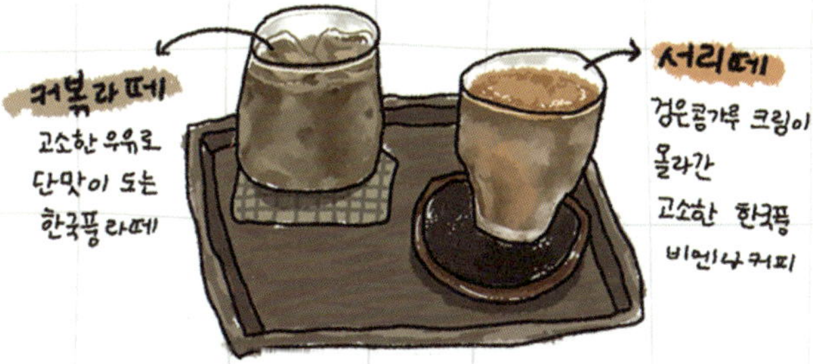

씨크스페셜티커피

아기자기한 디저트랑
라떼아트 보고 바로 달려간 곳.

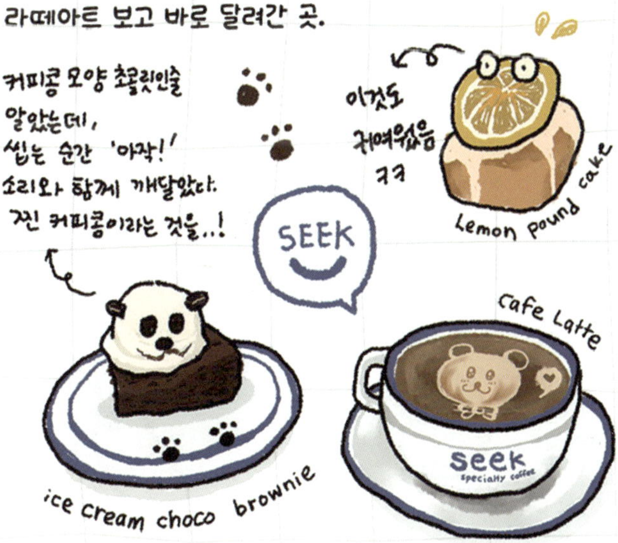

2 합정역

가볼 만한 곳

메세나폴리스, 마포새빛문화숲, 양화진 역사공원, 아트스페이스 합정

롤드페인트

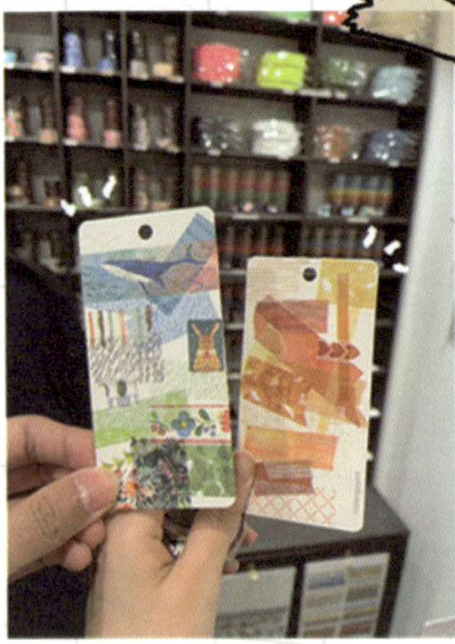

rp

rolled paint

온 세상 마스킹테이프가
다 모인 듯한 문구샵!
벽면을 가득 채운
마스킹테이프를
보고만 있어도
행복했던 문구 덕후~

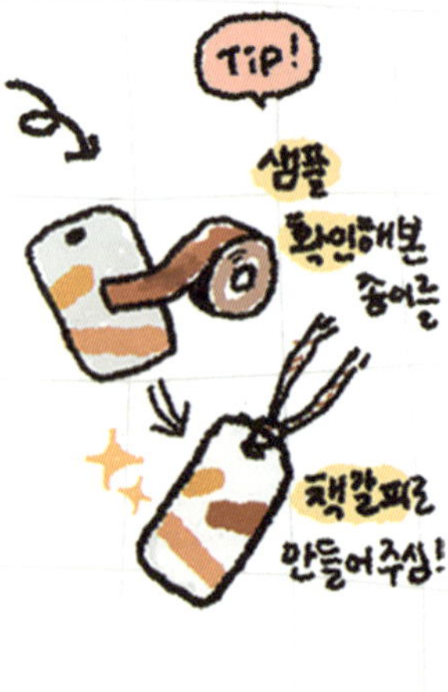

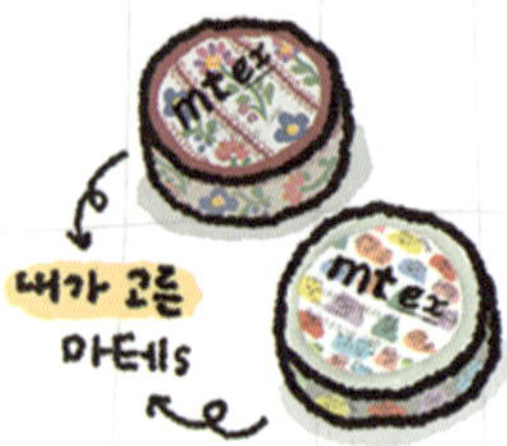

Hapjeong

숙성회 화도

HWADO

신선하고 두툼한 회로 유명한 맛집!
겨울에 방어회 먹으러 꼭 가야 하는 곳이다.
기름 잘잘 고소한 대방어에 홍게가 통째로 들어간
홍게라면까지 먹으면 완벽한 마무리!

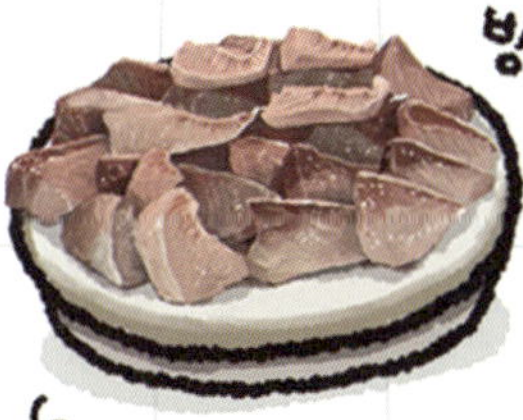

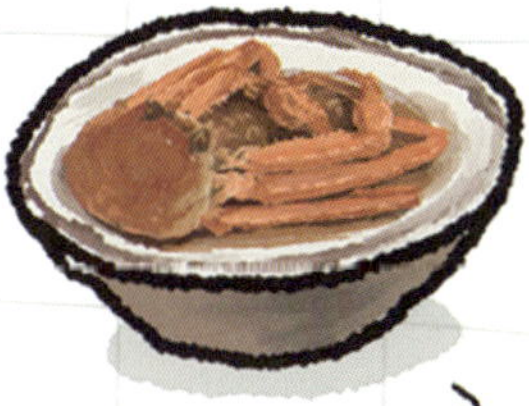

블러

실내도 통창 덕분에 뷰 맛집인데,
이곳의 하이라이트는 단연 루프탑 자리!
여의도 불꽃축제 명당으로도 소문났다.

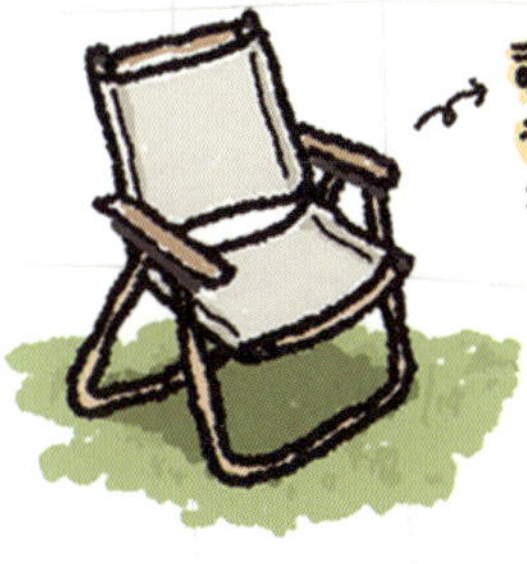

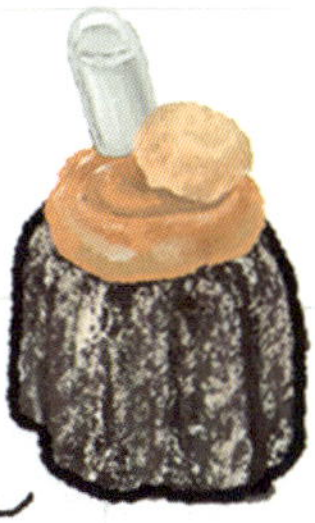

교다이야

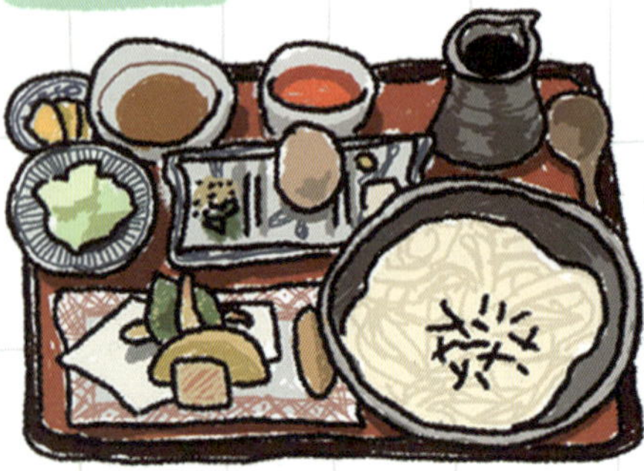

자가제면 수타우동 맛집!
면발의 탱글쫄깃함을 제대로 느낄 수 있는 냉우동이
정말 맛있다. 튀김도 바삭하고 맛있으니
정식으로 주문하는 것을 추천!

밤부 베이커리&브루잉

Bv
BB
BAMVOO

가정집을 감각적으로 개조한 카페.
1,2층으로 자리도 넓고,
날씨 좋은 날엔
테라스 자리에
앉는 걸 추천!

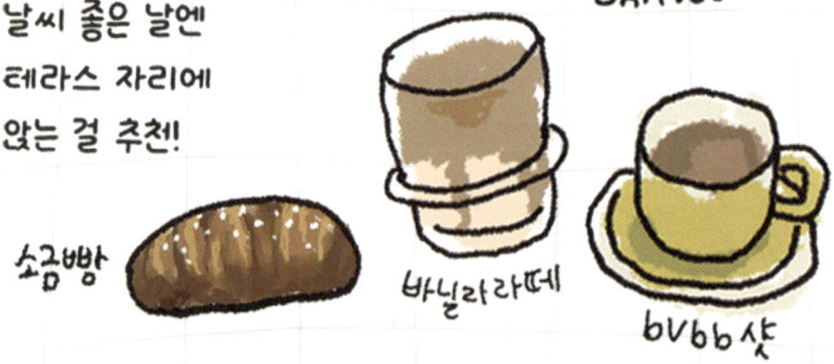

잇텐고

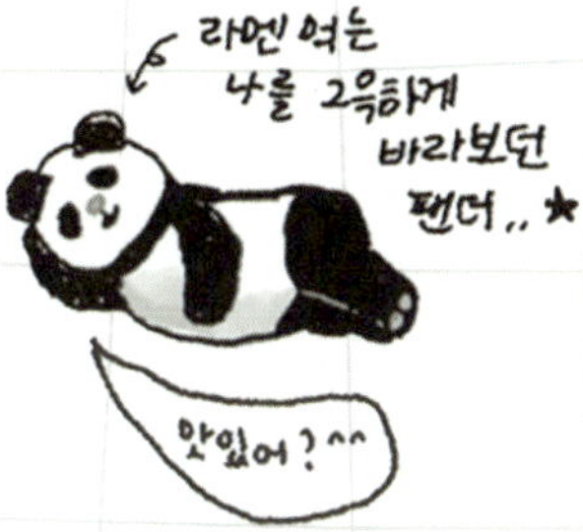

처음으로 바질 라멘을 먹어본 곳.
고소한 라멘 한 젓가락에 달달한 토마토 절임 하나 먹으면 완벽한 한입이다.

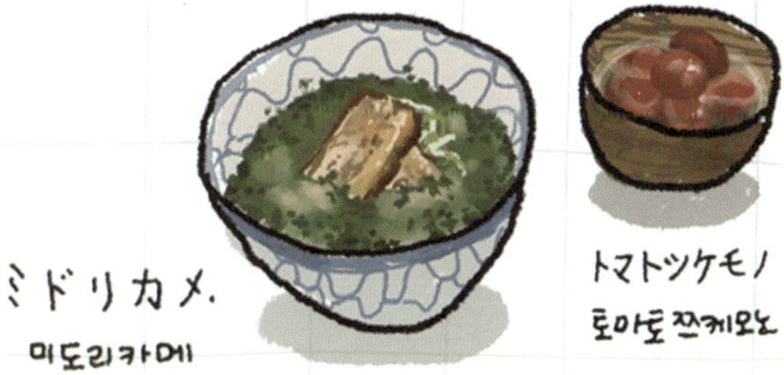

미필담

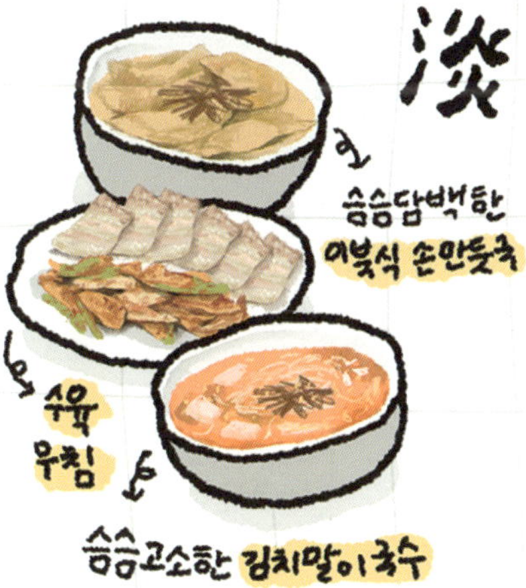

한적한 골목에 자리한 아담한 식당.
황해도 출신 외할머니의 조리법을 바탕으로 한 담백하고 슴슴한 이북식 손만둣국을 맛볼 수 있다.

콤파일

COMPILE

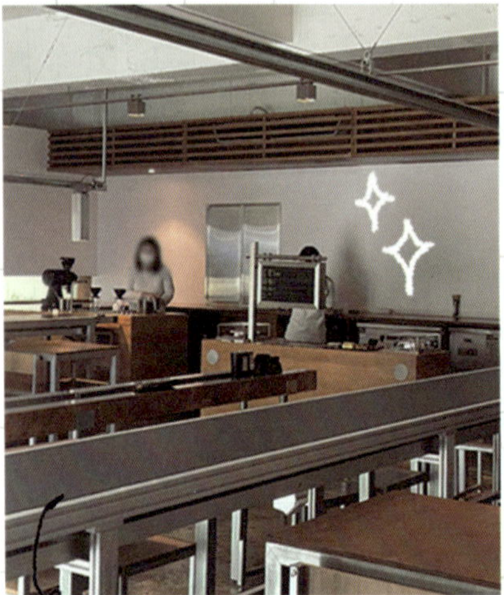

주문한 메뉴가 이 레일을 타고 자리로 옴ㅋㅋ

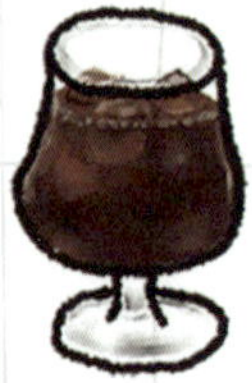

드립커피
-브라질 파시날 내추럴

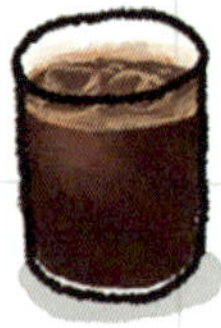

아이스 아메리카노

바나나 브륄레 버터 블럭

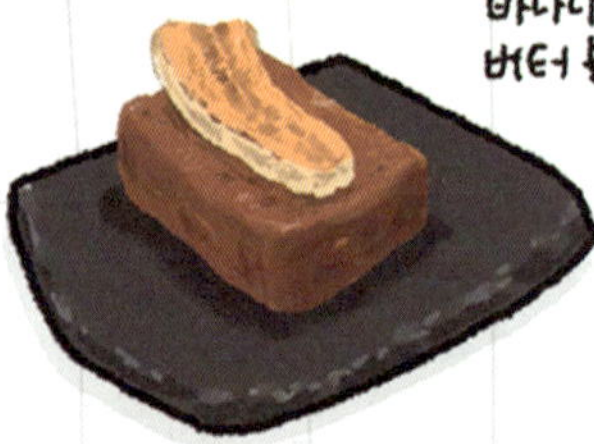

혼자 가기 좋은 조용한 카페.
살짝 어두운 분위기에 집중하기 딱 좋고,
자리마다 콘센트도 넉넉해서 작업러들이 많다.

나 포함!

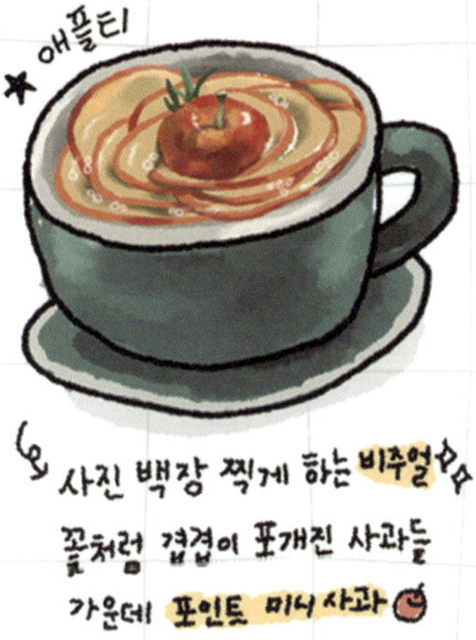

그레이랩

꽃처럼 겹겹이 포개진
애플티가 유명한 카페!
예쁜 테라스 자리도
있는데, 봄에는
벚꽃 명소이기도 하다.

디벙크

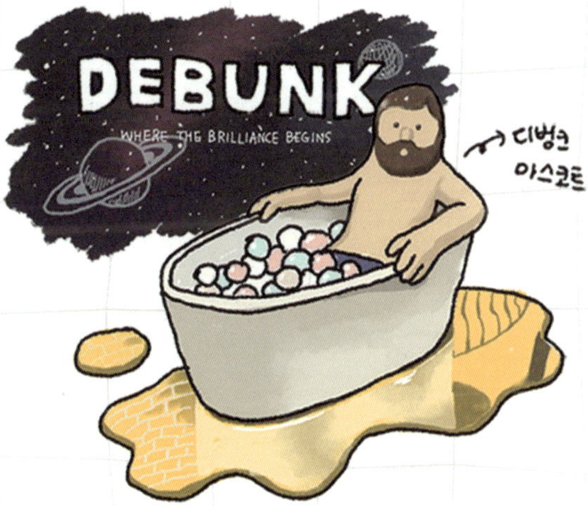

공간이 편안하고 예쁜 카페. 노트북을 들고 가서
작업하기도 좋고, 한쪽엔 보드게임도 비치되어 있다.

2 신촌역

가볼 만한 곳

연세대학교, 이화여자대학교,
서강대학교, 홍익문고, 현대백화점

독수리다방

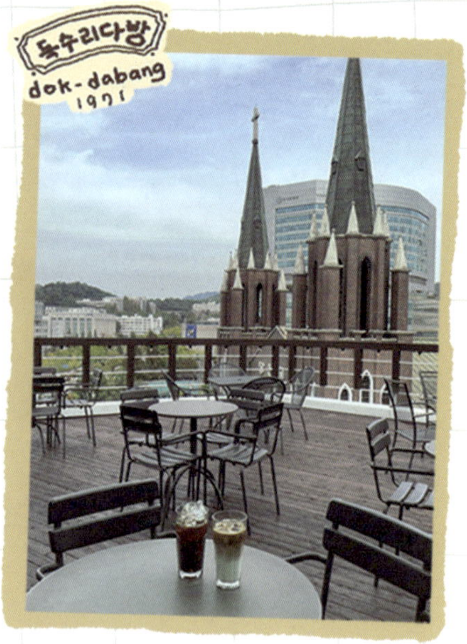

50년 넘은
유서 깊은 곳!
이름은 여전히
다방이지만,
내부는 아늑한
분위기의 카페.
특히
교회가 보이는
테라스 자리가
예쁘다.

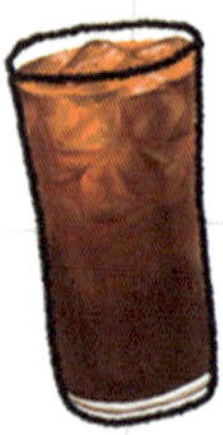

아메리카노 리필도 돼서
공부나 작업하기도 좋은 곳.

홍익문고

책 구경하기 좋은,
역사 깊은 서점.
초등학생 때부터 갔던
추억의 책방이라
갈 때마다 정겹고
편안하다.
요즘엔 문구랑 잡화도
많아져서 구경하는
재미가 더 늘었다.

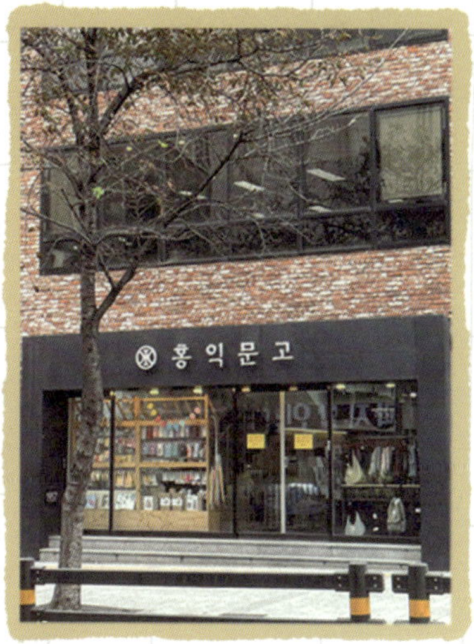

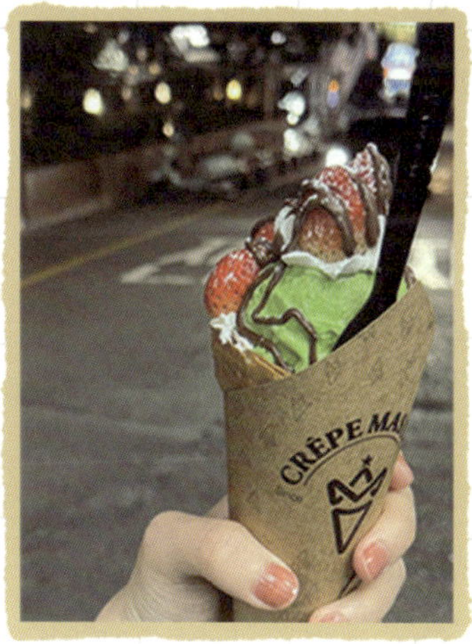

크레페마스터

하겐다즈 아이스크림이
들어가는 크레페 맛집!
조금 기다려야 하지만,
첫 입에서 기다림이
다 잊혀진다.
하나 먹으면
당 충전 제대로~

카페 호기심

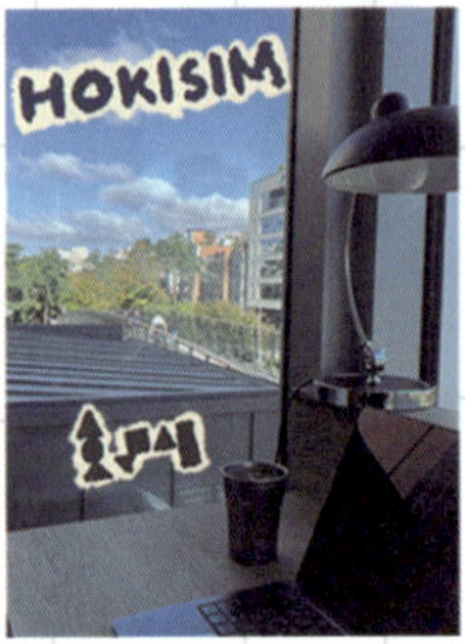

감각적인 인테리어와
차분한 분위기의 카페.

아우어베이커리

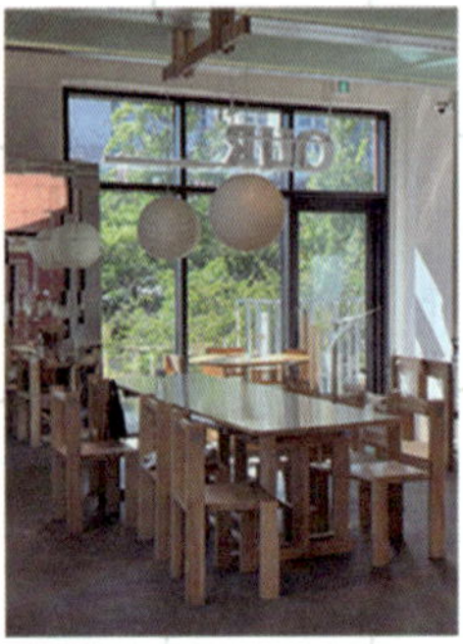

경의선 숲길 뷰가 예쁜
뷰 맛집 + 빵 맛집

트리클

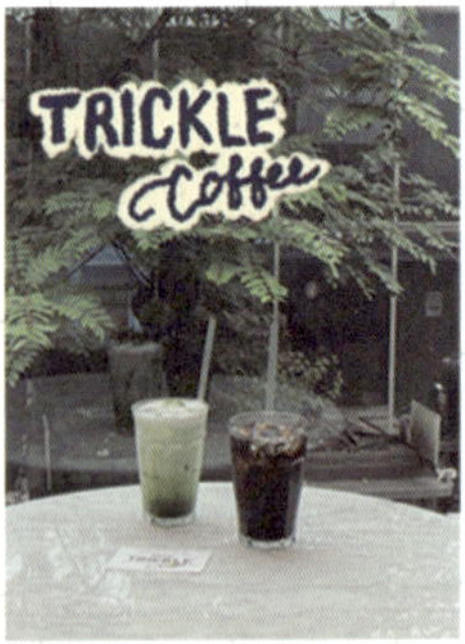

분위기 좋은
호주식 커피 맛집.

샌드커피 논탄토

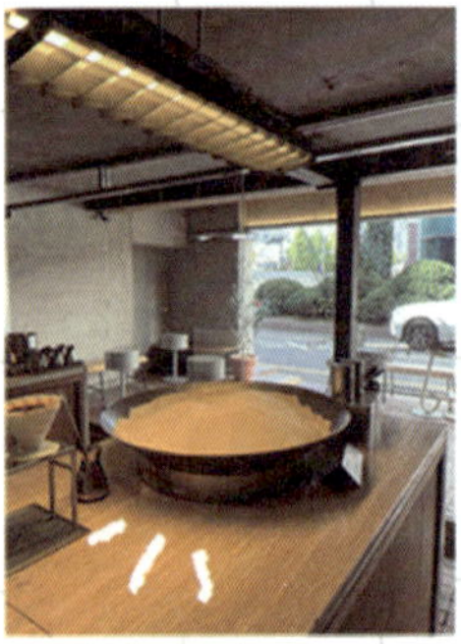

모래 위에서
끓여내는 커피

Sinchon

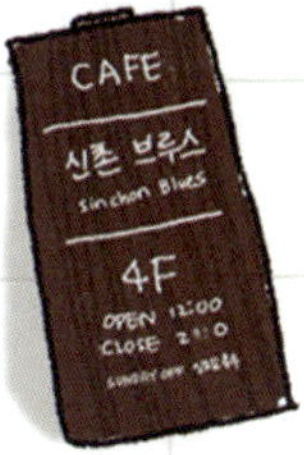

신촌브루스

신촌에 숨겨진 느낌 좋은 카페.
앤티크한 분위기가 아늑하고, 창가
자리에서는 신촌이 한눈에 보인다.

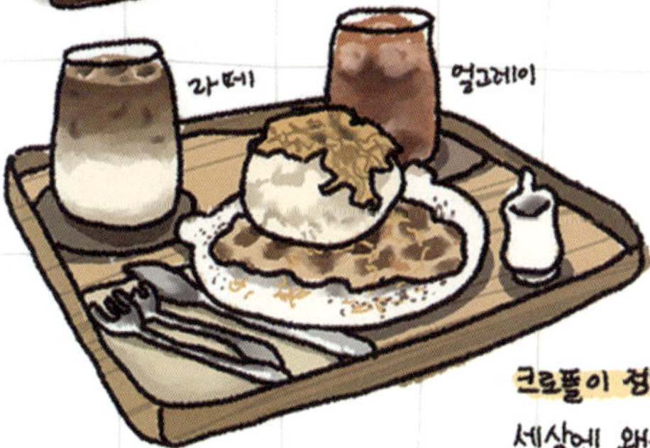

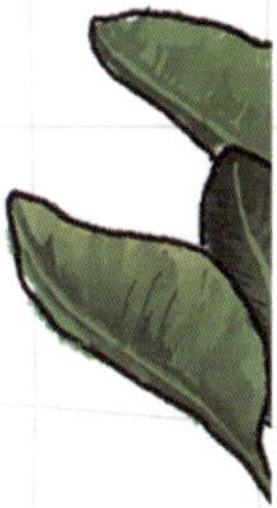

크로플이 정말.. 존맛..
세상엔 왤케 맛있는 게 많을까.
살 빼야 하는 나에겐.. 너무 가혹함..

파이홀

THE PIEHOLE SINCE. 2012

예쁘고 다양한 파이를
즐길 수 있는 곳!
2층까지 있어서
자리도 넉넉.
무화과
시즌에 먹은
헤이즐넛
무화과 파이가
정말 맛있다.

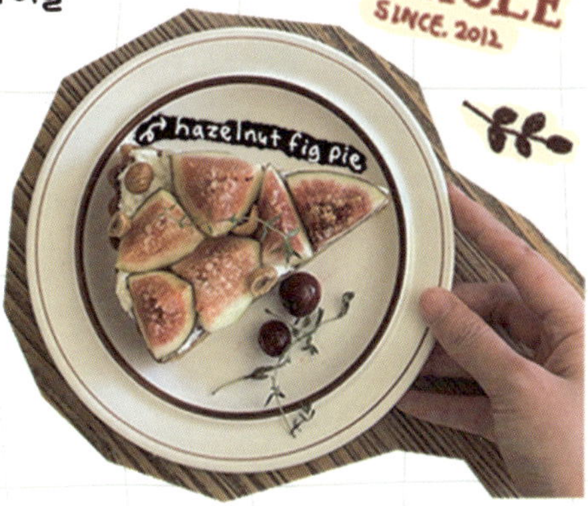

고삼이

불맛 가득 매콤한 오징어볶음에
고소한 고등어구이 조합 강력 추천!

GOSAME
고삼이

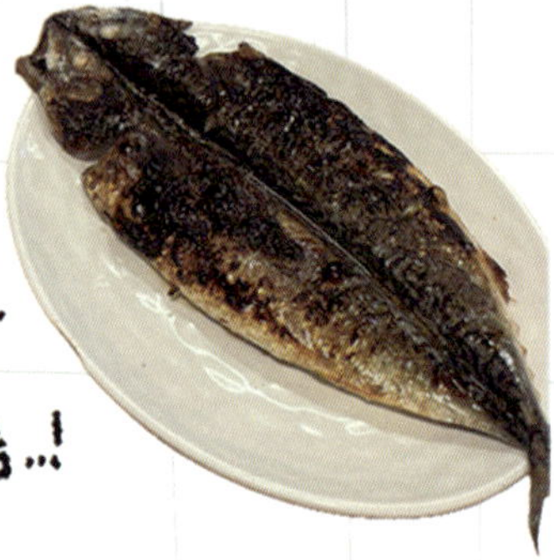

엄청 큼..!

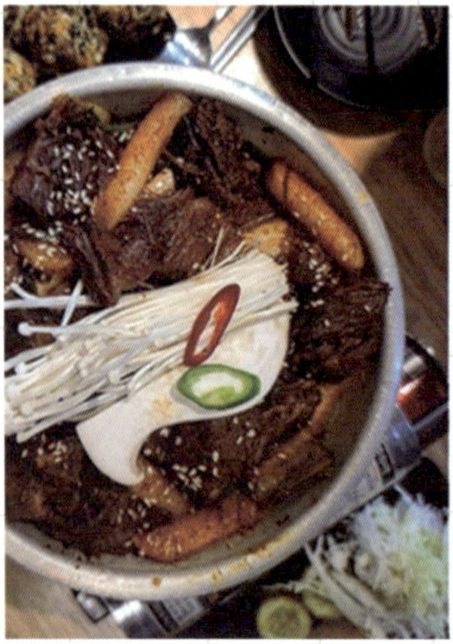

냠

소신이쏘

부드럽고 꾸덕한
크림갈비찜 맛집!
대학생 때부터
지금까지 살아남은
찐맛집이다.

타오마라탕

신촌에서 가장 맛있는
마라탕집! (본인 기준)

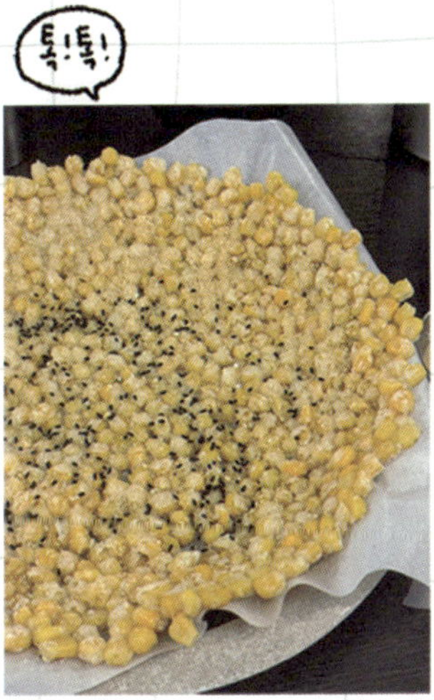

TiP!

달콤한 옥수수 프라이
'위미라'와 같이 먹으면
단짠단짠 조합에
무한으로 들어간다!

여우골초밥

다른 지점보다 유독 더 맛있게 느껴졌던 신촌점!
가성비 좋은 초밥 맛집이다.

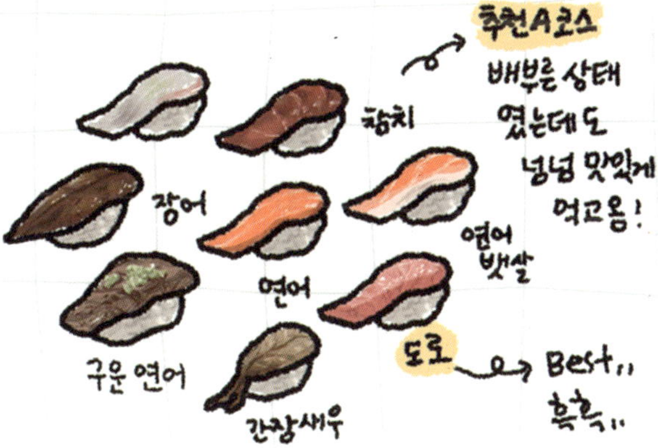

호밀밭

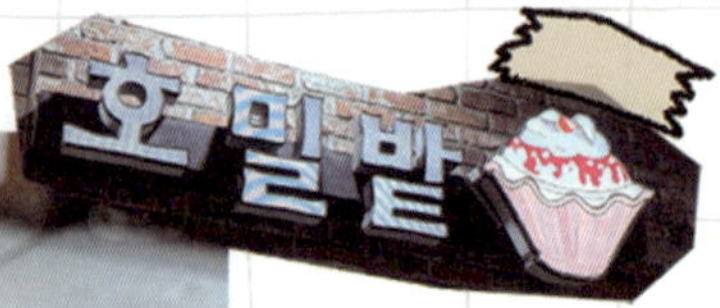

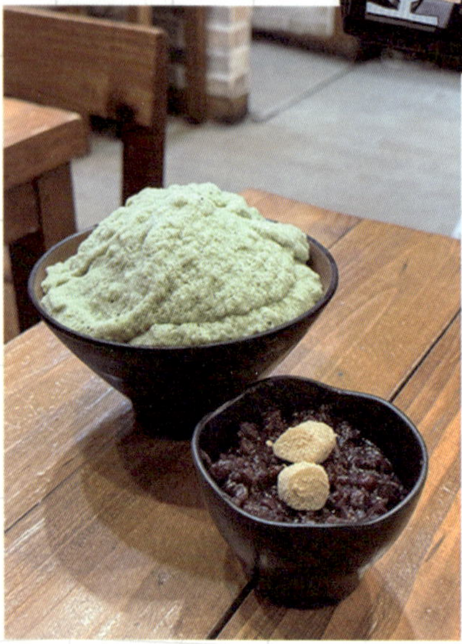

I Love
녹차빙수

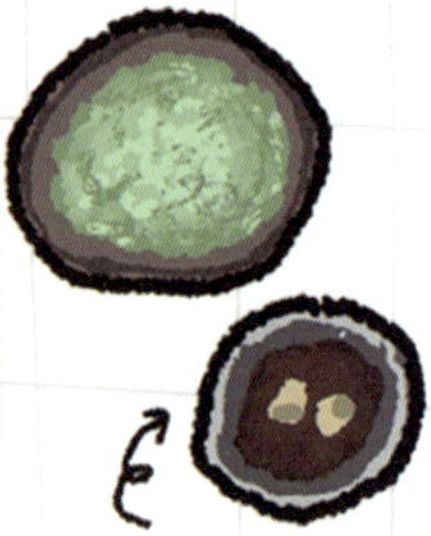

팥&인절미
쏘옥~

중고등학생 때부터 갔던 추억의 빙수집!
그 시절에 인기가 정말 많아서
건물을 빙 둘러 길게 줄을 서곤 했다.
오랜만에 다시 가봤는데, 여전히 맛있었고
요즘 빙수 가격과 비교하면 믿기지 않을 만큼 저렴했다.
달콤한 우유 빙수와 직접 삶은 팥,
그 단순한 조합이 여전히 완벽했다.

클로리스 신촌본점

아늑하고 앤틱한 분위기의 밀크티 맛집!
이곳도 꽤나 오래된 추억의 카페인데,
밀크티와 디저트가 늘 기가 막히게 맛있다.
차 종류도 다양해 고르는 재미가 있고,
한 모금 머금으면
깊고 진한 맛과 향이 오래 남는다.

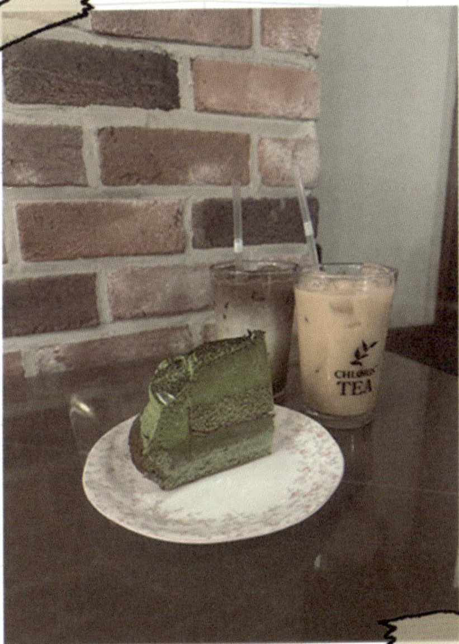

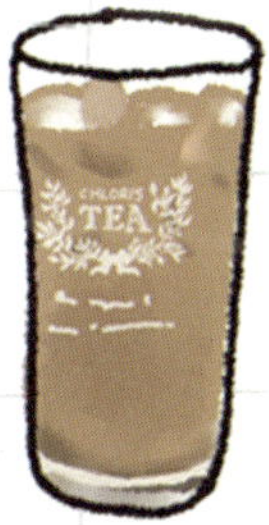

클래식 밀크티

2 뚝섬역

가볼 만한 곳

서울숲, 성수문화예술마당,
뚝섬미술관, 뚝섬문화예술공원

서울숲

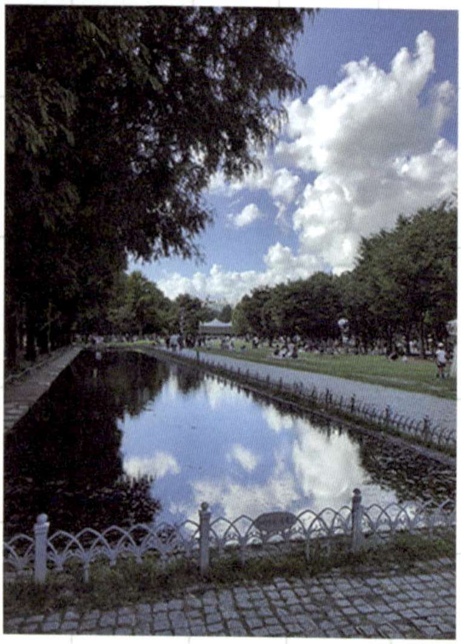

하늘을 그대로 품은 것 같던
서울숲 거울연못

날씨 좋은 날
밥 먹고
산책하기
딱 좋은 곳!
계절마다 꽃
구경하러도 가고,
꽃사슴 방사장에서
귀여운 사슴들도
만났었다.

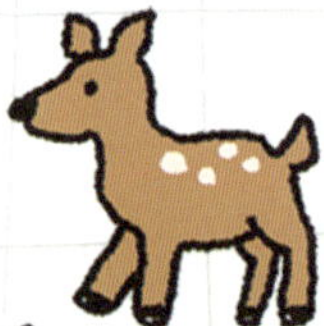

가까워질수록
스멜주의... ㅜㅜ
그치만 귀엽다!

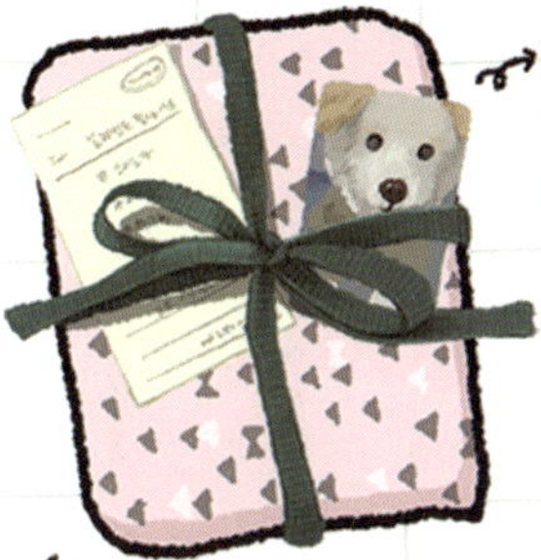

낫저스트북스

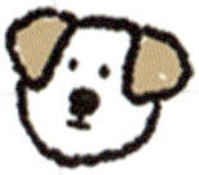

귀여운 강아지 순돌이가
반겨주는 작은 책방!
들어서는 순간 순돌이 인사에
1차 힐링,
낭만 가득한 '블라인드 세트'
고르며 2차 힐링..
키워드만으로 어떤 책일지
추측하는 재미가 있다.

포레스트 서울숲

서울숲 바로 옆이라 접근성도 좋고,
공간도 넓어서
여유롭게 쉬기
좋은 카페.
디저트가
맛있고 예쁘다.

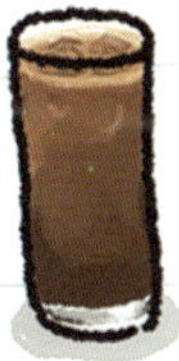

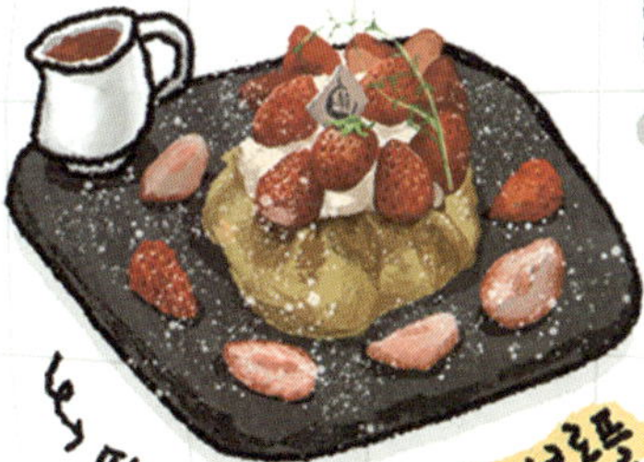

Ttukseom

KROW 성수

커피바는 처음 가봤는데,
음료 만드는 과정을 보는 재미도
있고 분위기도 정말 좋았다.

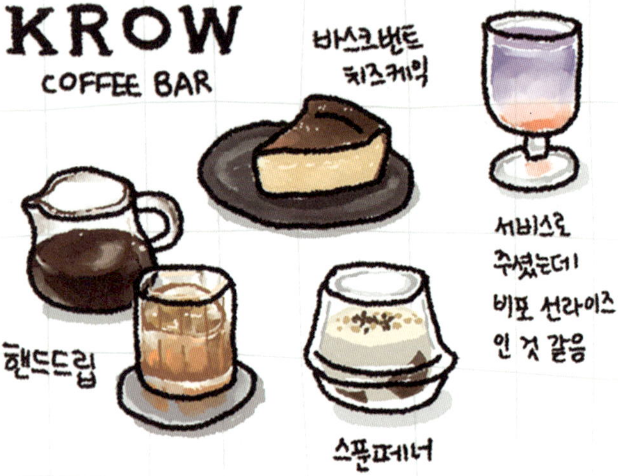

성수동에는
아기자기한
소품샵이
많아서
지갑
조심해야
한다;;

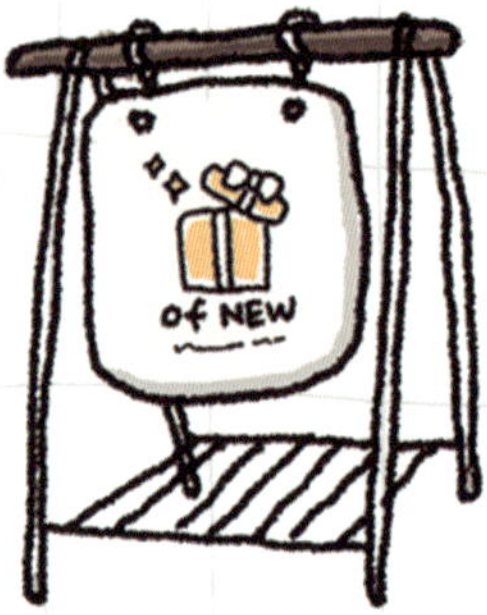

오브뉴

귀여운 거 옆에
귀여운 거~
시간 가는 줄
모르고 한참
구경했다.

묘사서울

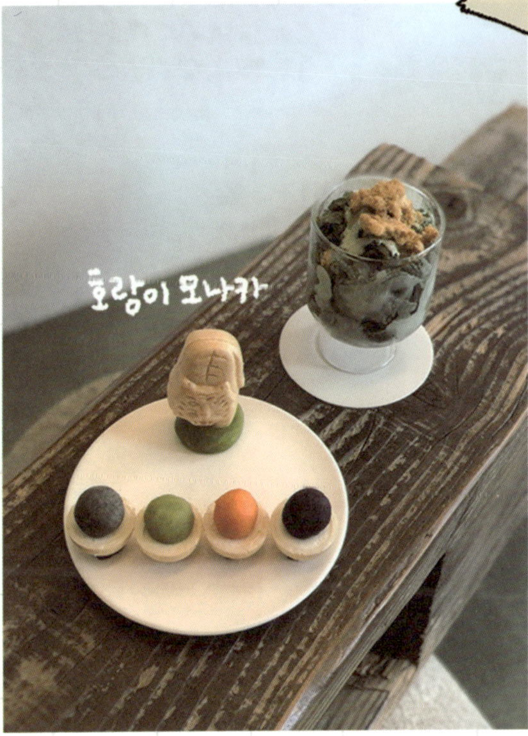

독특한 디저트 맛집!
모나카, 수제양갱 등 할미입맛
저격하는 꼬수운 메뉴들이 특징이다.

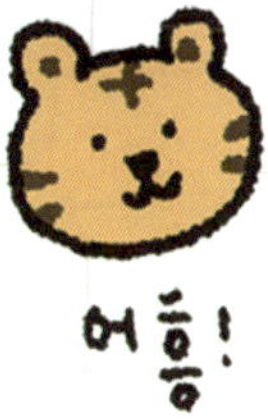

Ttukseom

2 홍대입구역

가볼 만한 곳
경의선숲길, AK PLAZA,
홍익대학교, 연남동, 소극장 산울림

으네 마인드

찾아가는 길부터
빈티지 감성이 가득한 소품샵!
빈티지 소품이 정말 많았는데,
빈티지 카드부터 복권, 독특한 필름
키링까지 볼거리가 가득했다.

과거로 시간여행 떠나는
것 같았던 소품샵 가는길

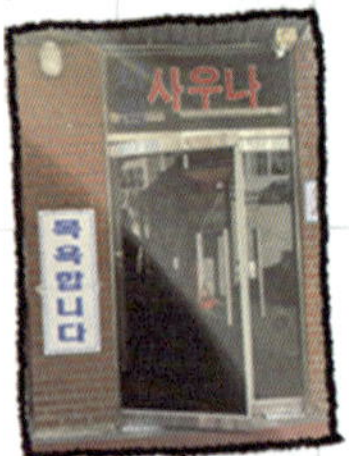

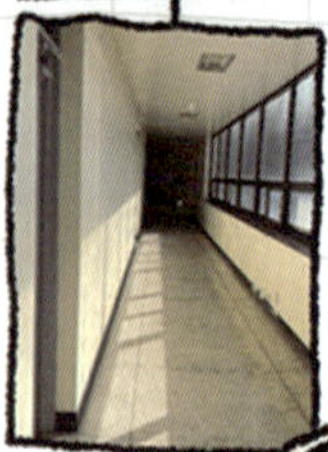

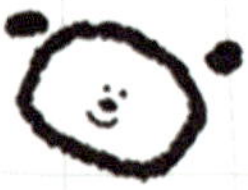

이 햇살..
온도.. 습도..

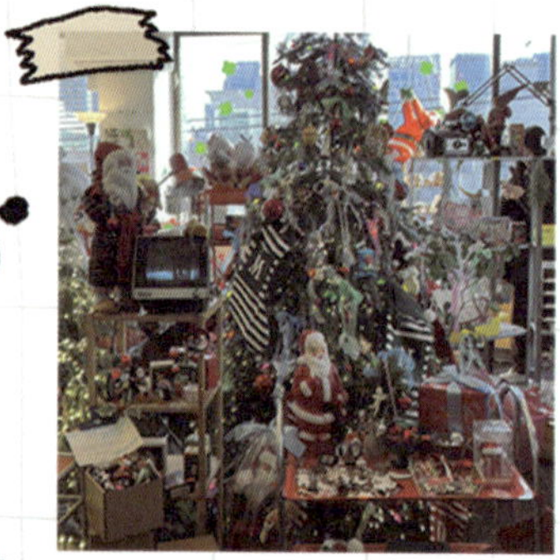

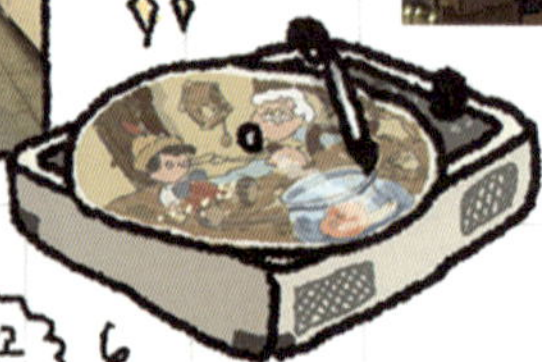

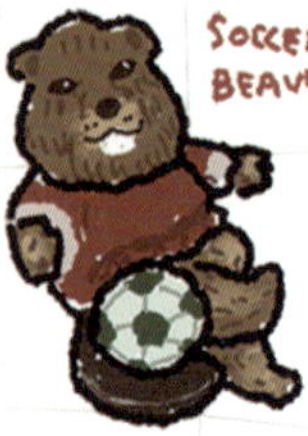

다들 어떻게 알고
찾아온 거지..?

감성 터지는 소품샵 ♪

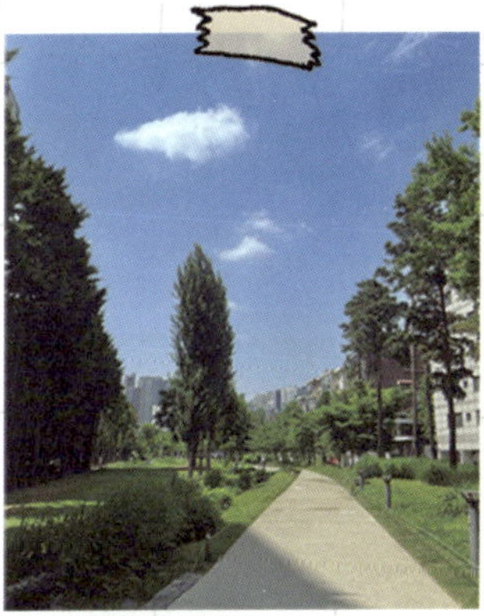

블루보틀 연남 카페

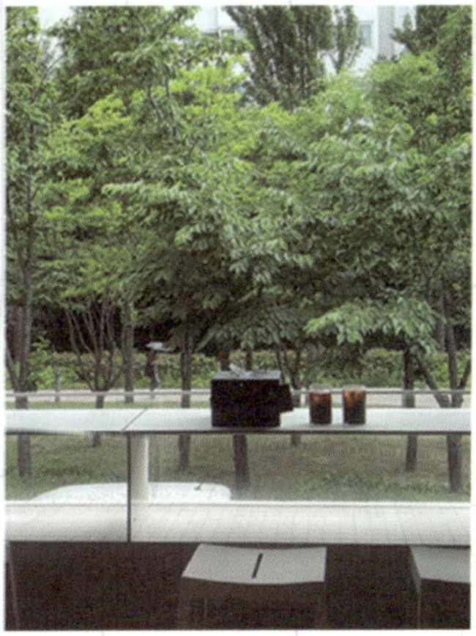

경의선숲길

밥 먹고 소화시킬 겸
걷는 필수 산책 코스.
근데 걷다 보면 어느새
아이스크림 들고 있는 건
안 비밀..!

통창으로 숲길 뷰가
시원하게 보이는
블루보틀 지점.

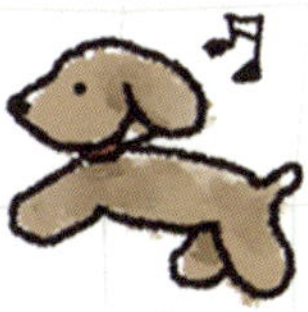

산책나온
강쥐들 구경
실컷함 ㅎㅎ

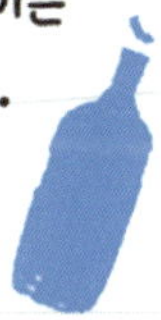

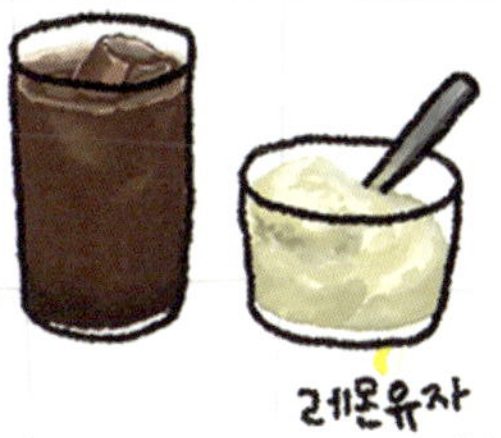

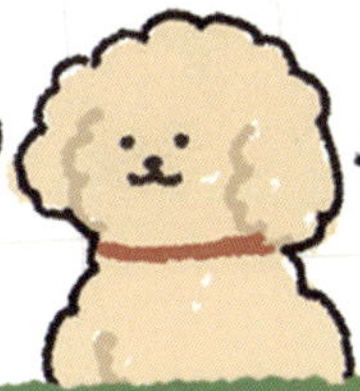

Hongik Univ.

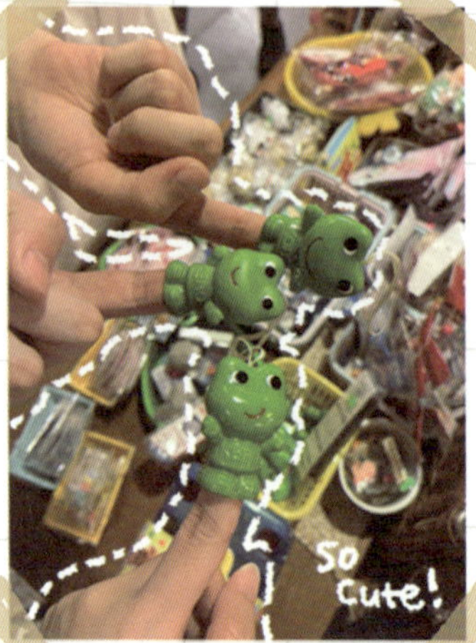

↳ 귀여운거 너무 많아서 눈돌아감

수바코

아기자기한 일본
빈티지 소품 덕질하기
좋은 곳!
귀여움 가득한
소품들 구경하느라
시간 순삭이니,
혼자 놀러 가기도 좋다.

Little Riddle

리틀리들

↳ 미국 빈티지 소품샵!

마치 미국 작은 동네
가게에 들어선 듯한
빈티지 분위기!
문구, 빈티지 굿즈,
잡화까지 아기자기한
소품들로 가득하다.

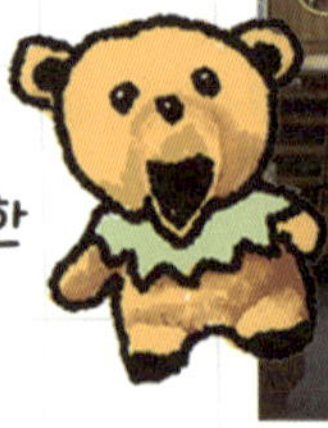

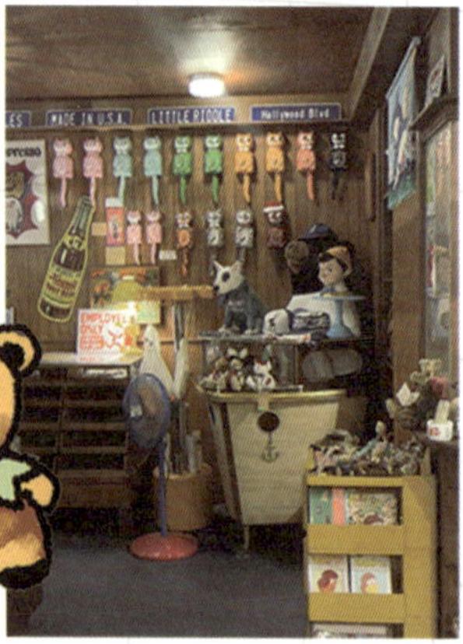

알 누오보

AL NUOVO

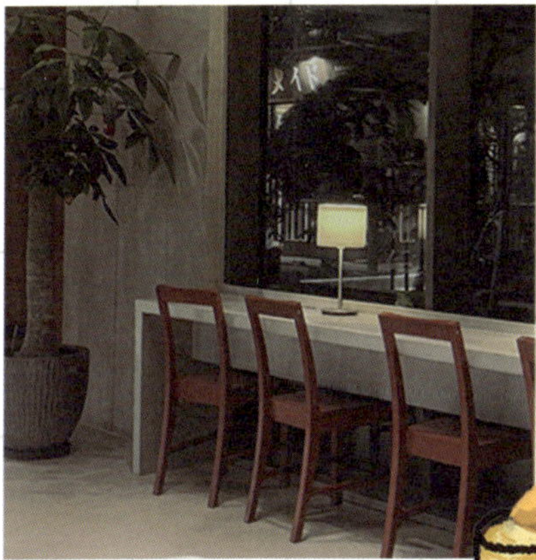

층고가 높아 개방감
있고 예쁜 카페!
1층은 카페고
2층에서는 브런치를
즐길 수 있다.

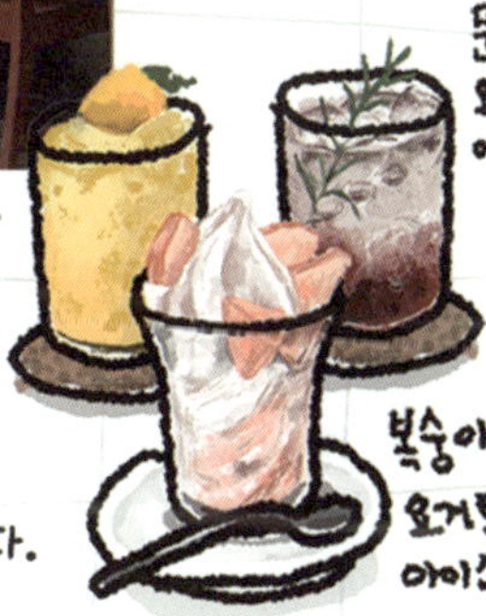

저녁에 방문해서
커피 대신
다른 메뉴를 골랐는데,
메뉴가 다양하고 맛도 괜찮았다.

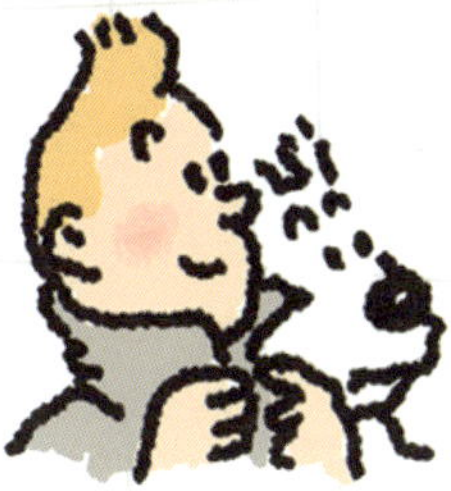

TINTIN SHOP

<땡땡의 모험> 소품샵.
국내 유일 오프라인
매장이라고 한다.

Hongik Univ.

스시지현

맛찰알 친구 추천으로 알게 된 연남동의 소문난 초밥 맛집! 에피타이저로 나오는 차완무시부터 맛있고, 초밥 구성도 아주 알차다.

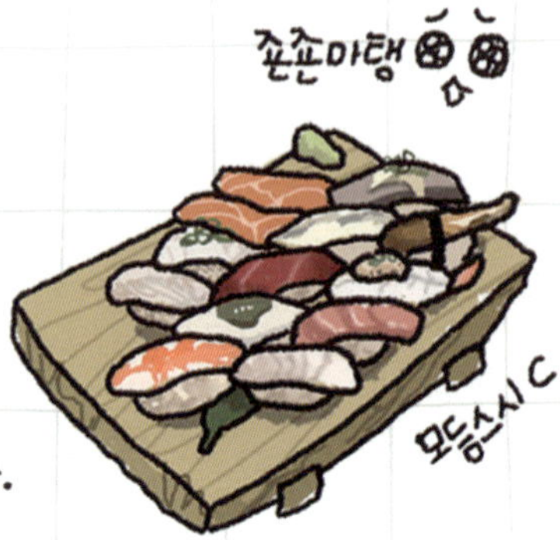

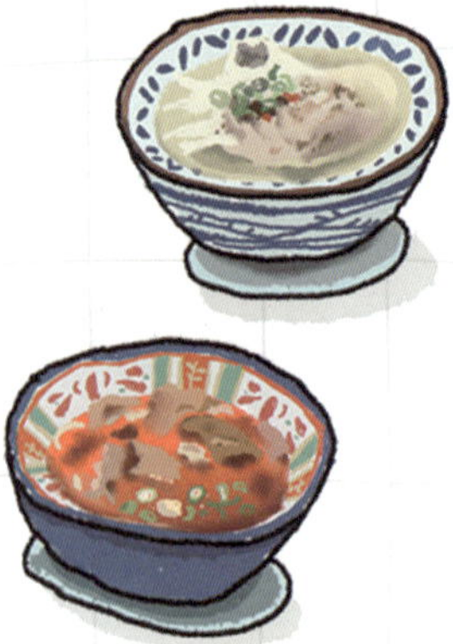

Phở Gà Lê

포가레

쌀국수를 주문하면 바삭한 반세오까지 함께 나와서 배부르고 맛있는 한 끼를 먹을 수 있다.

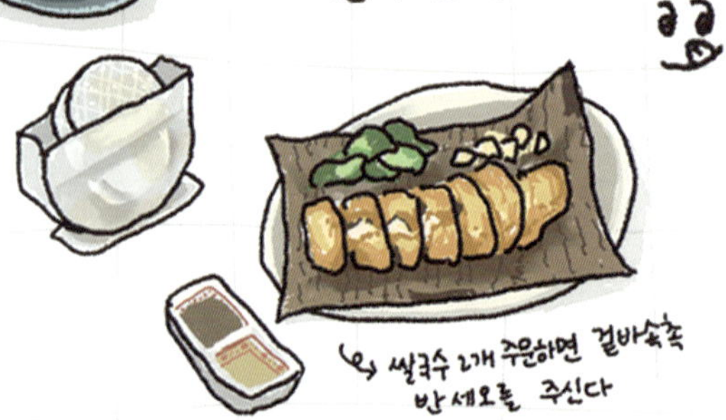

영동 감자탕

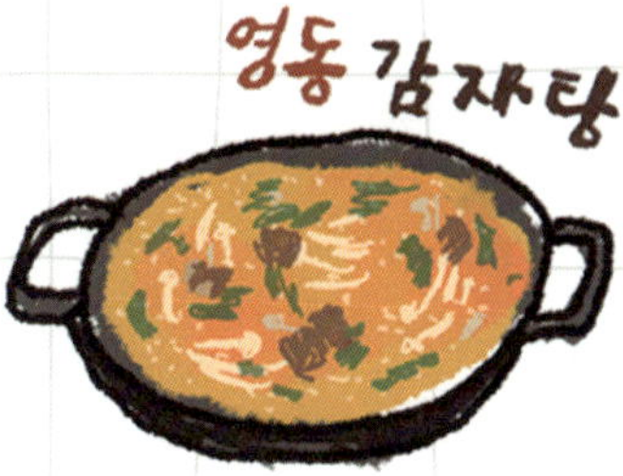

웨이팅 각오해야 하는
감자탕 맛집!
국물이 비지 베이스라
엄청 고소하고 진함.
한입 떠먹고 '크으~' 소리가 절로 나왔다.

NEW ORDER CLUB

뉴오더클럽

근래 먹은 피자 중
젤 맛났음ㅠㅠ

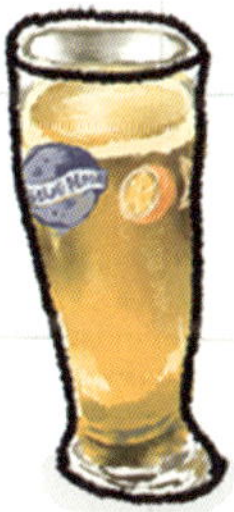

흔치않은
하와이안 피자
동지를 만나 행복

분위기 좋고
피맥(피자+맥주)
즐기기 완벽한 곳!

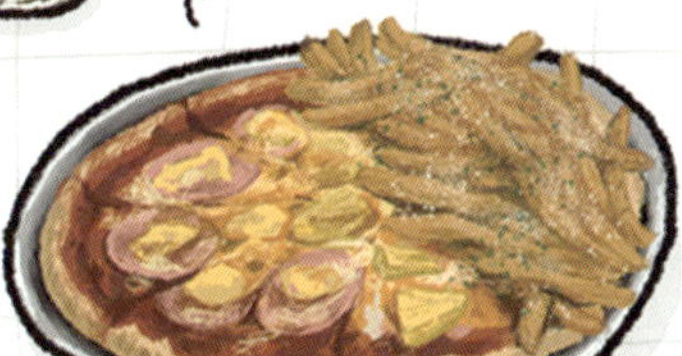

하와이안 & 포테이토

Tip!

하프앤하프로
2가지 맛
한 번에 맛보기!

Hongik Univ.

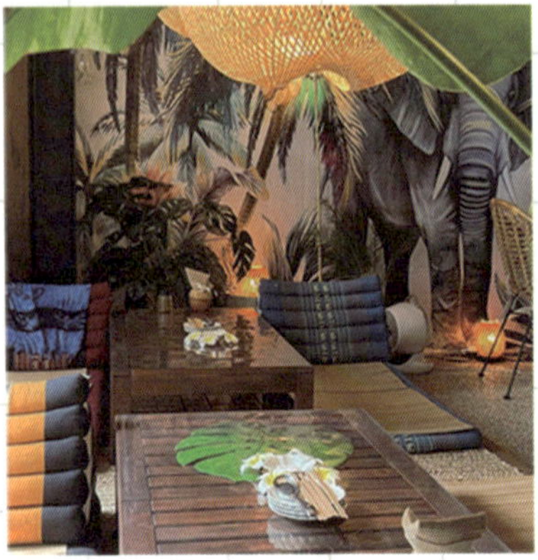

쿤댕

인테리어도 예쁘고
음식도 맛있는
태국 음식점.
여기서 주는
하와이안 핀까지 꽂고,
이곳을 배경으로
사진 찍으면 진짜
휴양지 여행 온
느낌 난다.

동남아에 와있는 듯한
인테리어!

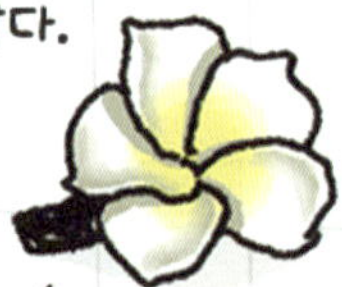

머리에 꽂는
하와이안 핀을 주심ㅋㅋ
소소한 재미~

공심채 돼지고기 볶음 + 갈릭 볶음밥

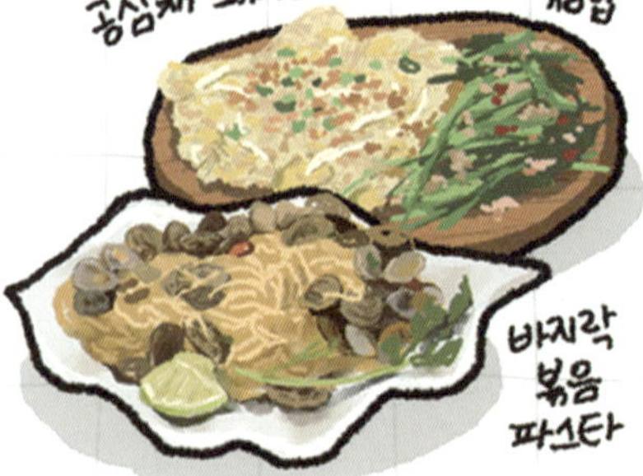

바지락
볶음
파스타

피나
콜라다

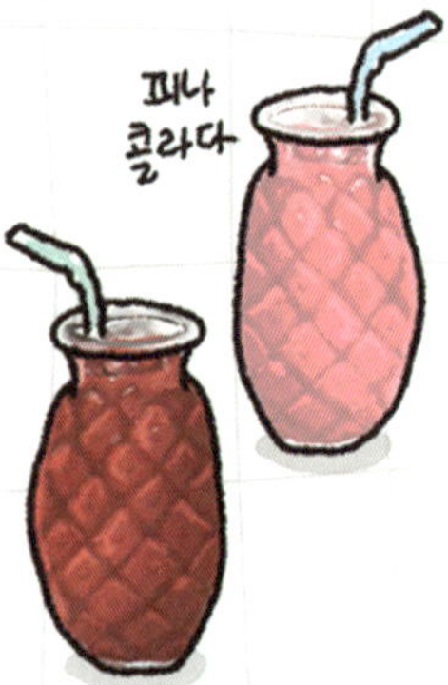

땡모반 (수박쥬스)

로쏘 1924 나폴리 화덕피자

정통 이탈리아식
화덕 피자집.
신선하고 담백한 맛!

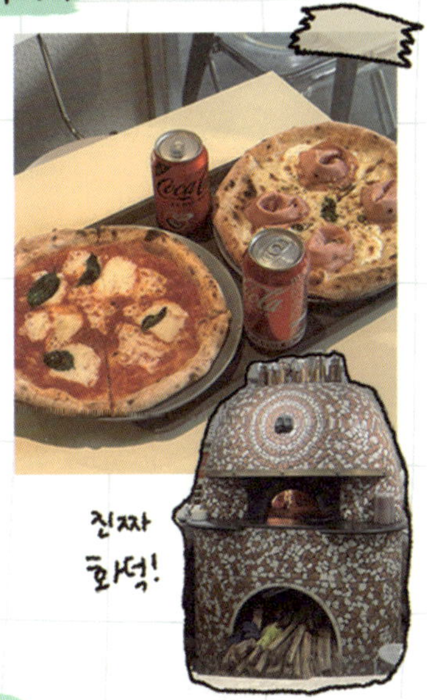

TIP!

네이버로
미리 예약하면,
달달한 디저트 피자를
서비스로 주심!

江戸前天丼 はま田

에도마에텐동 하마다

원래도 텐동 너무
좋아하는데
여기 진짜 맛있다..!
많이 느끼하지도 않고,
빠삭빠삭!!
특히 타이거 새우랑
오징어는 별 다섯 개!

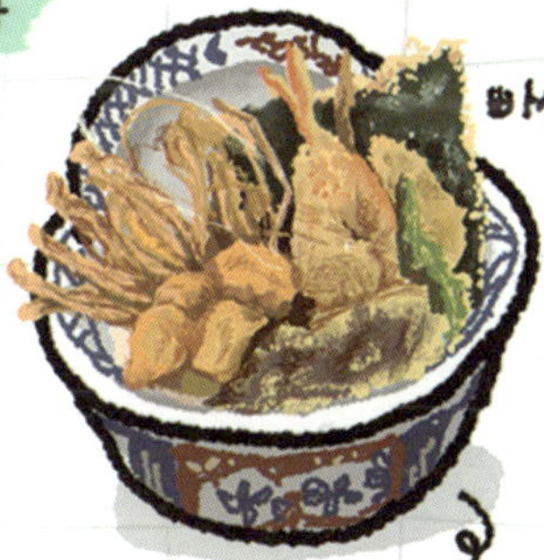

Hongik Univ.

누크녹 NUK NOK
coffee & Dessert

진짜 당근처럼
생긴, 귀여운 당근 모양
디저트가 있다!
비주얼부터 시선 강탈.

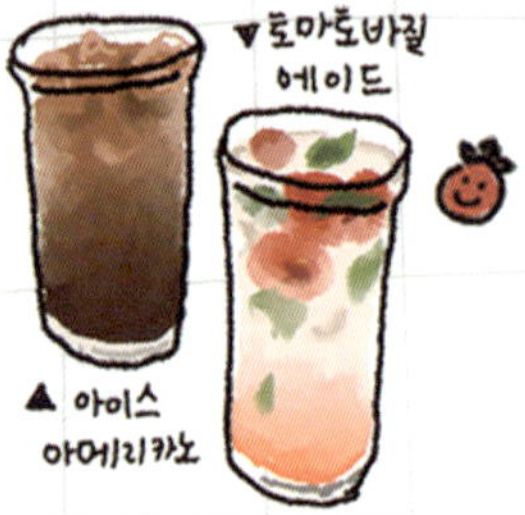

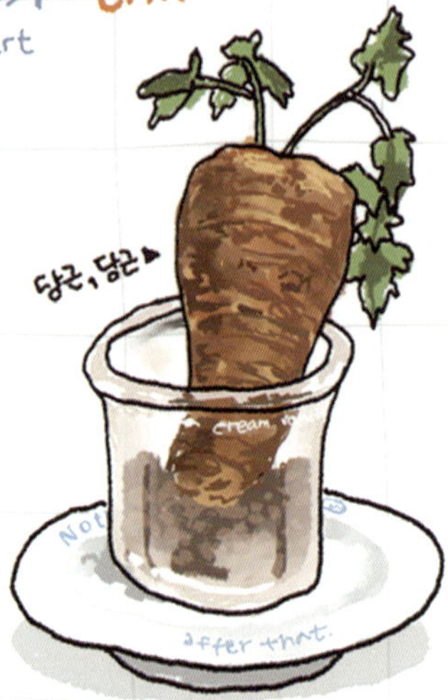

표정 PYO JEONG

구겔호프 맛집.
매장이 아담해서
프라이빗한 느낌!

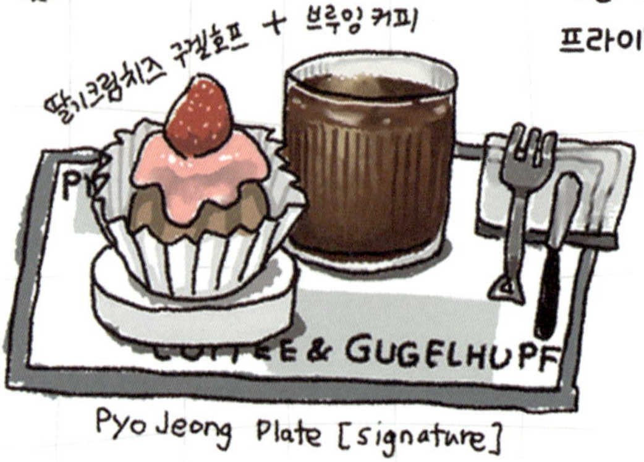

Pyo Jeong Plate [signature]

피크니크 홍대경의선숲길점

picniq

경의선 숲길이
잘 보이는 2층
자리 추천!
부드러운 수플레
케이크가 맛있다.

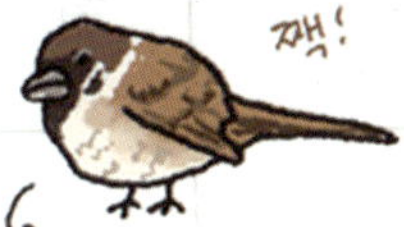

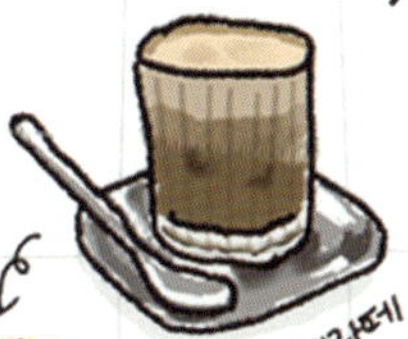

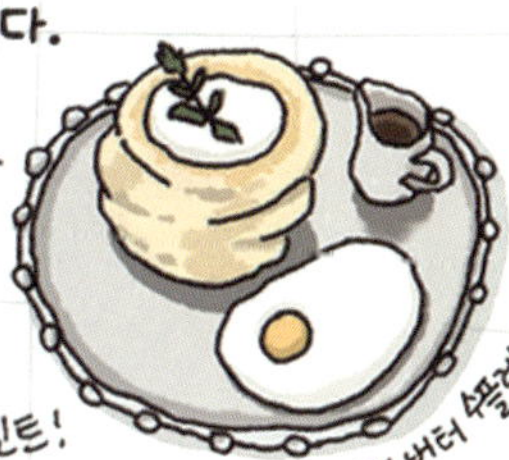

테일러커피 연남점

TAILOR COFFEE

커피가 정말 맛있어서
여러 번 찾았던
카페!
커피 좋아하는
엄마 입맛에도
딱이었다.
편안한 분위기에서
조용히 커피를 즐기기
좋은 카페.

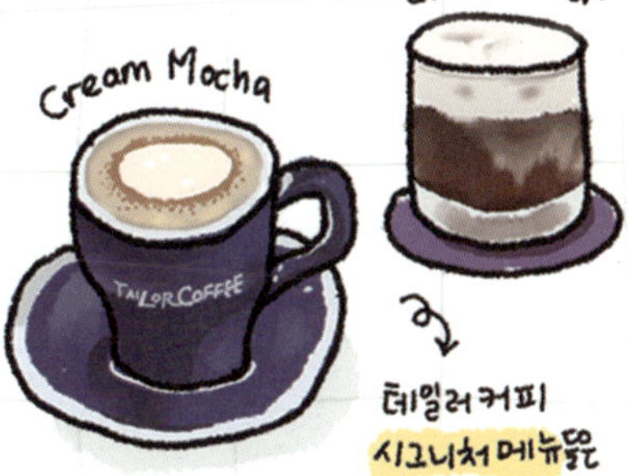

제스티살룬

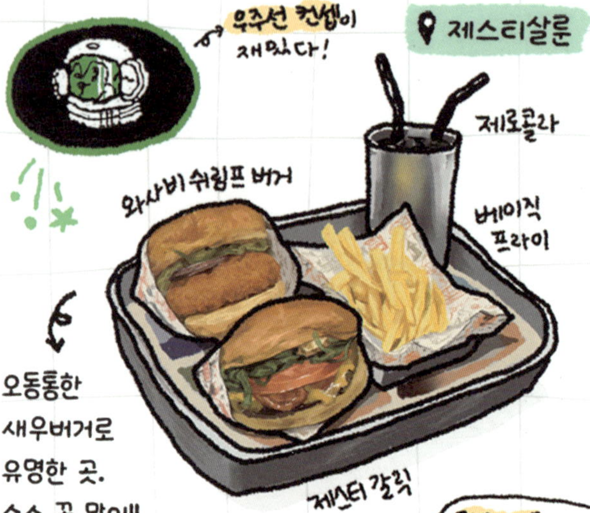

오동통한
새우버거로
유명한 곳.
소스 꼭 많이!!

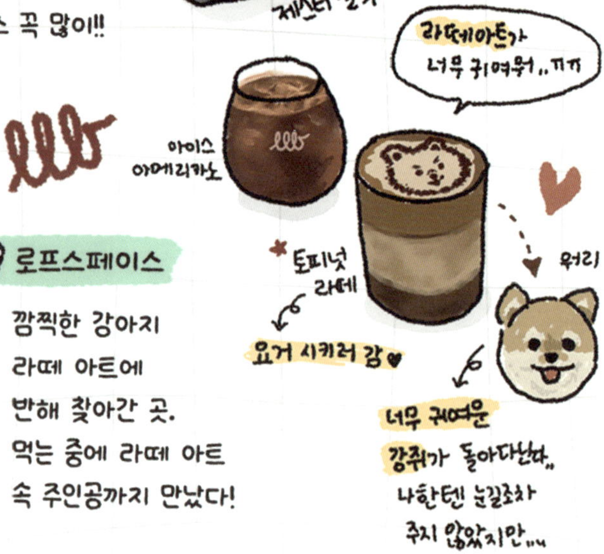

로프스페이스

깜찍한 강아지
라떼 아트에
반해 찾아간 곳.
먹는 중에 라떼 아트
속 주인공까지 만났다!

그래니플랫

우연히 들렀는데
컨셉이 마음에 들었던 카페!
자개장 소품과
따뜻한 조명 덕분에
마치 할머니 집에
온 듯한 편안함이 느껴졌다.

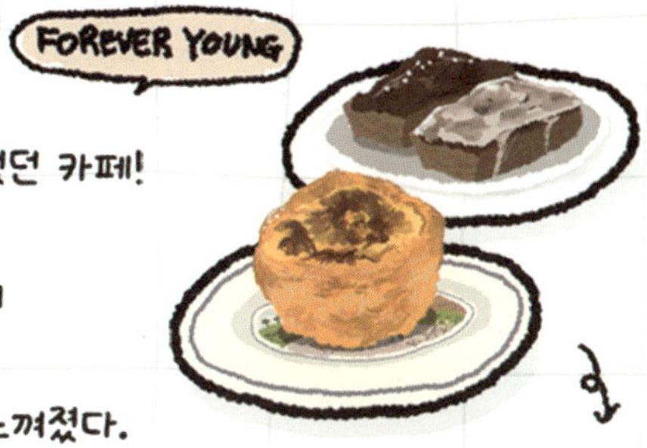

에그타르트도 넘 맛있구
그릇도 귀여웠다!

Granny Flat

홍익게장

무한리필로 유명한 곳.
우리는 꽃게정식으로
먹었는데, 구성도 알차고
많이 안 짜서 맛있게
잘 먹었다.

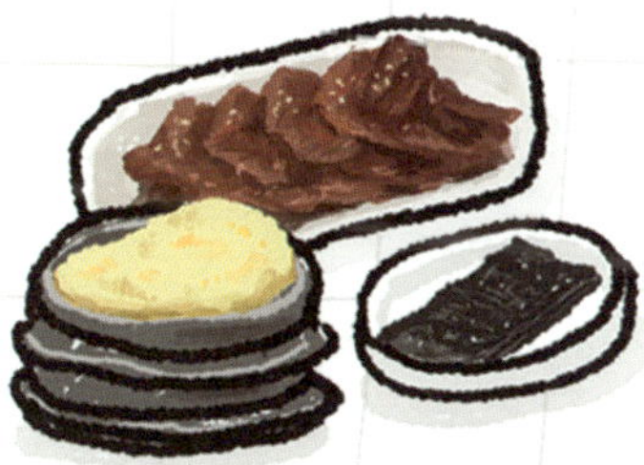

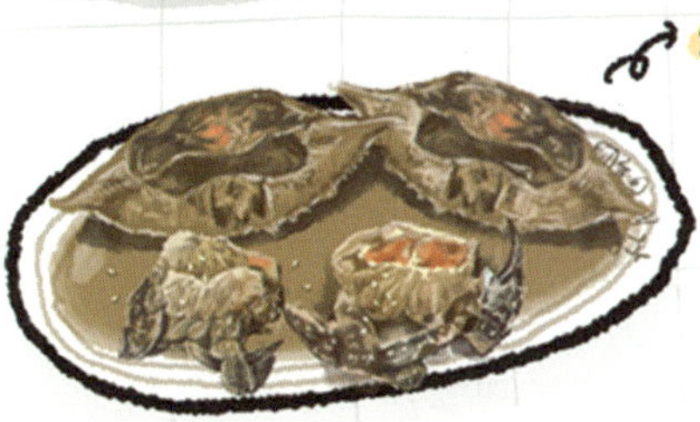

오랜만에
먹은
게장
2O 밥도둑

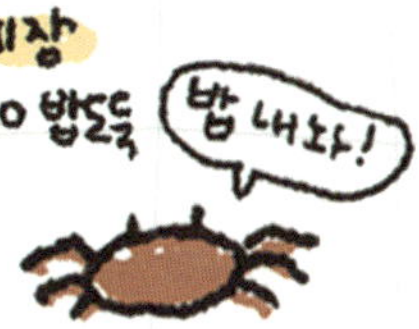

Hongik Univ.

2 이대역

가볼 만한 곳

이화여자대학교, 아트하우스 모모,
이대 자연사박물관, 스타벅스 1호점

이화여자대학교

나의 초·중·고 시절을 함께한 곳.
ECC(아래 사진으로 보이는 건물)가 지어지기 전엔 철길이 있었는데, 어릴 땐 그 철길 다리를 건너는 것도 무서워했었다. 숨 참고 끝까지 지나가면 소원이 이루어진다는 이야기도 있었는데…

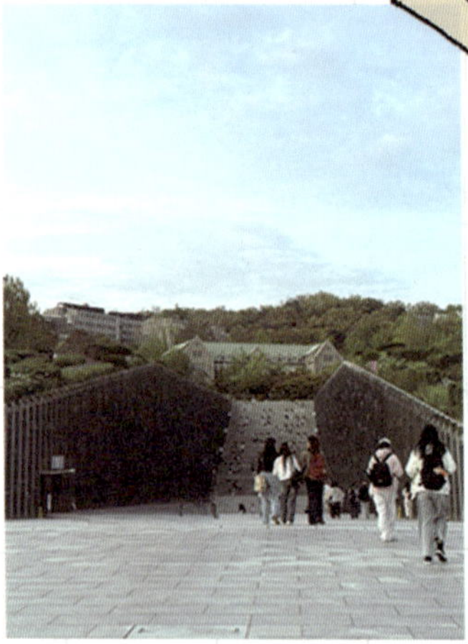

지금은 언덕을 파서 만든 독특한 구조의 복합 문화 공간으로 바뀌었다. 내부에는 강의실, 도서관, 교보문고, 영화관(아트하우스 모모) 등 다양한 시설이 있다.
유리 외관과 초록초록한 녹지가 예쁘게 어우러져 산책하기 좋다.

꽃피다 이화다방

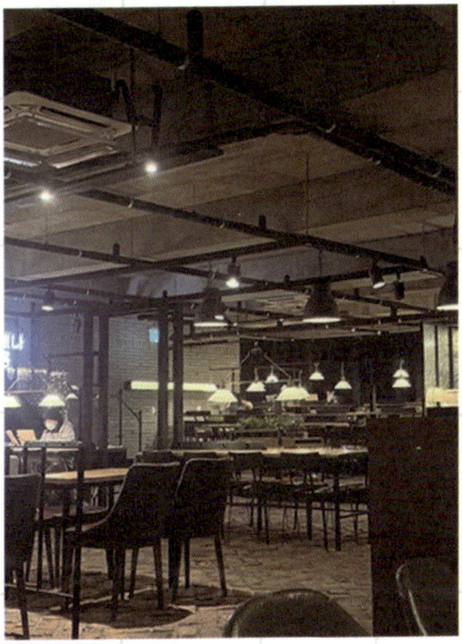

이대 정문 앞에
위치한 카페.
8층이라 뷰도 좋고,
이곳만의 차분하고
따뜻한 분위기가
정말 좋다.
공부나 작업에
집중하기 좋은
자리가 잘 마련되어
있어, 혼자 자주
가는 곳이다.

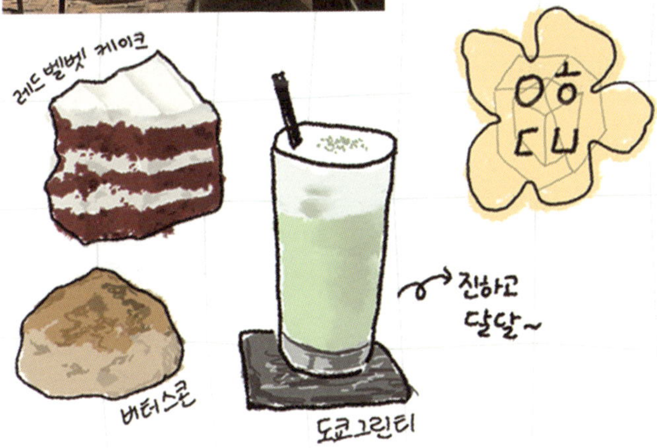

Ewha Womans
Univ.

카페 더 퍼즐

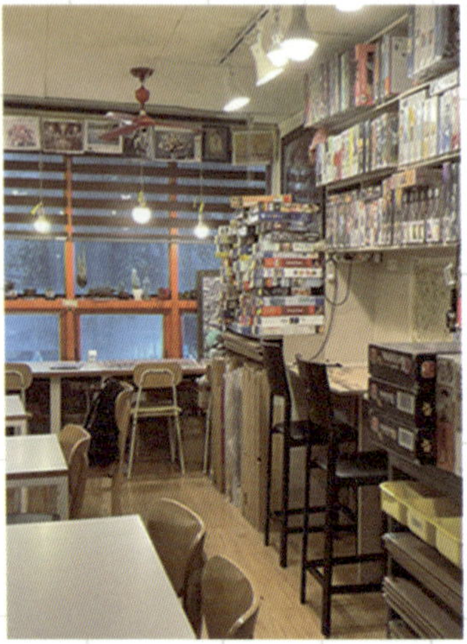

퍼즐을 좋아하시는
우리 할머니를 위해
찾아간 퍼즐 카페!
다행히 할머니께 딱
맞는 큰 크기의 퍼즐도
있어서 즐겁게 하셨다.
사장님도 정말
친절하셔서, 편안한
분위기에서 할머니와
소중한 시간을
보낼 수 있었다.

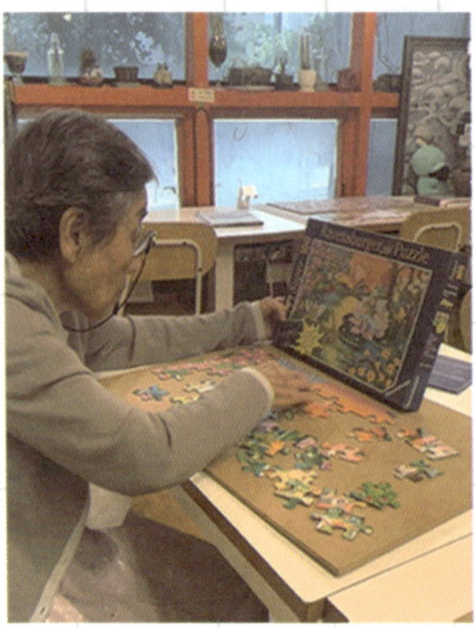

91세 할머니의
은밀한 취미생활

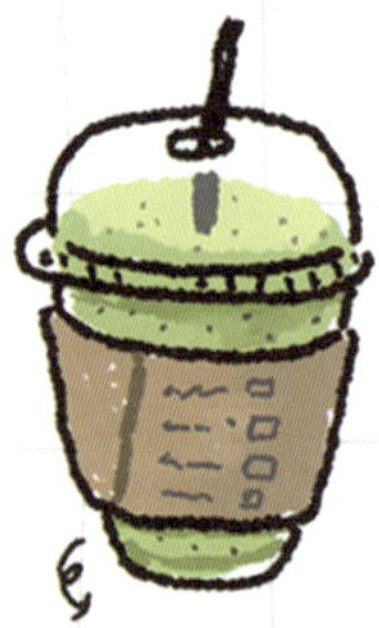

할머니의 마음을 사로잡은
사장님의 키위주스!
요즘도 말씀하시곤 한다 ㅎㅎ

키위주스 그거 맛있었는데~

디델리

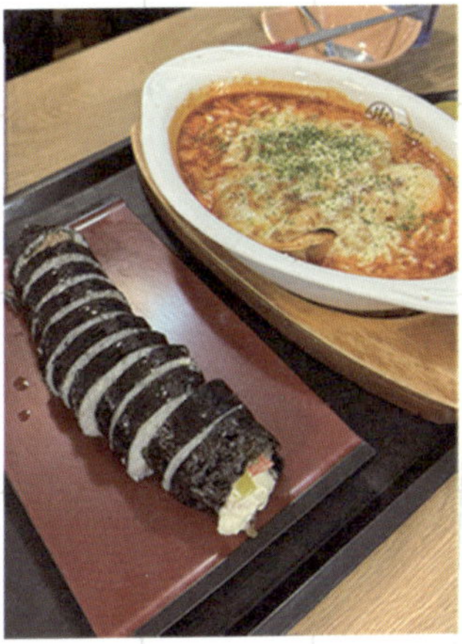

D.DELI 디델리

중고등학생 때 자주 먹던
추억의 라볶이집!
위치는 바뀌었는데,
맛은 그대로라 반가웠다.
치즈 라볶이에 참치 김밥
조합은 역시 진리!

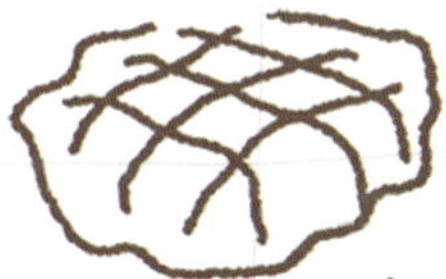

Waffle it up

와플잇업

아늑한 아지트 느낌의
와플 맛집!
중학생 때 용돈 모아 사 먹던
이곳 와플이
얼마나 맛있던지..
추억이 잔뜩
묻어있는
곳이다.

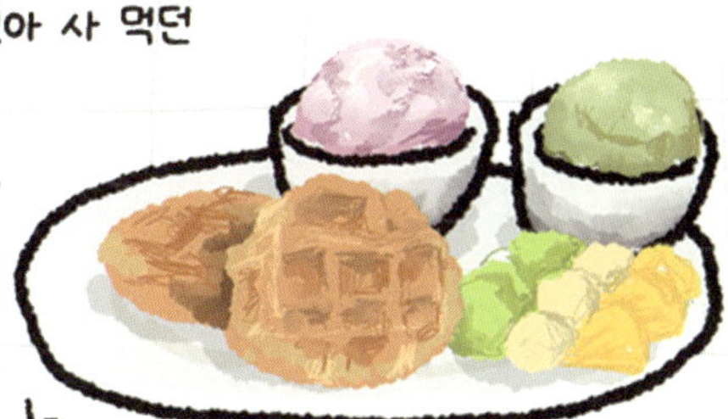

→ 젤라또와플

Ewha Womans Univ.

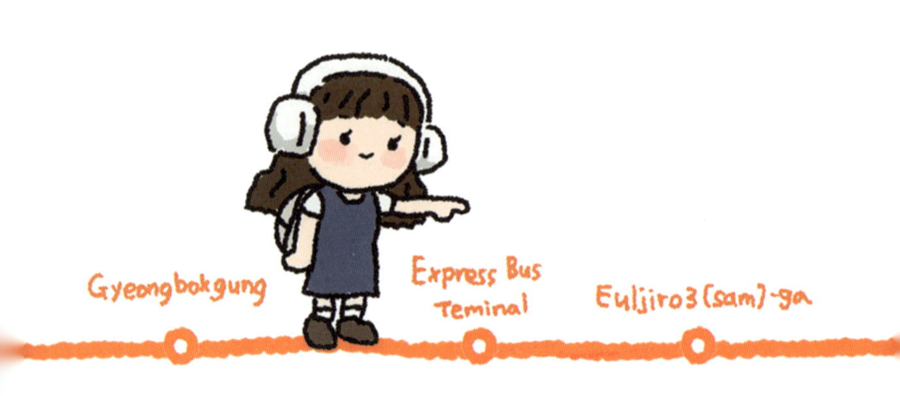
Gyeongbokgung
Express Bus Teminal
Euljiro3(sam)-ga

③ 호선

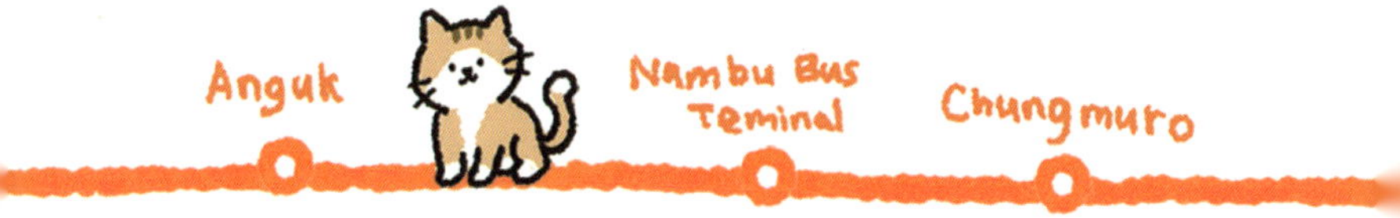

오렌지 라인

Orange Line

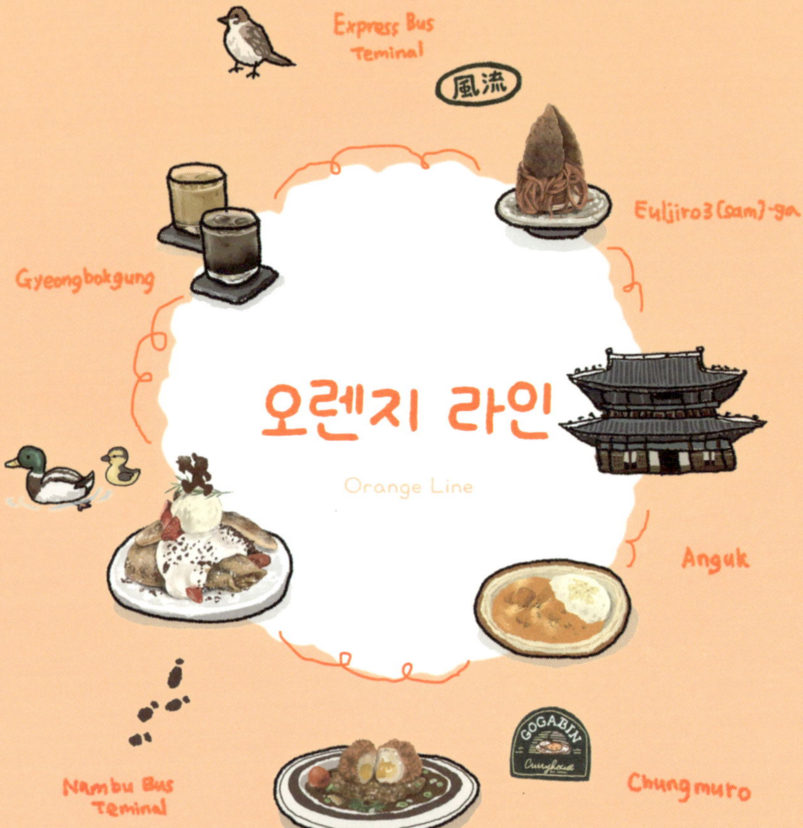

3호선은 '시간 여행의 노선'이라 부르고 싶다.

한강을 기준으로 위쪽은 과거를, 아래쪽은 현대를 보여준다. 전통이 살아 있는 경복궁역과 안국역을 지나, 현대적인 압구정역과 신사역으로 이어지는 3호선은 마치 과거에서 현대로 이동하는 시간 여행 같다.

한복을 입고 고궁을 거닐며 조선 시대 공주가 되어볼 수 있는 경복궁역, 레트로하고 힙한 분위기가 묻어나는 종로3가역, 그리고 트렌디한 현대 서울의 모습을 보여주는 압구정역 가로수길까지.

서로 다른 시대의 공기가 한 노선 안에 공존한다는 게 늘 신기하다. 이 노선을 따라가다 보면 마치 누군가가 정성스레 짜놓은 서울의 역사 여행 코스를 지하철을 타고 지나가는 듯하다. 마치 시간이 한 줄의 선로 위에서 겹겹이 쌓여 흐르는 느낌이 든다.

수많은 사람들의 하루와 역사가 교차하는 이 노선 위에서 새삼스럽게 서울이라는 도시가 품은 시간의 깊이를 느낀다.

3 경복궁역

가볼 만한 곳

경복궁, 국립현대미술관, 청와대,
삼청동 문화거리, 국립민속박물관

고가빈커리하우스

대학생 때부터 자주 갔던 추억의 카레 맛집.
맛도 맛인데, 초록초록한 분위기가 좋아서 자주 갔다.

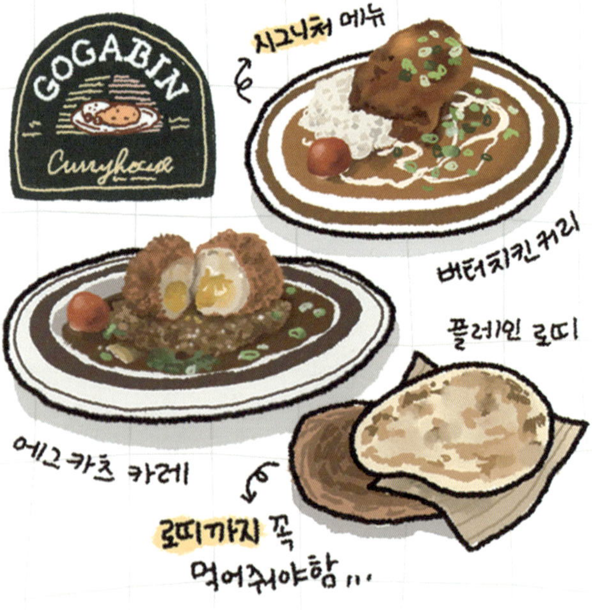

Gyeongbokgung

스태픽스

빨간 벽돌 + 초록 잔디 조합이
예쁘고 여유로움 가득한 카페!

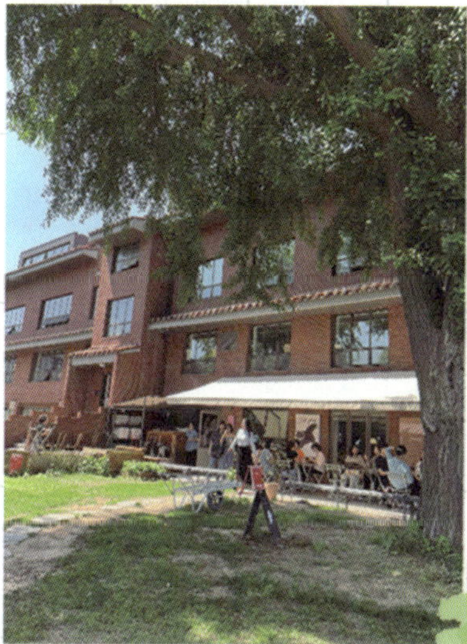

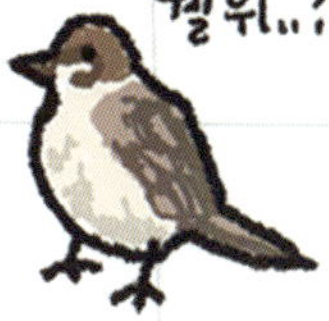

테라스자리가
정말 좋은데..
디저트 나오자마자
참새들이 같이 먹자고
몰려와서 피신함....ㅠㅠ

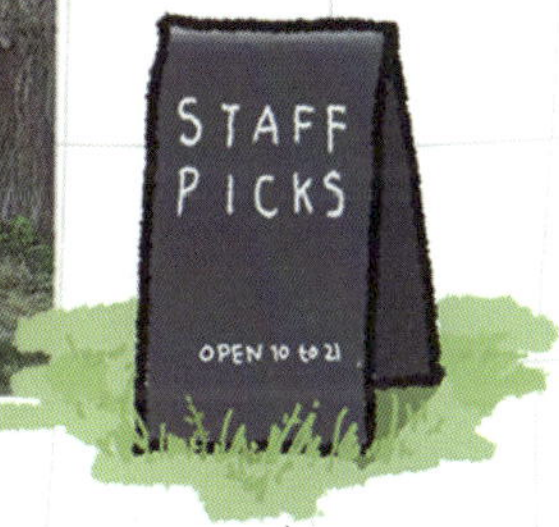

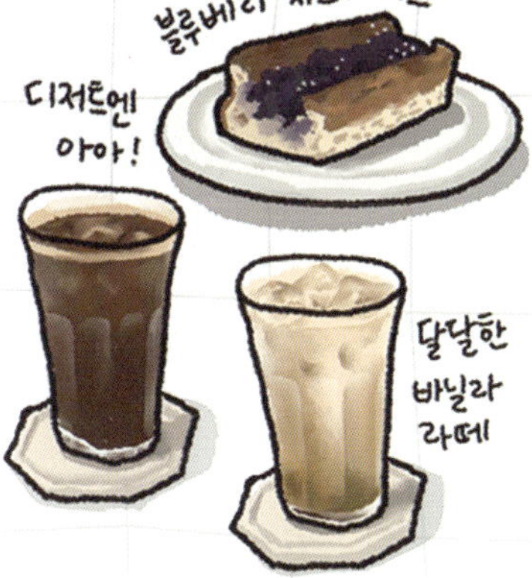

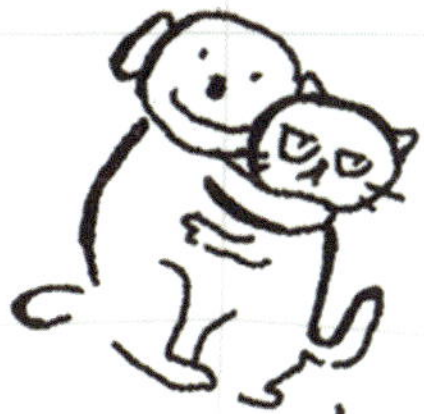

진동벨에
그려져있던
귀여운 멍냥즈

GROUNDSEESAW

그라운드시소 서촌

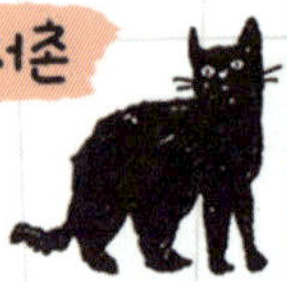

예쁜 공간에서,
그 분위기에 딱
어울리는 전시가 자주 열린다.

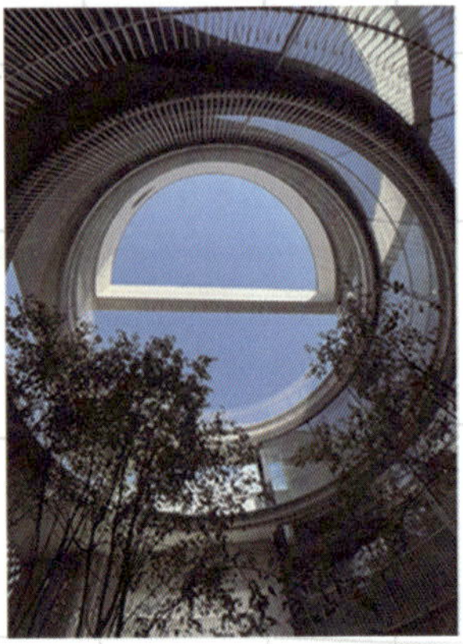

전시장부터 너무 예쁨ㅠㅠ

MUNDO MENDO
Fantastic City Life

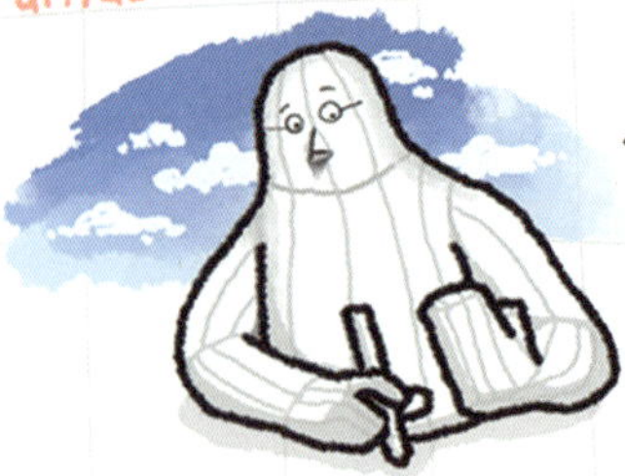

아기자기한 드로잉이
돋보였던 「문도멘도 전시」

코피티암

20대 초반에 처음 가보고
아늑한 분위기에 반해
종종 찾았던 곳!
얇고 바삭한
카야토스트가 시그니처다.

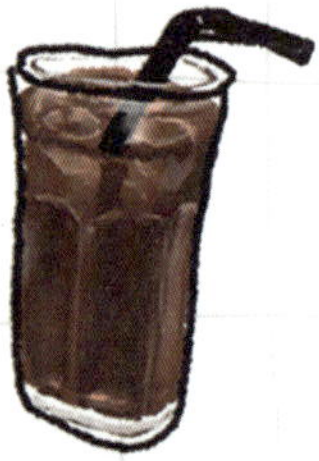

디카페인
콜드브루

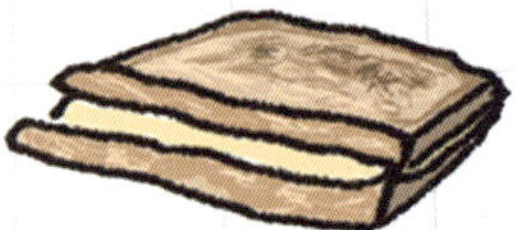

짱 얇고 빠삭!한
카야토스트

Gyeongbokgung

興氣人家

(너가 찾던 곳이)
여기인가~

카페 이름
뭔가 귀엽다..!

여기인가

서촌 감성 가득한 한옥 카페!
무전기로 주문하는 방식이
레트로한 매력을 더한다.

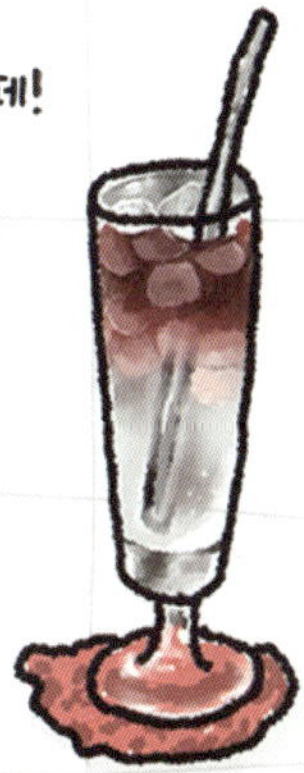

무전기로
주문하는
갬성 미쳤다

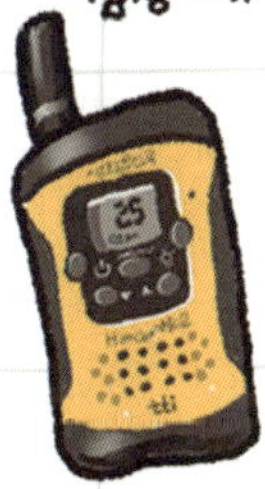

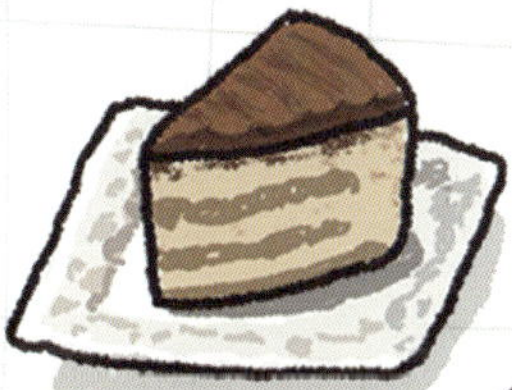

이탈리안 티라무스
+ 와인에이드 2잔
세트

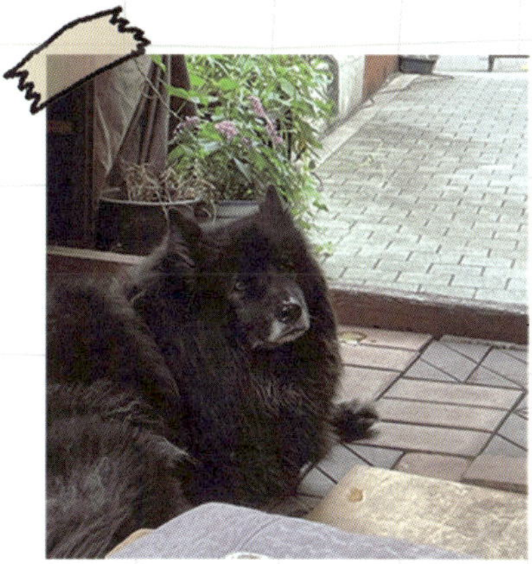

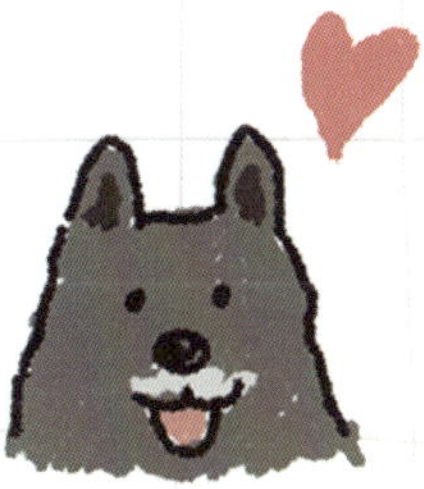

진짜 순둥한
강쥐 깨비♥
왕크니까 왕귀엽다!

공기식당

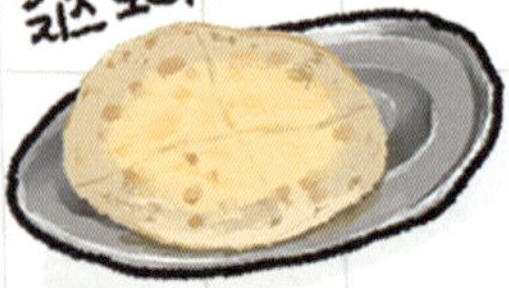

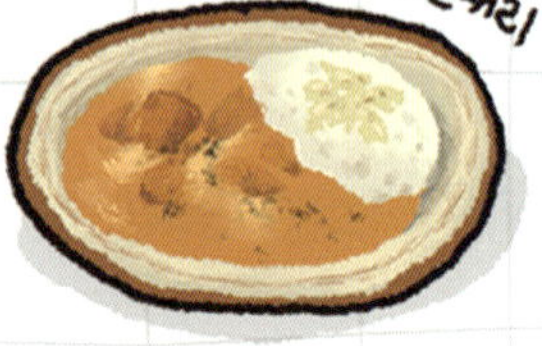

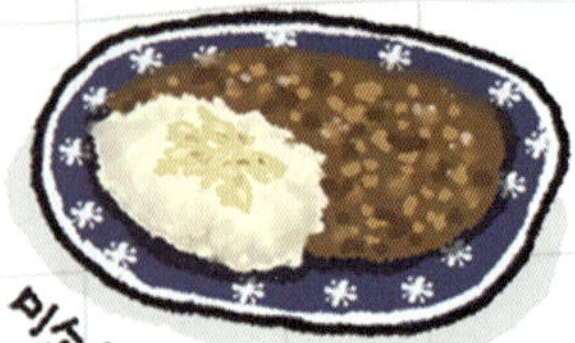

부드러운 커리 맛집!
아담한 식당에
재료도 금방 소진돼서
몇 번 허탕친 적도 있다.
오픈런 추천!

크레페보이

CREPE BOY

제대로 된 크레페는
여기서 처음
먹어봤는데,
쫀득+달달한 조합에
세상 행복해지는
맛이었다. 비주얼도
완벽해서 사진
건지기 딱이다.

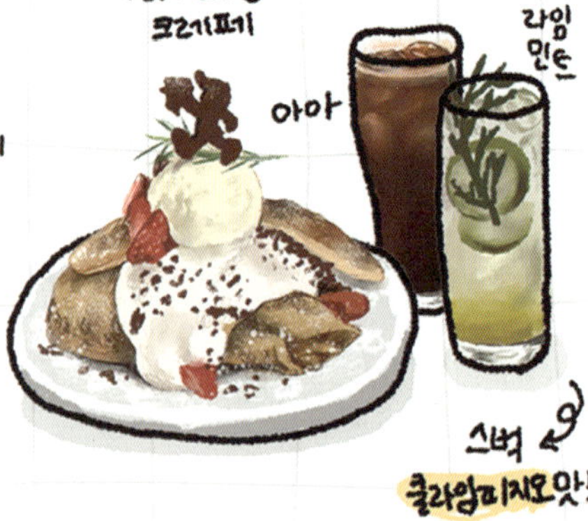

風流

풍류

한국적이면서
힙한 분좋카!
(분위기 좋은 카페)
메뉴 하나하나
다 개성있고 맛있었다.
이름부터 예사롭지 않음!

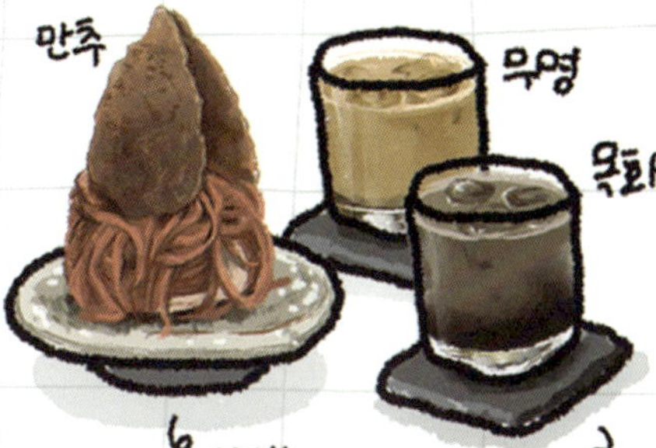

난생 처음보는 비주얼의 몽블랑

자리에서 부어주시는데 블렌딩이 넘 예쁨

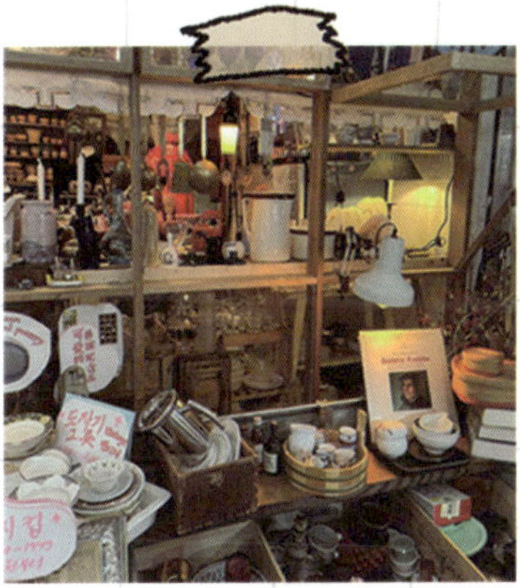

통인시장

예쁜 도자기 소품
가득한 빈티지 샵 구경!
원래 엽전 도시락과
기름 떡볶이가
유명하지만 아직도 안
먹어본 건 안비밀..!

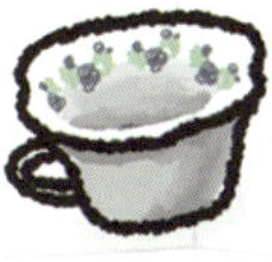

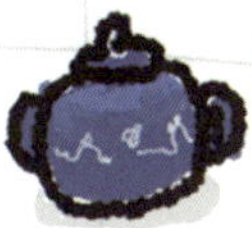

빈티지 소품들을 파는 곳도 있다!

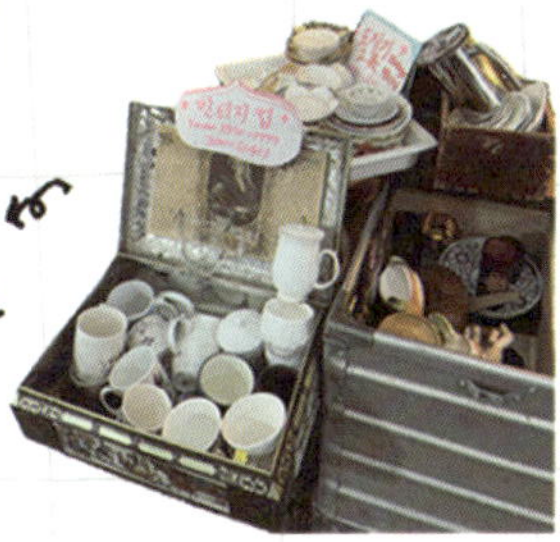

오스테리아소띠

OSTERIA SOTTI

기념일에 가기 좋은 분위기 맛집!
화덕피자가 맛있는 이탈리안 레스토랑으로,
한옥을 개조한 인테리어가 독특하고 멋지다.

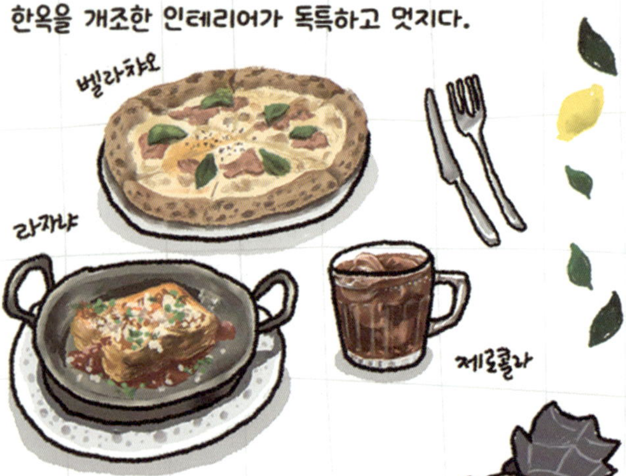

준수방키친

한국식 퓨전 이탈리안
메뉴를 즐길 수 있는 곳.
특히 '두부피자'는
다른 곳에서 먹어보지 못한
독특한 식감과 맛이
인상적이다.

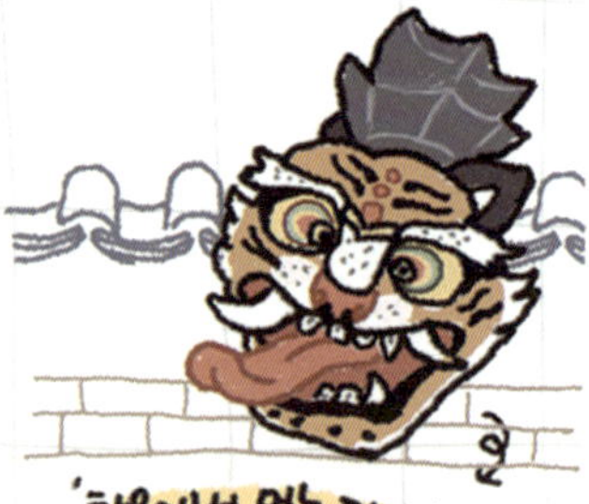

'한옥에서 먹는 피자'
라는 점이 이색적

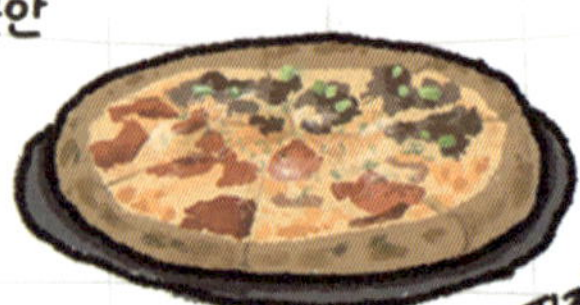

인왕산 대충유원지

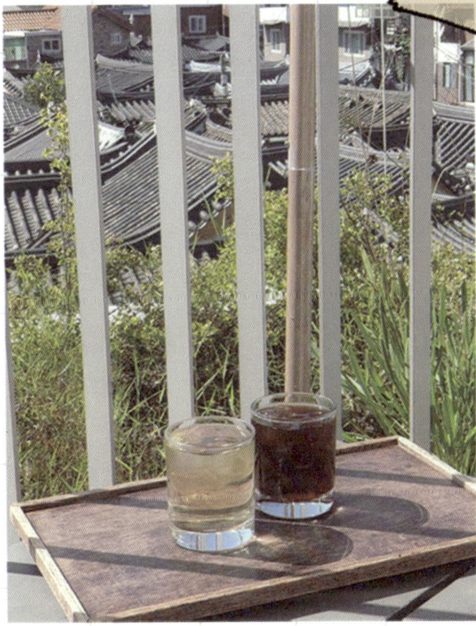

仁王山

이름에 '대충'이 들어간다는
공통점 하나로 찾아갔다가,
고즈넉한 서촌 뷰맛집을
발견해버렸다!
인왕산과 한옥 지붕을 보며
마시는 커피 맛 최고~

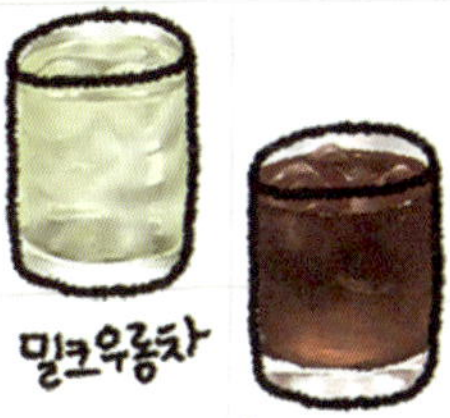

3 고속터미널역

가볼 만한 곳

반포 한강공원, 파미에스테이션
몽마르뜨공원, 국립중앙도서관

반포 한강공원

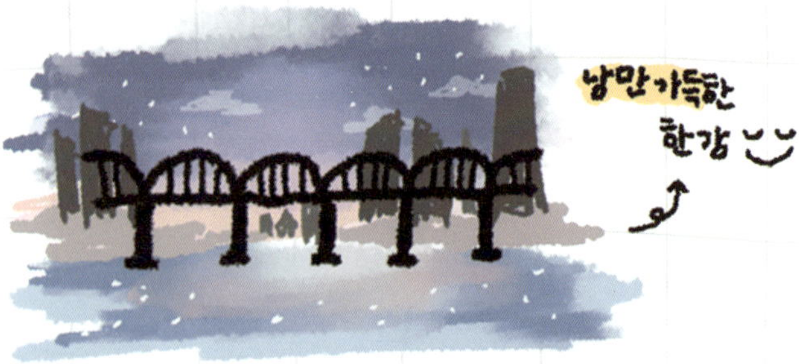

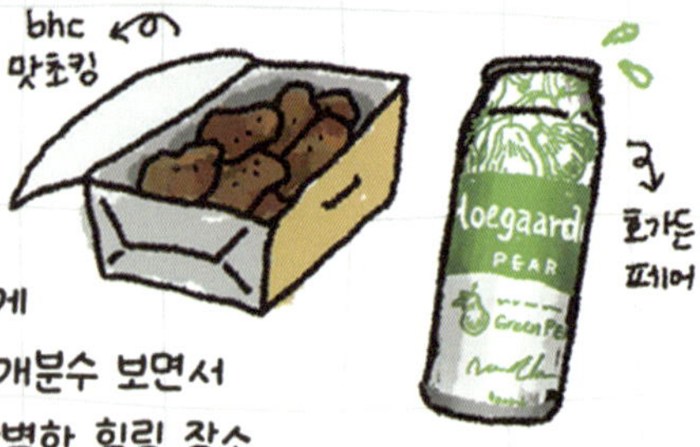

바람 쐬러
자주 찾았던 한강.
자전거도 타고,
텐트 빌려서 여유롭게
책도 읽고, 달빛무지개분수 보면서
치맥까지! 서울의 완벽한 힐링 장소.

Express Bus
Teminal

스타벅스 파미에파크R점

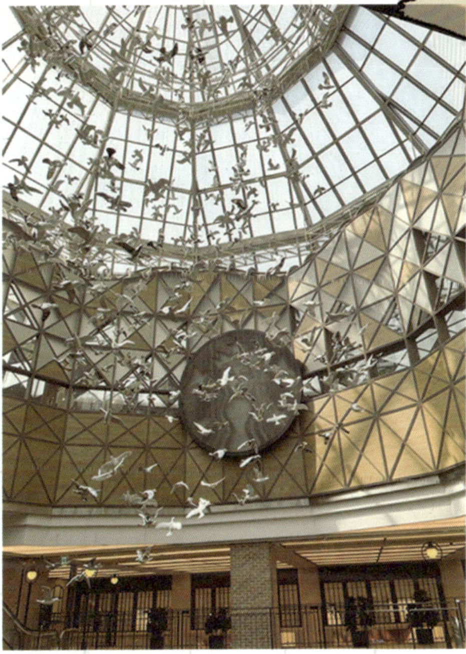

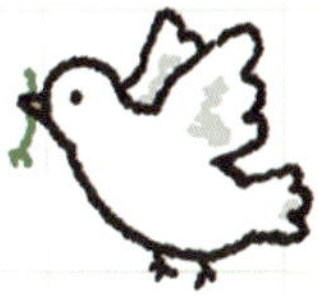

돔형 유리 천장과
날아다니는 새 모형
인테리어가 인상적인 곳.
실제로 '세계에서 가장
아름다운 스타벅스' 중 하나로
꼽혔다고 한다.

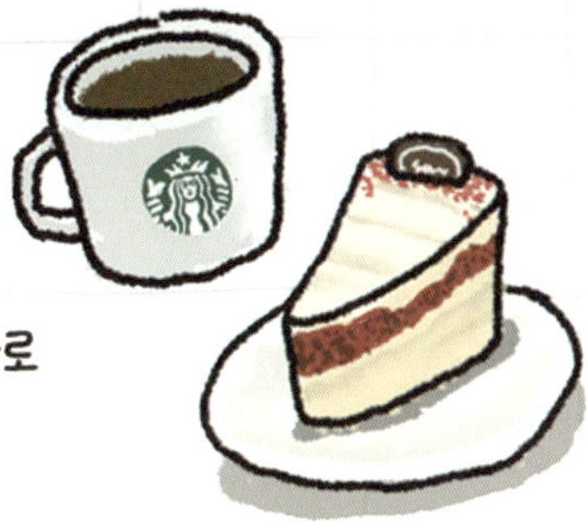

담장옆에국화꽃

한식 디저트 카페이자
빙수 맛집.
녹차, 수박, 딸기,
감귤 빙수를
먹어봤는데
그중 내 픽은
고소한 인절미가
올라간
녹차 팥빙수!

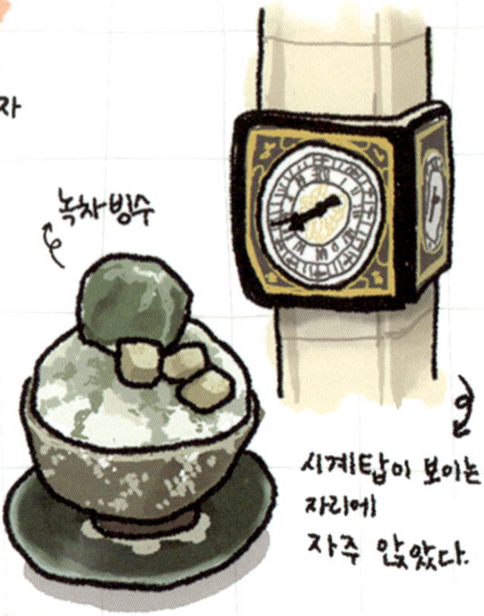

빌라 드 스파이시

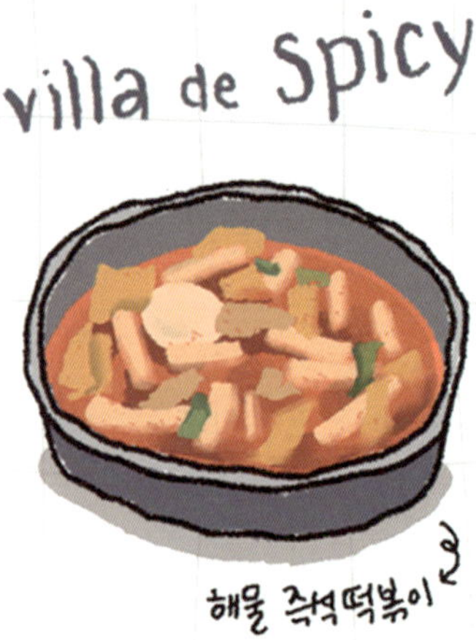

오랜만에 즉석떡볶이가
땡길 때 가는 깔끔한
즉떡집.
떡볶이집 같지 않은
모던한 인테리어에,
한국인의 디저트 마무리
볶음밥까지 먹어주면
만족스러운 한 끼 완성!

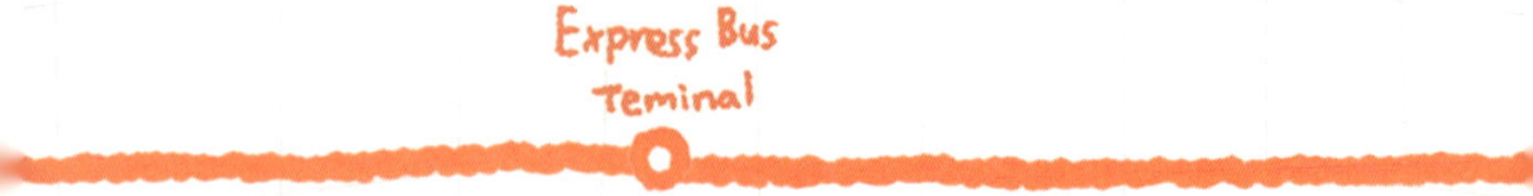

최애 자리에서..

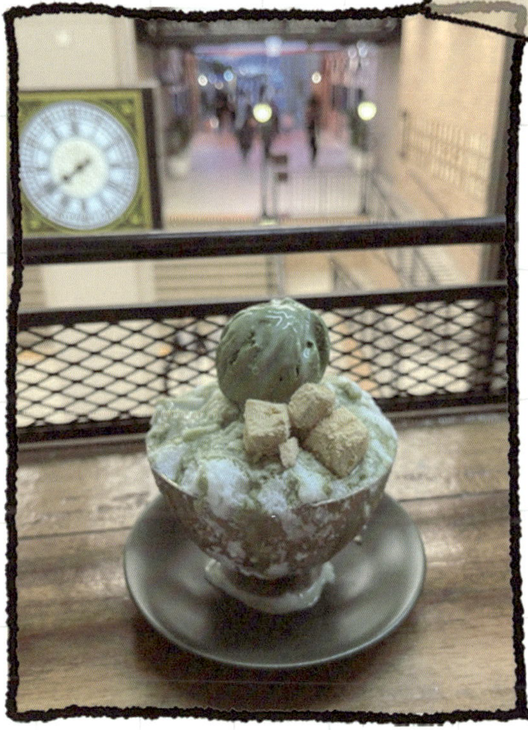

담장옆에 국화꽃

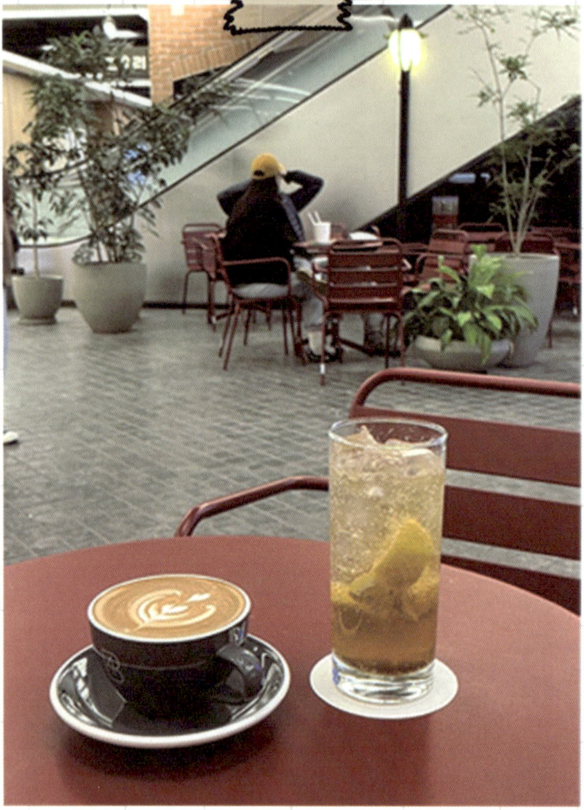

야외인듯 야외 아닌
야외 같은 자리~♬

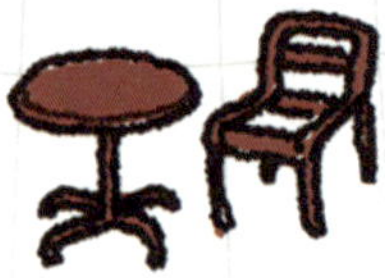

Express Bus
Teminal

포비 파미에스테이션

파미에스테이션 한가운데 위치한 카페로, 실내지만 야외 테라스에 앉아 있는 듯한 느낌을 주는 감각적인 인테리어가 인상적이다.

FOURB

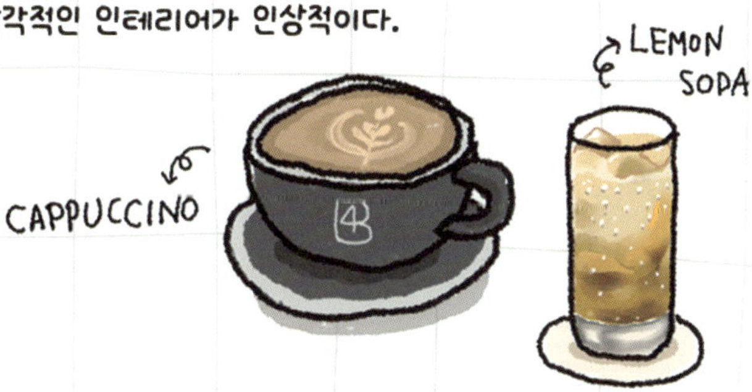

Gelati Gelati
Italian Gelato

젤라띠젤라띠

다양한 맛의 쫀득한 젤라또를 맛볼 수 있는 곳. 식사 후 디저트로 딱이다. 쌀알이 씹히는 이천쌀 맛이 나의 최애!

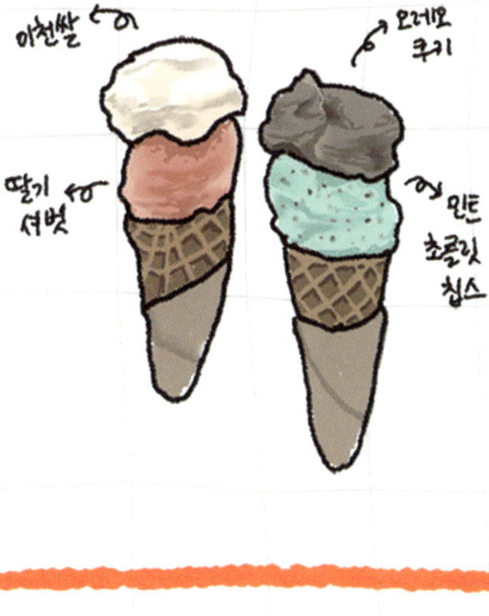

3 을지로 3가역

가볼 만한 곳

을지로 노가리골목, 세운청계상가, 청계천로, 중부시장, 방산시장

진작

진 작

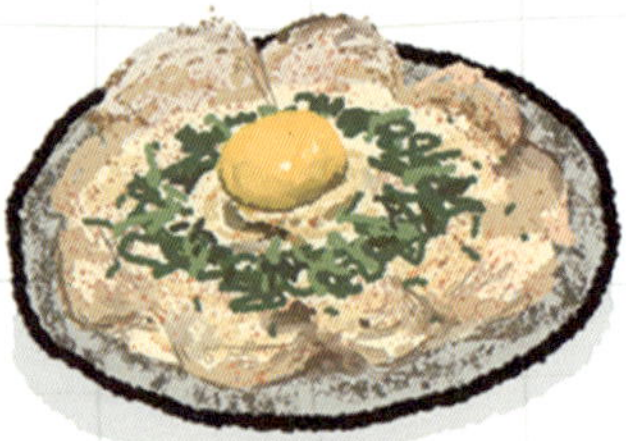

미소 크림 파스타

후토마끼

9가지 재료가 꽉 찬 왕큰 후토마끼와 미소와 크림의 조합이 잘 어우러진 파스타까지!

촙촙

CHOP CHOP
AUTHENTIC VIETNAMESE CUISINE

매콤하고 부드러운 베트남식 비빔면 '촙촙면'이 이곳의 시그니처! 꾸덕한 그 맛이 자꾸 생각난다.

촙촙면

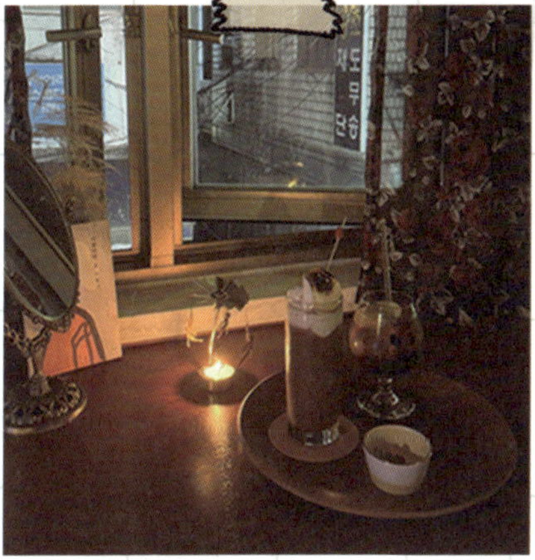

알렉스룸

'힙지로'라는 말과
가장 잘 어울리는
카페.
힙한 분위기와
음악이
공간을 꽉 채우고,
메뉴도 독특하다.

오뷔르 베이커리

다양한 디저트를 파는
을지로 대형 카페.
빵 종류가 많아 고르는
재미가 있고,
비주얼도 맛도
모두 훌륭했다.

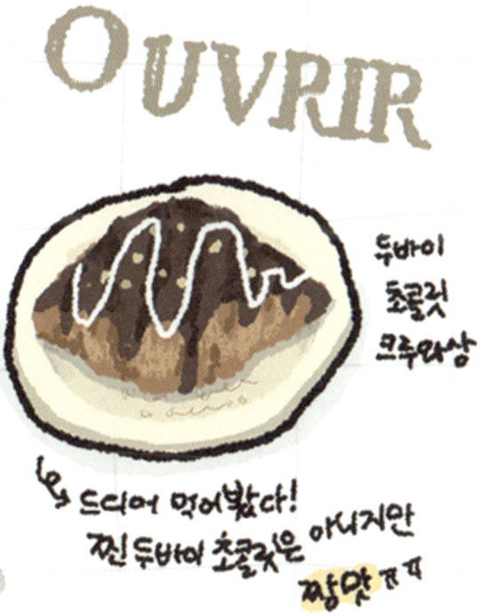

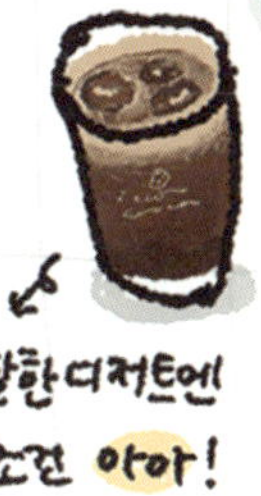

3 안국역

가볼 만한 곳

북촌 한옥마을, 인사동, 정독도서관,
열린송현 녹지광장, 현대원서공원

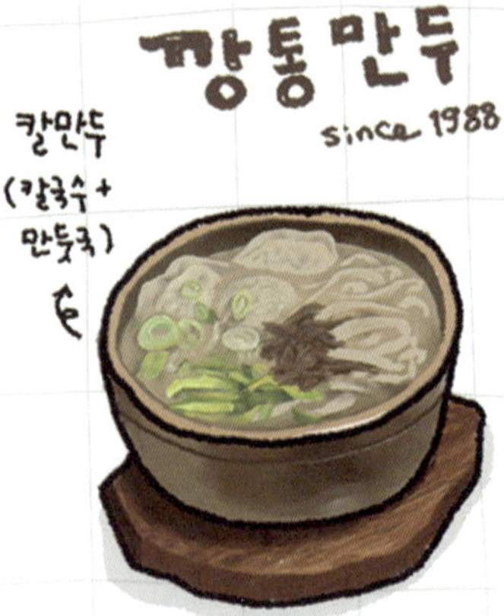

깡통만두

추운 겨울,
만둣국 국물 한입이면
추위가 싹 사라진다.
면 러버인 나에게는
칼국수+만둣국 조합인
'칼만두'가 딱이다!

하지만 난 이 집
비빔국수를 더 좋아한다.
자극적이지 않고,
적당히 매콤새콤한 양념에
육전 고명, 쫄깃한 칼국수
면까지 더해져 정말 완벽한
조합을 이룬다.

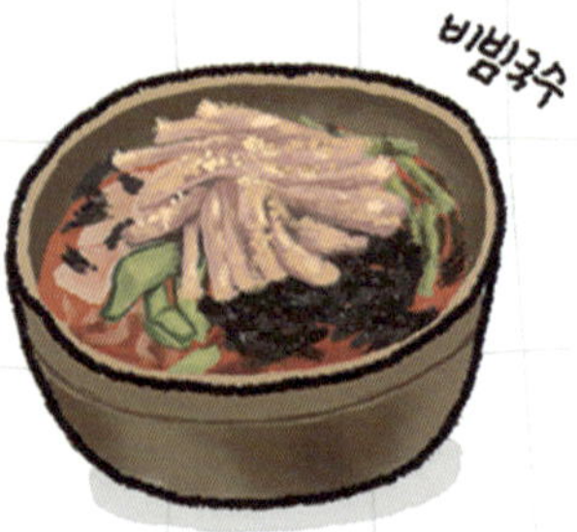

텅

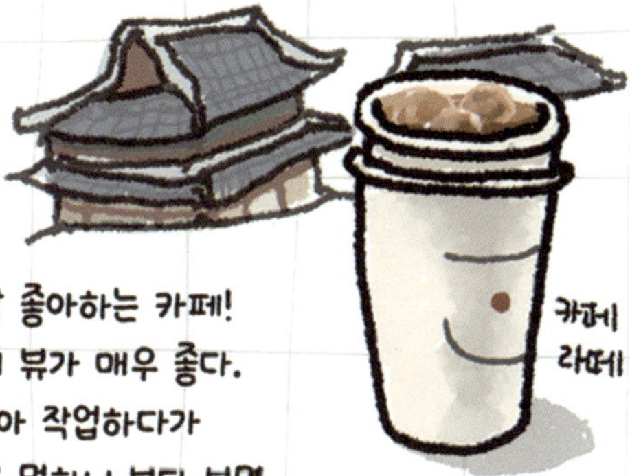

안국역에서 가장 좋아하는 카페!
7층에 위치해서 뷰가 매우 좋다.
창가 자리에 앉아 작업하다가
통창 너머 풍경을 멍하니 보다 보면
영감이 절로 떠오른다.

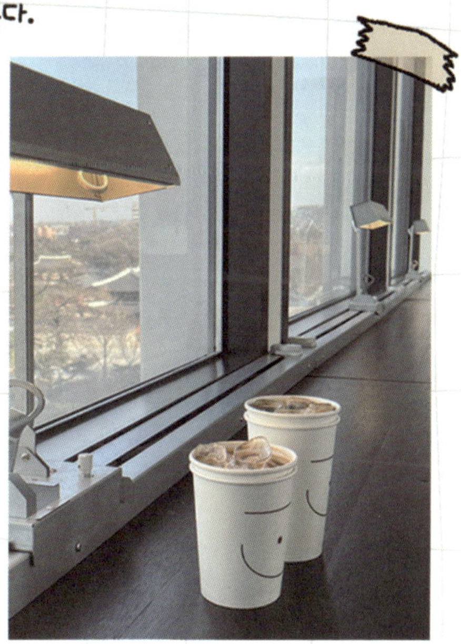

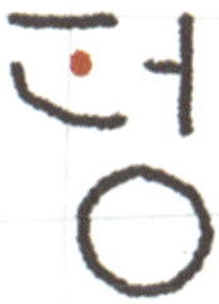

Anguk

어니언 안국

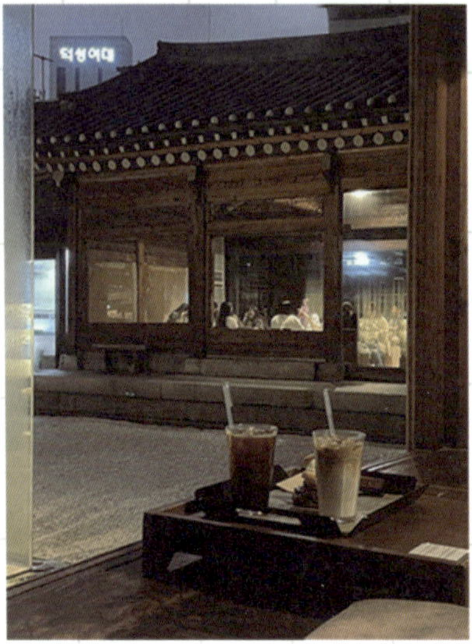

안국에서 유명한
카페 중 하나.
한옥 감성 제대로라
외국인 친구 있으면
데려가고 싶은 곳.

한번은 비 오는 날
갔었는데,
툇마루에 앉아
내리는 비를 보며
대화 나눴던 기억이
기분 좋게 남아 있다.

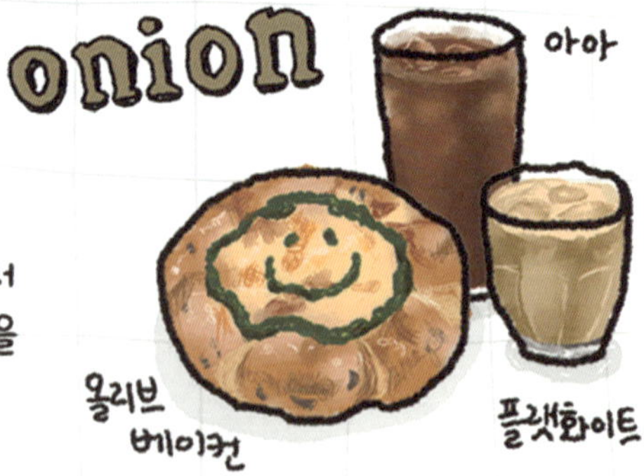

Tip!

주말엔 항상
웨이팅이 있어서
평일 저녁 방문을
추천한다!

배스킨라빈스 삼청마당점

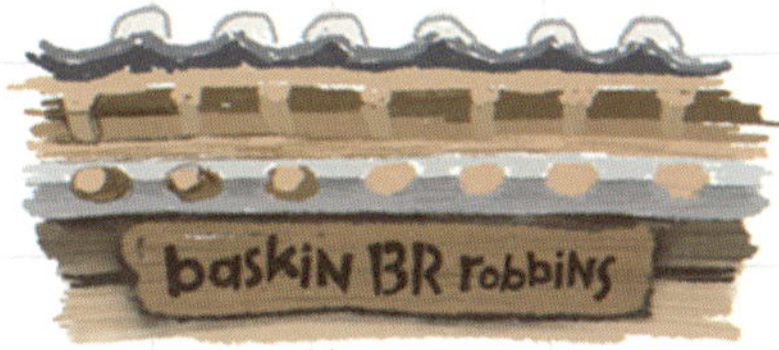

한옥에서 먹는
배스킨라빈스라니!
게다가 여기서만
맛볼 수 있는
스페셜 메뉴도 있다.
꼬숩달달해서
정말 맛있음.
꼭 가봐야 할
배라 매장!
단, 매장 좁음 주의!

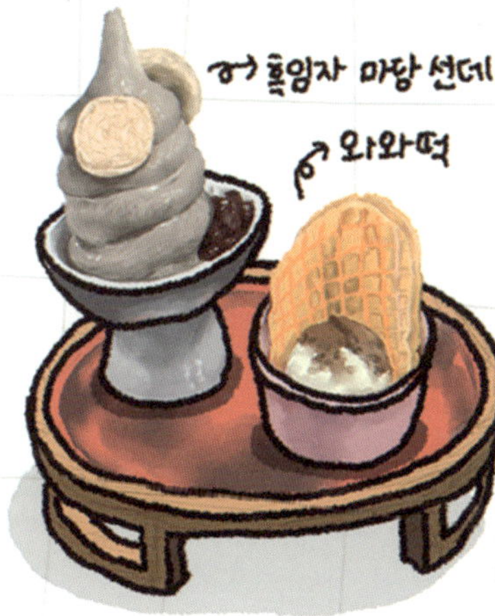

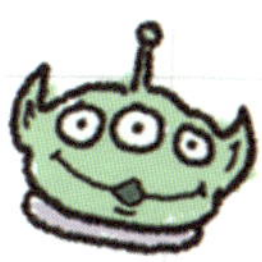

스모어 마켓

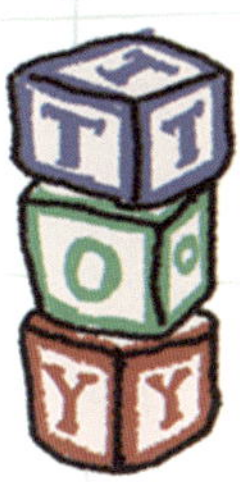

디즈니, 픽사 팬이라면
눈 돌아가는
굿즈샵 겸 카페!
아기자기하게
잘 꾸며져 있어서
구경하는 재미가 있다.

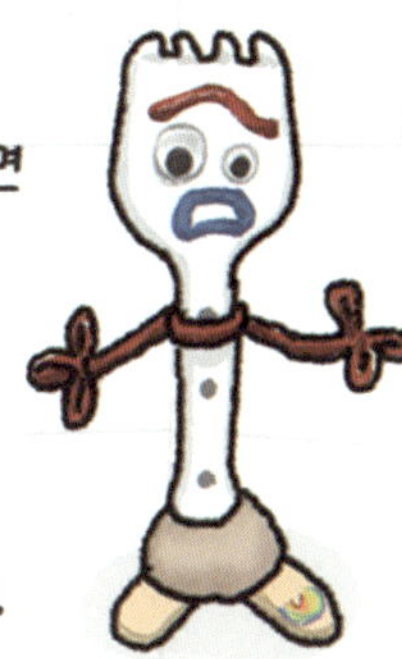

Anguk

PLOP

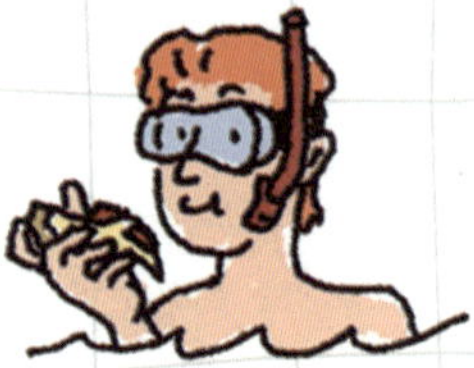

플롭 안국

헤비한 피자 땡길 때 가는 곳.
한옥에서 먹는 피자라니,
낭만 있고 분위기도 굿!
요즘 워낙 유명해져서
웨이팅이 엄청남.

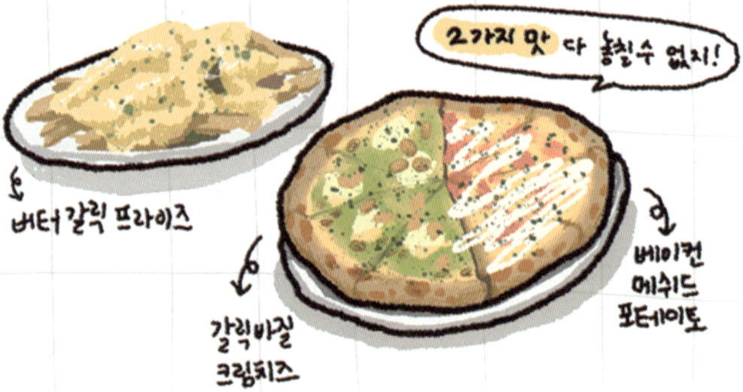

와플샵 북촌점

달달한 와플 냄새에
그냥 지나칠 수 없는 곳.
얇게 코팅돼서 빠작! 씹히는
초코 크로플을 제일 좋아한다.

WAFFLE SHOP

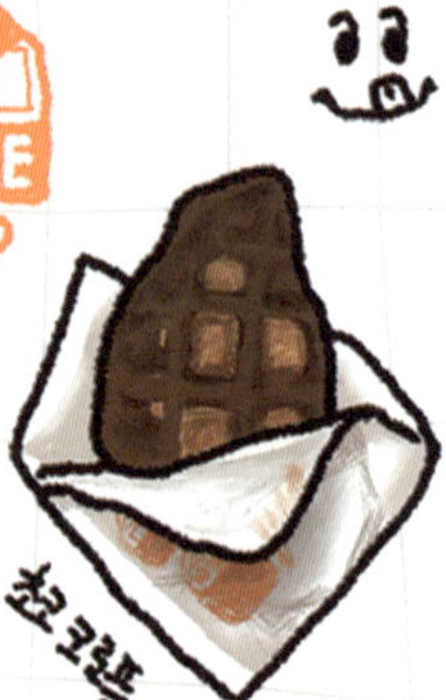

북촌 한옥마을

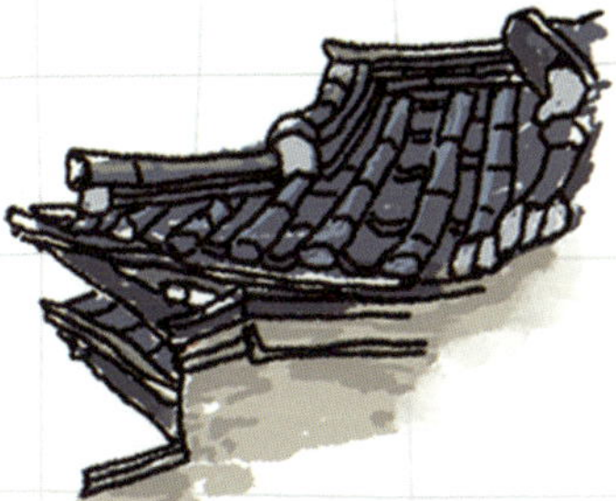

전통 한옥이 고스란히
남아 있는 곳.
골목길 따라 걷다 보면
시간이 천천히 흐르는
기분이 든다.
단, 오전 10시부터 오후 5시까지만 출입 가능하니 유의할 것.

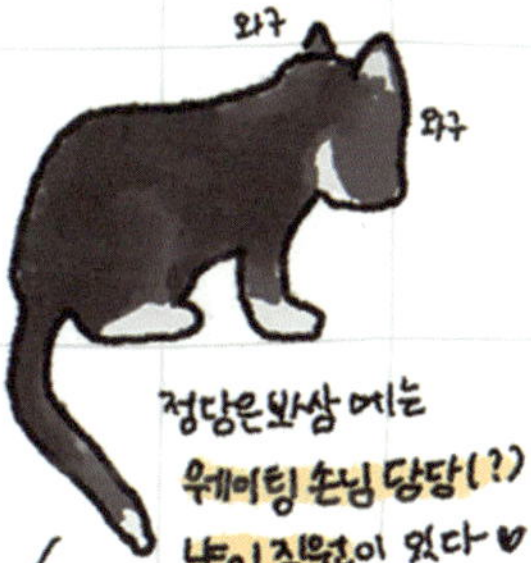

정담은보쌈 북촌점

부모님 모시고 가기 좋은
정갈한 한식집. 구성도 알차고,
건강한 한 끼 식사로 딱 좋다.

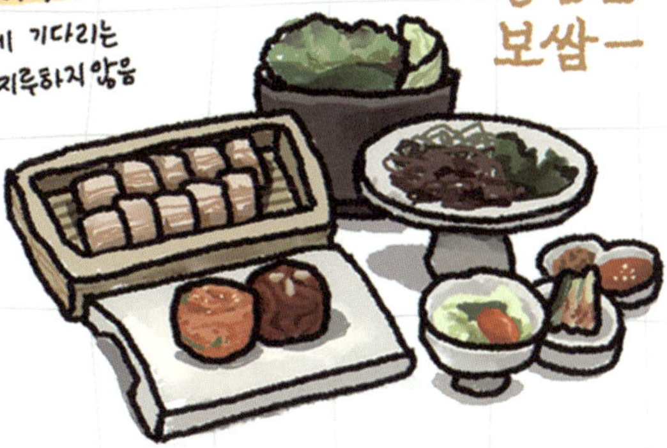

Anguk

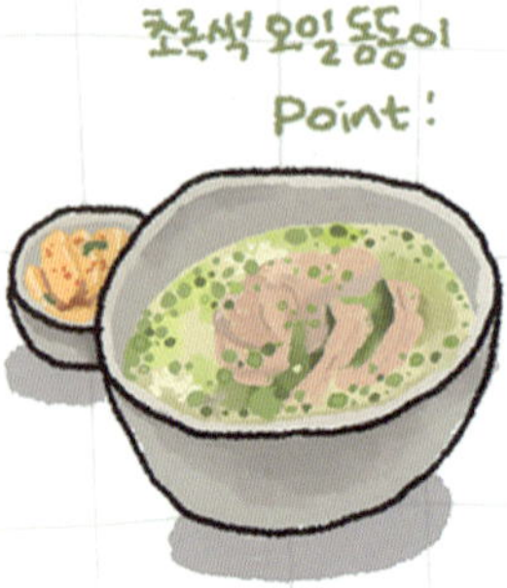

안암

ANAM

세련된 국밥집.
부드러운 고기에
슴슴한 듯 깔끔한 국물 맛.
고수 좋아한다면 꼭 넣어 먹기!

SHILLA JEMYEON
ANGUK

신라제면

매콤한 낙지비빔칼국수인
'칼낙지'가 맛있는 곳.
담백한 감자전이랑
같이 먹으면 조합이 찰떡이다.

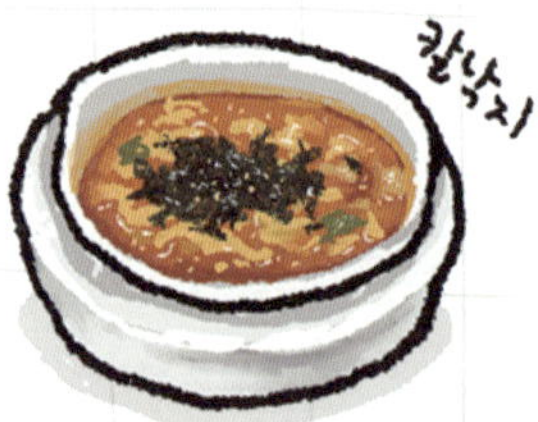

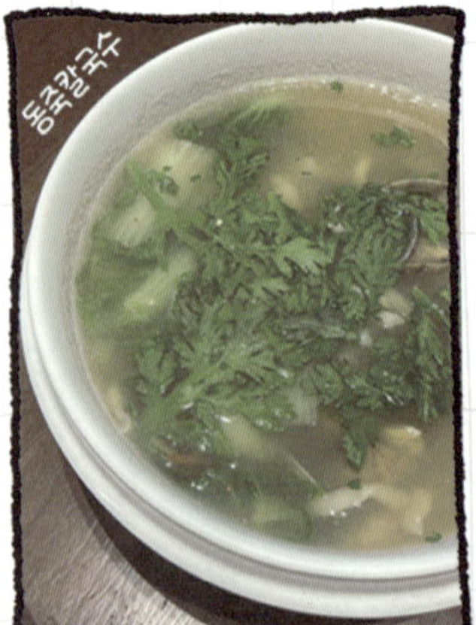

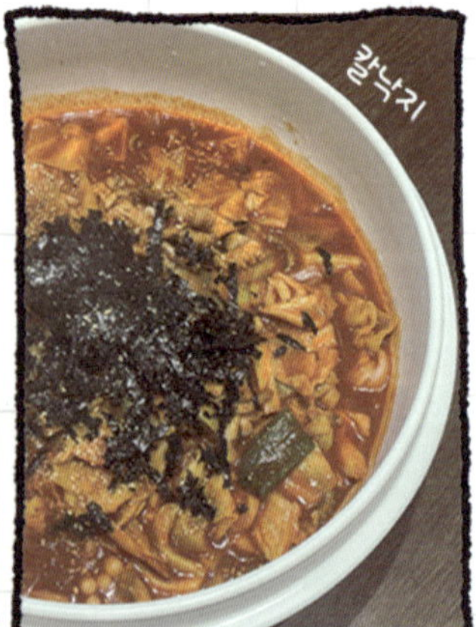

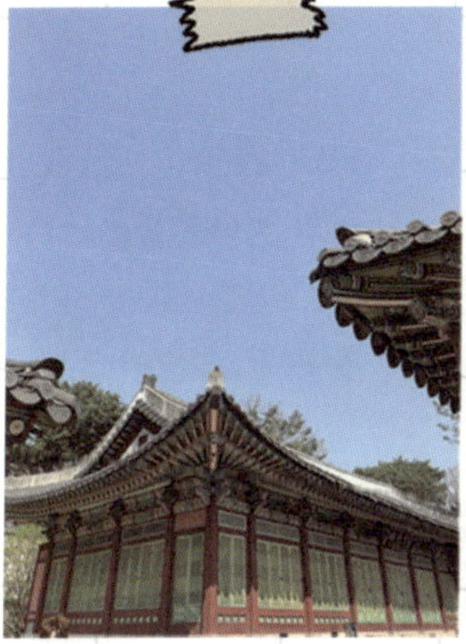 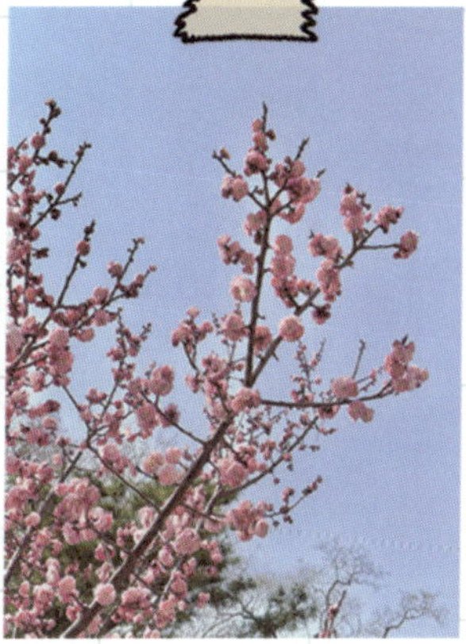

창덕궁

봄이면 꽃구경하러 자주 갔던 창덕궁!
꽃이 만개할 즈음엔 가족, 연인들과 아름다운 풍경을
보러 온 사람들로 북적인다.
개나리, 진달래 등
다양한 꽃들 사이
홍매화가 특히 예뻤다.

아름다운
풍경에
힐링됐던
궁 나들이♥

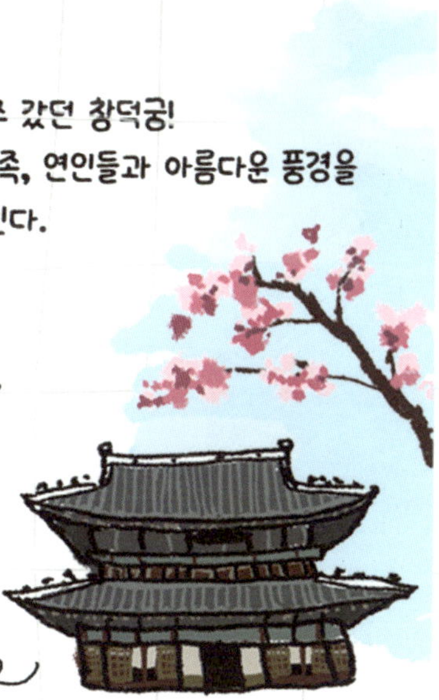

Anguk

서울공예박물관

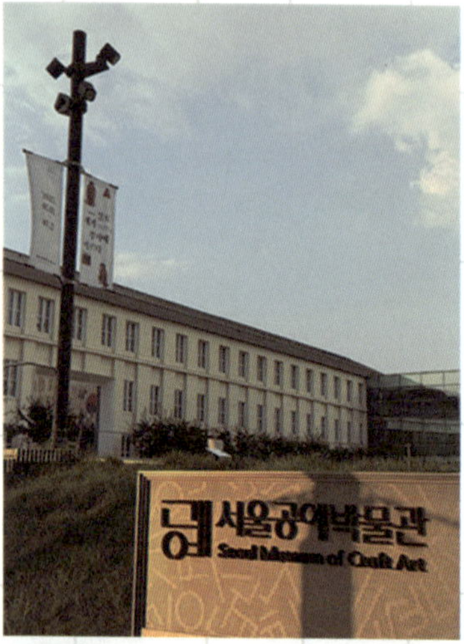

국내 최초의
공립 공예박물관.
웅장하면서도
화려한 외관이
멀리서도 눈길을 끈다.

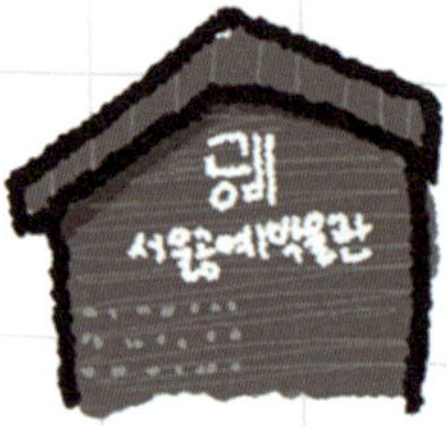

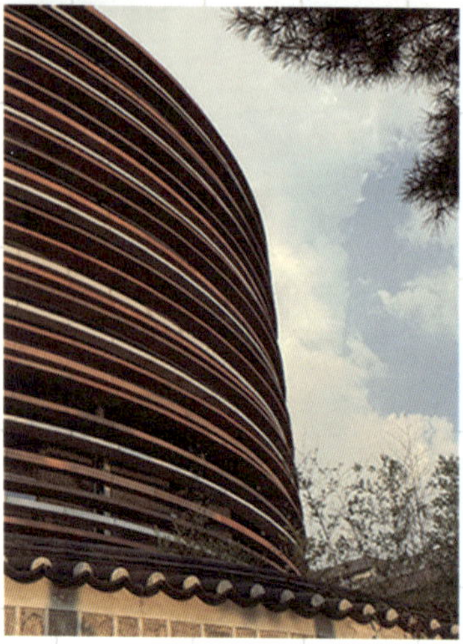

저녁 무렵 근처를
산책하다 보면
건물 사이로
스며드는
빛과 그림자가
따뜻하고 감성적인
풍경을 만들어내는
것을 볼 수 있다.

국립현대미술관 서울

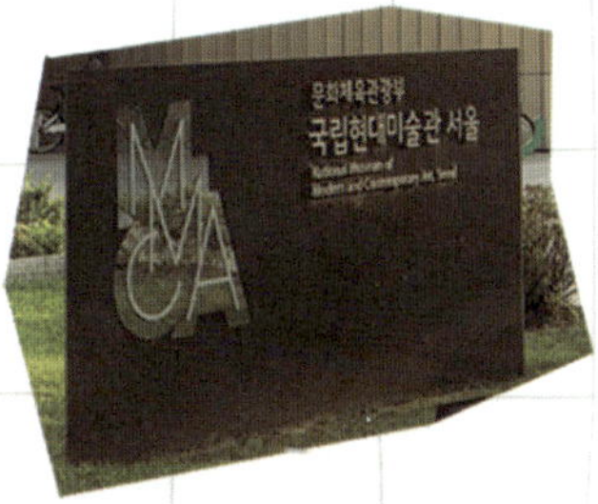

복잡한 도심 속에서
만나는 고요하고
서정적인 공간.
주변 한옥들과도 조화를
이루며 시간이 천천히
흐르는 듯한 미술관이다.

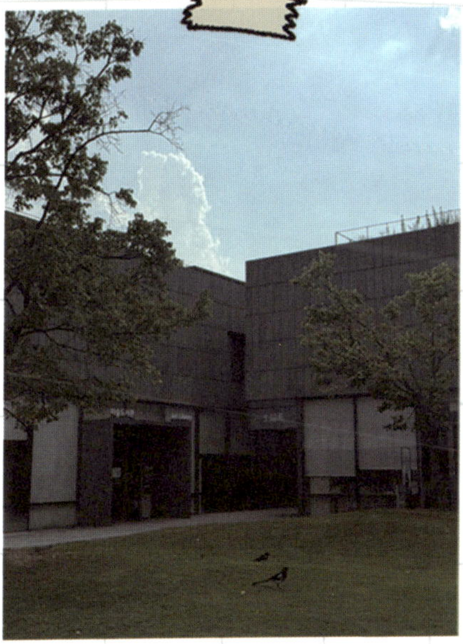

미술디지털도서관과
오설록도
예쁘니
한번 들러보자!

Anguk

3 남부터미널역

가볼 만한 곳

예술의전당, 한가람미술관,
서초 우면산 숲길, 국제전자센터

백년옥

30년 전통의 순두부 맛집.
자연식 순두부는 고소하고
담백해서 술술 들어간다.
매생이굴전도 같이 시켜야
완벽한 조합이 만들어진다.

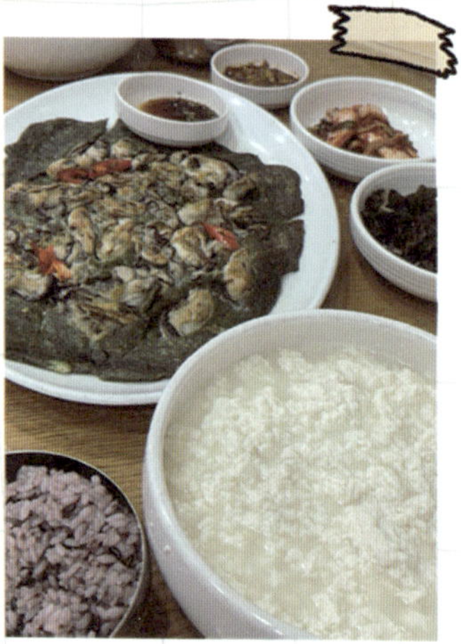

百年屋

자연식 순두부

몽글몽글

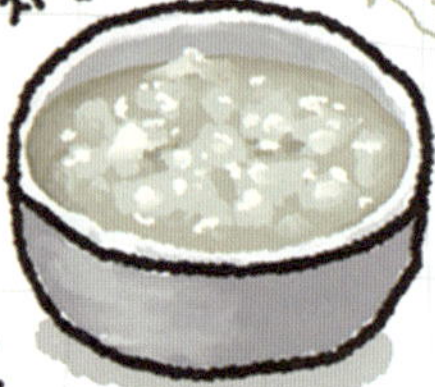

진짜 딱 두부밖에 없는데 왜케 맛있지..?

매생이 굴전

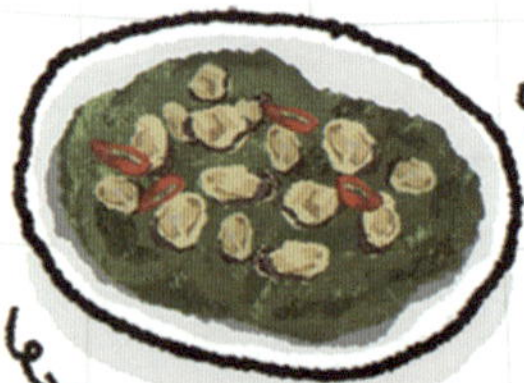

이것도 꼭 같이 시키세요!! 굴 미쳤음...(positive)

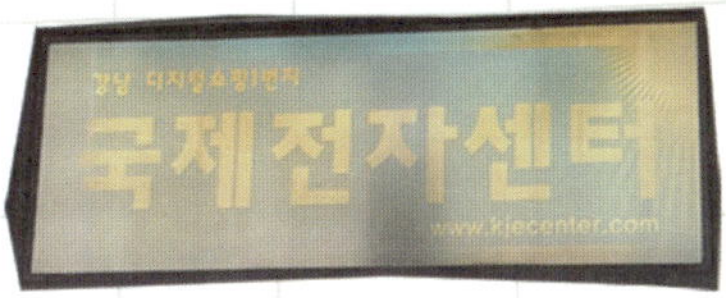

📍 국제전자센터

외관은 약간 옛날
테크노마트 느낌인데,
알고 보니 여기 신기한 가챠
구경하는 재미가 있는 곳이었다.

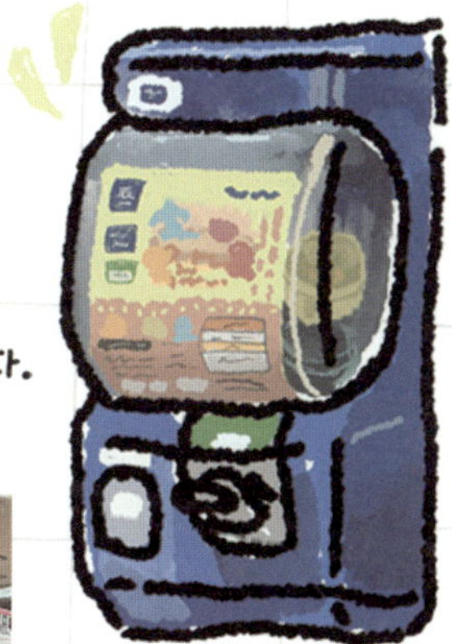

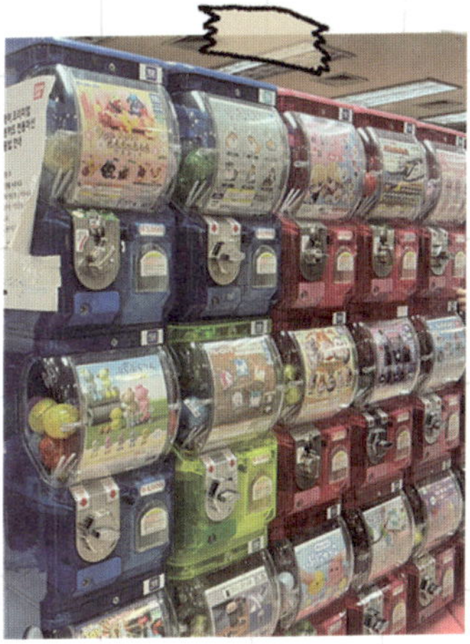

↳ 여기 "국제 가챠센터"
라면서요..? ㅎㅎ
그정도로 가챠 많음ㅋㅋ

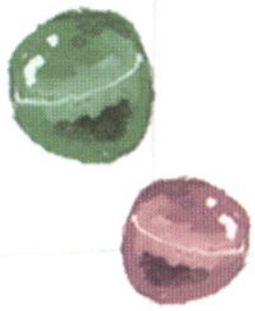

Nambu Bus
Teminal

📍 예술의전당

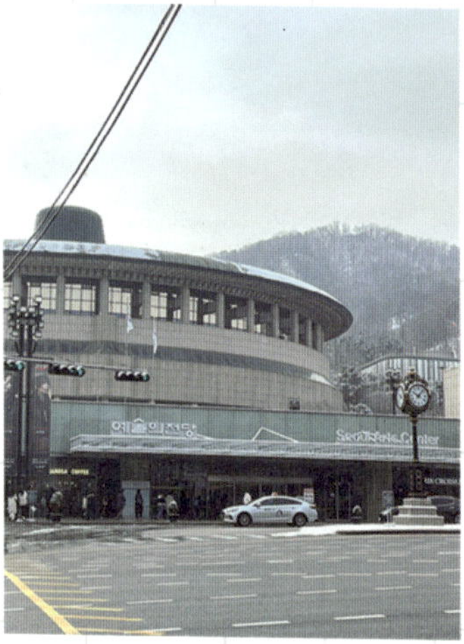

Seoul Arts Center

예술의전당

서초구에 위치한
대한민국 대표 복합
문화예술 공간.
규모가 큰 공연과 전시가
자주 열려 언제나 사람들이
붐비지만, 넓게 트인
예술의전당 주변 풍경
덕분인지 오히려 여유가
느껴진다.

📍 예술의전당

한가람디자인미술관

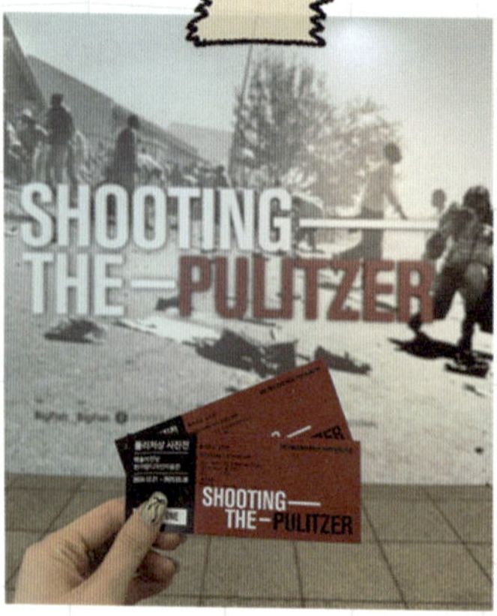

역사적인 순간을 담은
퓰리처상 수상작들을
볼 수 있었던
'퓰리처상 사진전'
한 장 한 장에 담긴
이야기와 감정이 너무
생생했고 사진의 힘을
제대로 느낀 전시.

CAFE DE
LYON
ESPRESSO & DESSERT

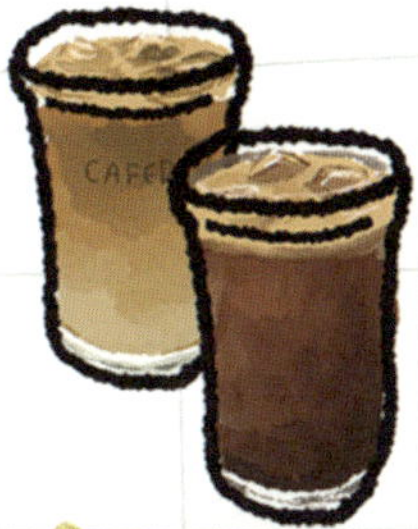

카페드리옹

커피도, 디저트도 맛있는 카페!
배불러서 안 먹으려다
예쁜 디저트에 결국 한입..
1, 2층이라 넓고 쾌적해서
작업까지 야무지게 하고 나왔다.

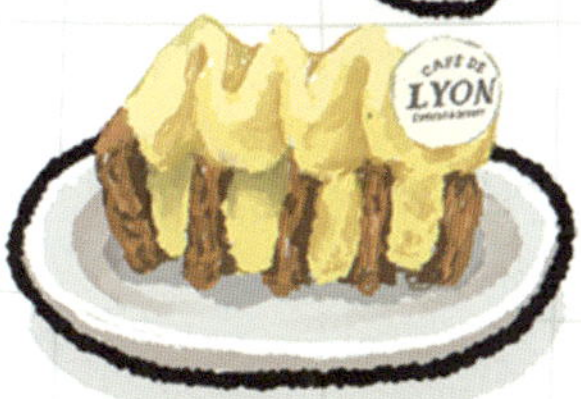

에그타르트 맛?!
바닐라 밀푀유

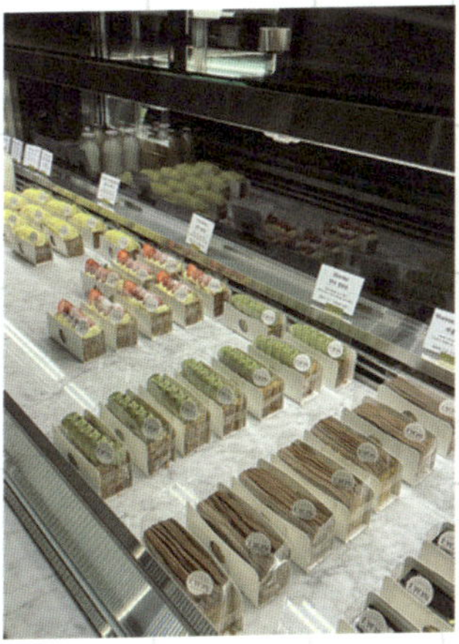

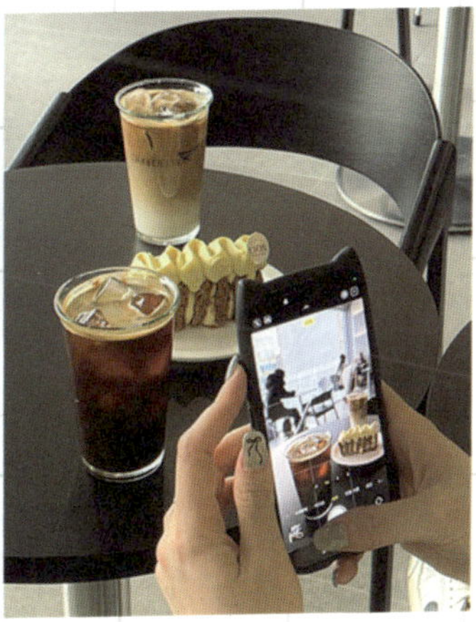

Nambu Bus
Terminal

3 충무로역

가볼 만한 곳

남산타워, 충무로영상센터 오재미동, 동국대학교, 남산골공원, 한옥마을

남산골공원

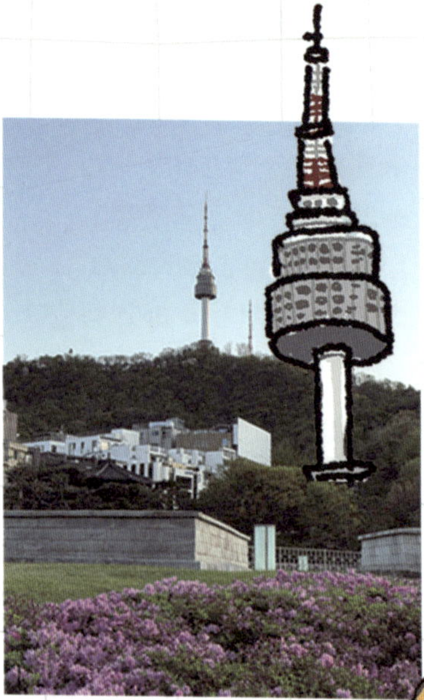

가볍게 산책하기 좋은 한적한 곳.
남산타워가 한눈에 보이는 뷰도 멋지고, '서울천년타임캡슐광장'이라는 타임캡슐 매립지가 있어 신기하고 재미있었다. 1994년도에 묻힌 이 타임캡슐들은 2394년에 개봉될 예정이라고 한다.

귀여운 청둥오리들도 봄!

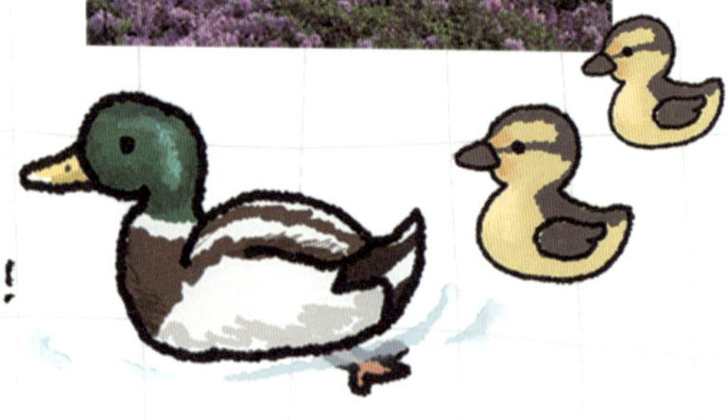

카페허블&남산책방

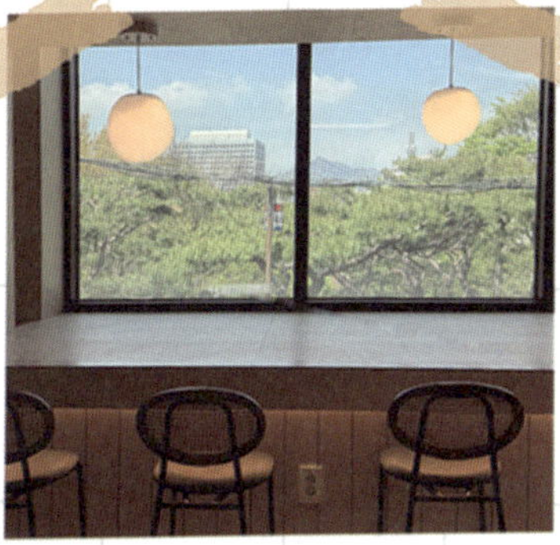

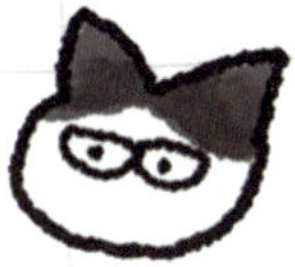

한옥마을이
내려다보이는
북카페.
테이블 넓고
뷰 좋은 창가
자리에 앉아
책을 읽으면
제대로 힐링된다.

박지후스시

근처에서 일했던 친구가 추천한 맛집.
저렴한 가격에 퀄리티 좋은 초밥을 맛볼 수 있다.

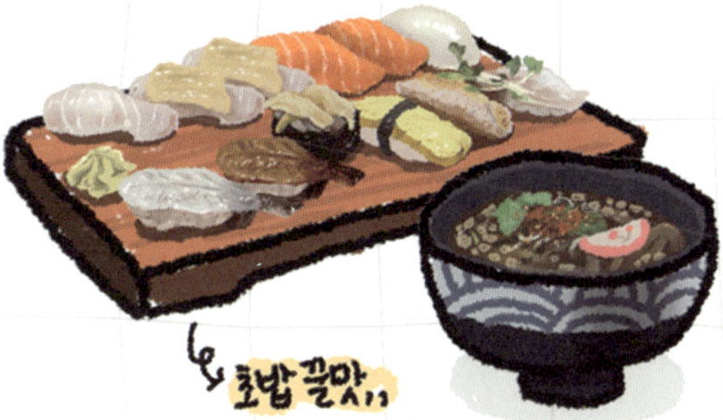

희희카츠

동국대 졸업생한테 추천받은 돈까스 맛집.
안심, 등심, 치즈카츠가 모두 나오는
모듬카츠를 먹었는데, 양도 푸짐하고 정말 맛있었다.
세트 구성이 다양해서 인기가 많다.
오픈하자마자 바로 만석 되는 찐맛집이다.

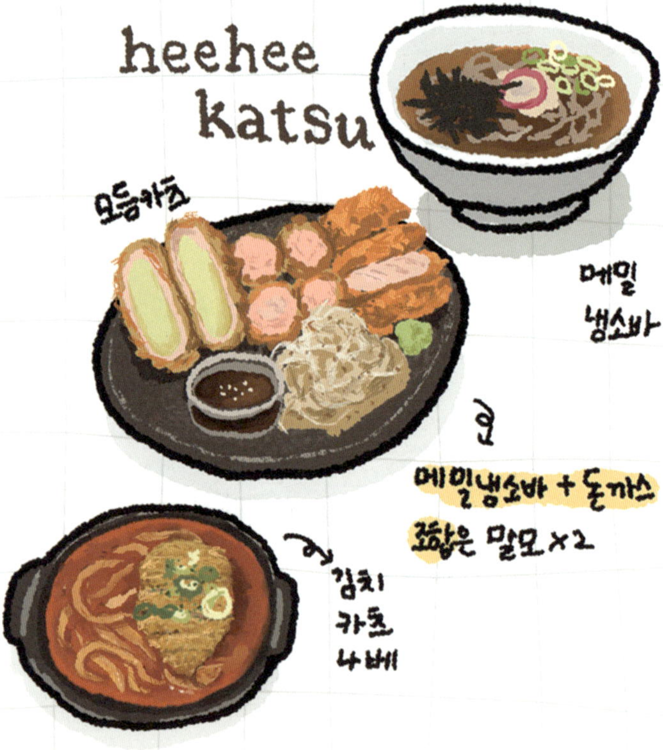

코코너즘

COCONUZM

우유 대신 코코넛밀크와
식물성 재료만을 사용하는
비건 젤라또 가게.
맛 종류가 다양해서
한참 고민했다.
맛보기 스푼까지
꽂아주시는 센스!
많이 달지 않고 건강하게 맛있다.

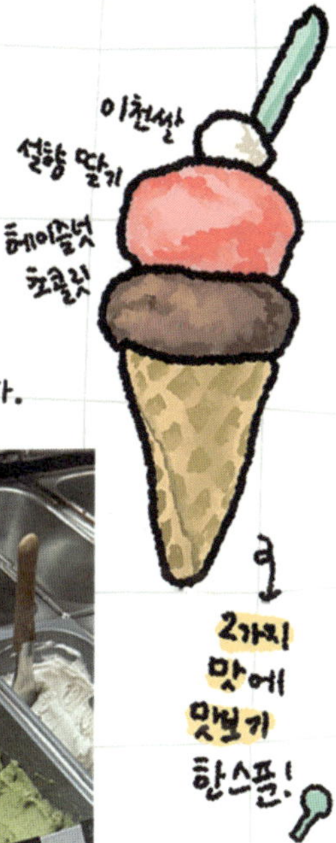

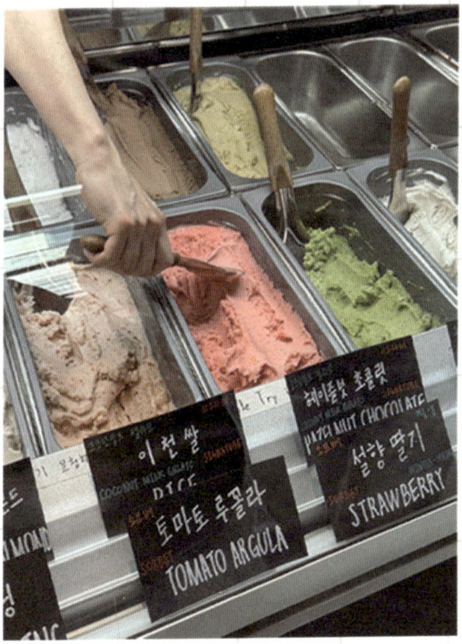

복정집

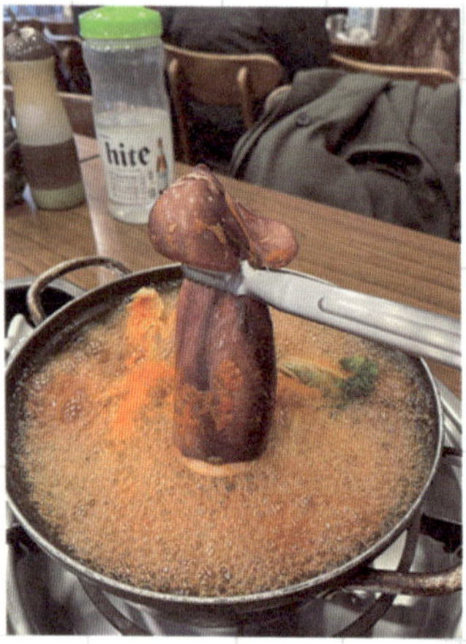

우연히 들렀다가 반해,
충무로에 갈 때마다
꼭 찾게 된 맛집.
이곳의 시그니처 메뉴는
얼큰하고 시원한 통오징어 찌개!
1인당 통오징어 한 마리씩
통째로 들어가서 비주얼부터
맛있고 양도 푸짐하다.
여기에 우동사리를 추가하면
더할 나위 없이 완벽한 조합.
근데 또 여기에 계란말이까지
곁들이면 밥이 술술 들어가는
진짜 밥도둑이다.

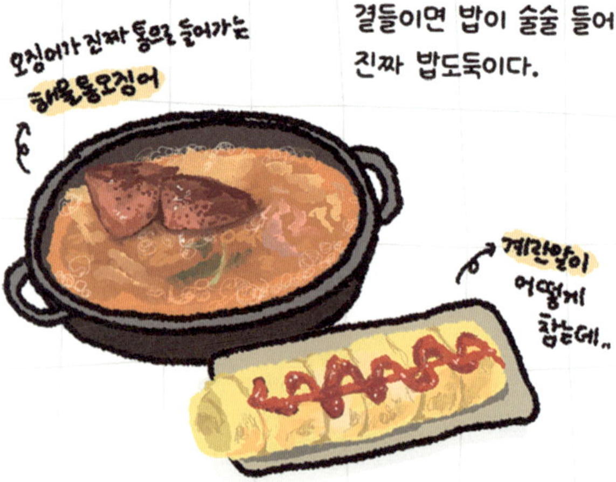

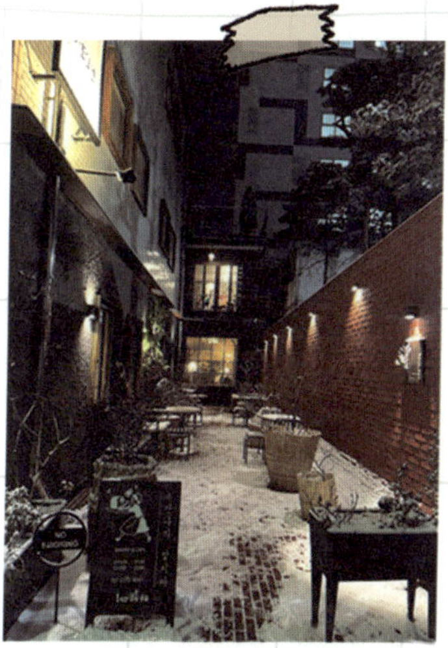

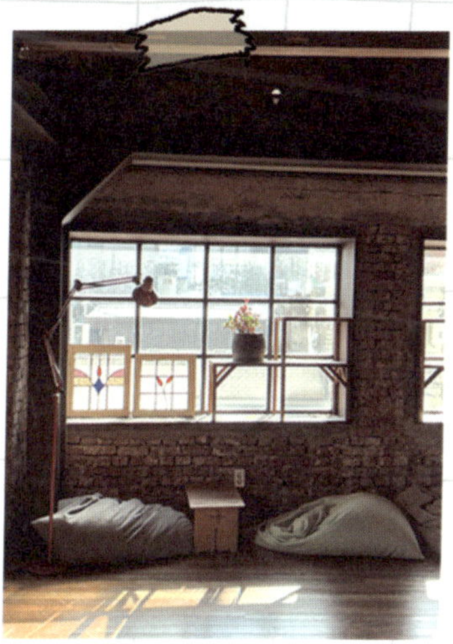

수잔나의 앞치마

아지트처럼 아늑한
3층 규모의 베이커리
카페.
베이커리 종류가
다양해서 항상
뭘 먹을지 한참을
고민하게 된다.
빵 나오는 시간도
적혀 있으니 참고!
작업에 집중하기도
좋고, 3층 빈백 자리에
푹 파묻혀 친구랑
도란도란 얘기 나누는
순간도 참 좋았다.

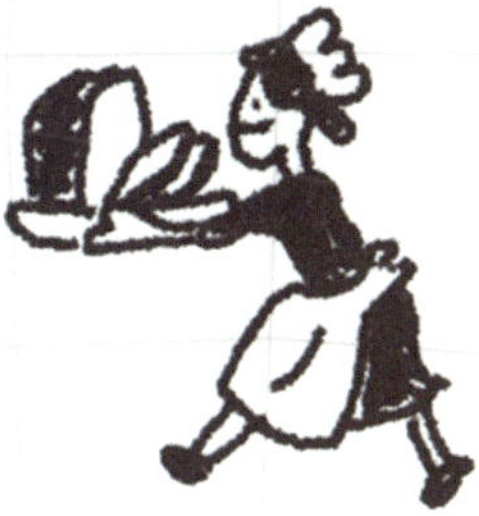

Chungmuro

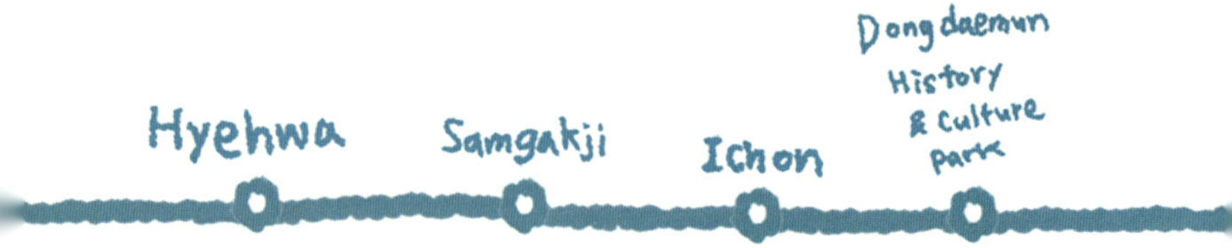
Hyehwa
Samgakji
Ichon
Dongdaemun History & Culture Park

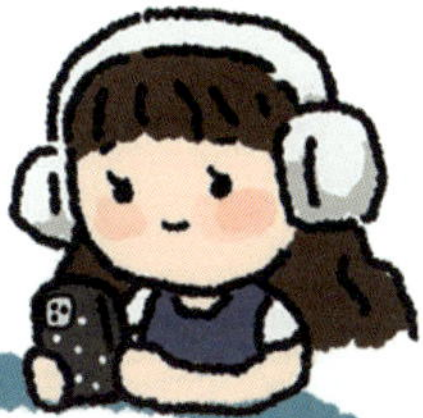

4호선

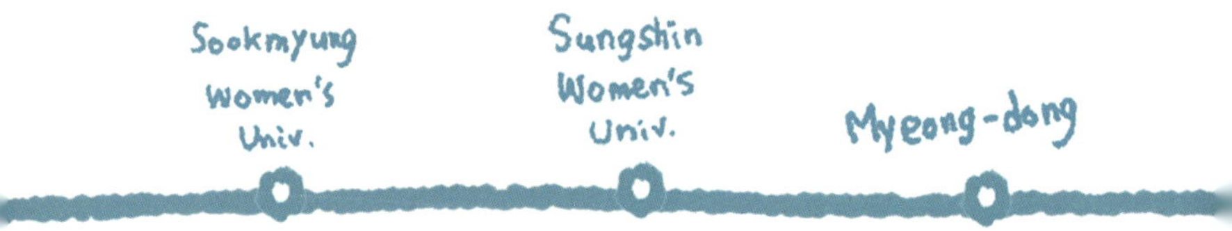

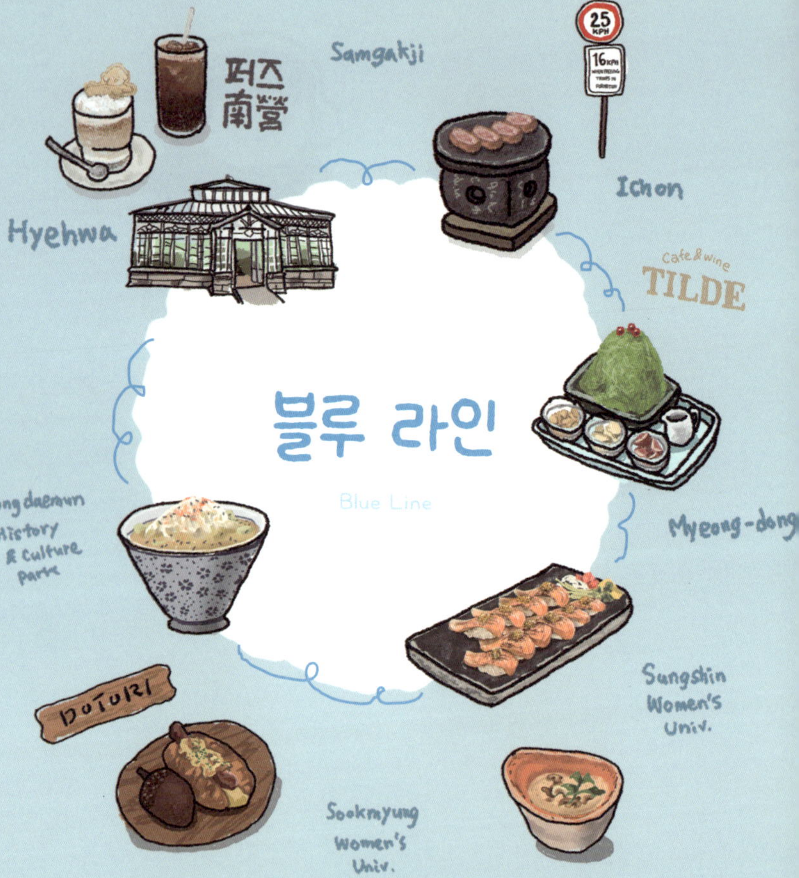

블루 라인
Blue Line
Samgakji
퍼즈
南營
Hyehwa
25 KPH
16 KPH
Ichon
Cafe & wine
TILDE
Myeong-dong
Sungshin Women's Univ.
Sookmyung Women's Univ.
DOTORI
Dongdaemun History & Culture Park

지하철을 탈 때 나만의 루틴은 이렇다.

① 엉덩이를 들썩이는 사람을 탐색한다.

② 그 앞에 서서 창문에 비친 지하철 안 풍경, 정확히는 앉아 있는 사람들의 동태를 살핀다.

③ 자리가 나면 재빨리 앉아 휴대폰 속 세상에 빠진다.

④ 목적지 역까지 도파민을 흡수한다.

그런데 이 루틴이 잠시 깨지는 순간이 있다. 바로 한강을 지날 때다. 주변이 환해지면서 햇빛에 반짝이는 강물이 눈앞에 펼쳐지면, 마치 약속이라도 한 듯 모두가 동시에 고개를 든다. 이미 수없이 본 풍경이지만, 볼 때마다 새롭고 묘하게 마음이 평온해진다. 그 짧은 장면 하나로 하루가 조금 더 괜찮아지는 기분이다.
여기에, 스피커를 타고 흐르는 기관사님의 따스한 목소리까지.

"보고 계신 휴대폰을 잠시 멈추고, 한강을 바라보세요. 지금 가지고 계신 걱정, 근심 모두 지하철에 놓고 내리시길 바랍니다. 오늘도 행복한 하루 보내세요."

4 혜화역

가볼 만한 곳

마로니에공원, 창경궁, 낙산공원,
서울대병원 의학박물관

창경궁

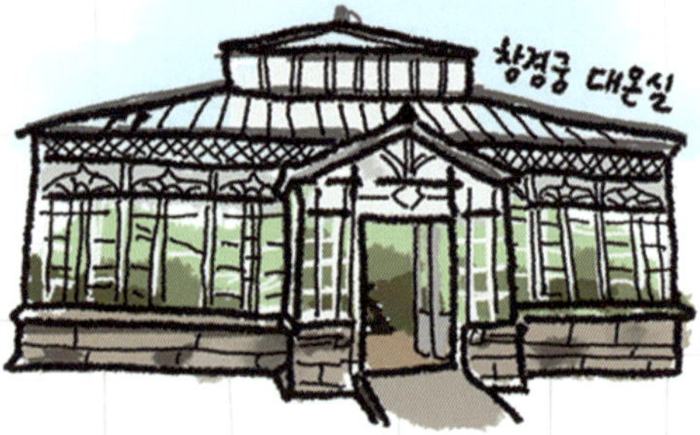

창경궁으로 산책을 갔었다.
도심 한가운데서도
이렇게 조용히
고궁의 정취를
느낄 수 있다는 게
새삼 신기했다.
봄이면 벚꽃 명소로도
유명하고,
식물원 '대온실'도 꼭 들러볼 만한 포인트!

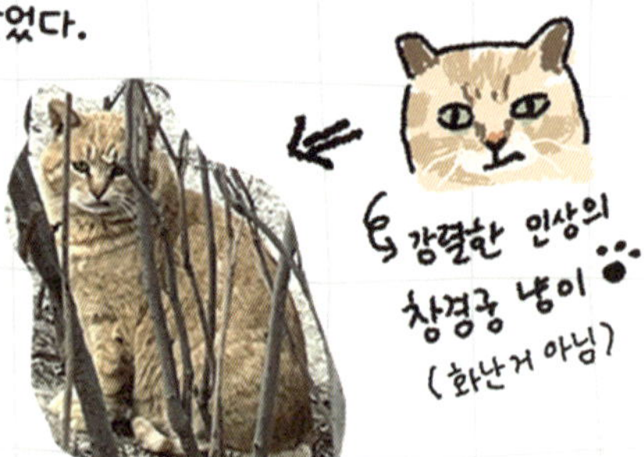

Hyehwa

V 연극 보러 가기

연극의 메카, 대학로!
소극장들이 밀집해 있어
언제든 연극 한 편 보며
감성 충전할 수 있다.
작은 무대에서
배우들의 연기와 발성을
생생하게 느낄 수 있다.
(숨결까지 느껴질 정도로
가까움 주의!)
공연 끝나고 극장 앞에서
간식까지 먹어주면
완벽한 마무리!

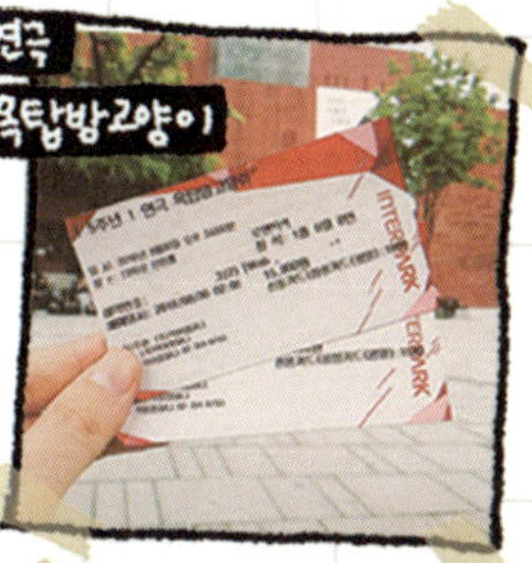

연극
옥탑방고양이

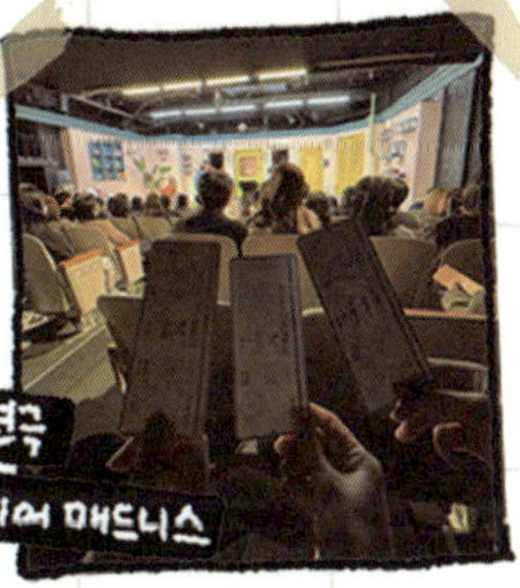

연극
쉬어 매드니스

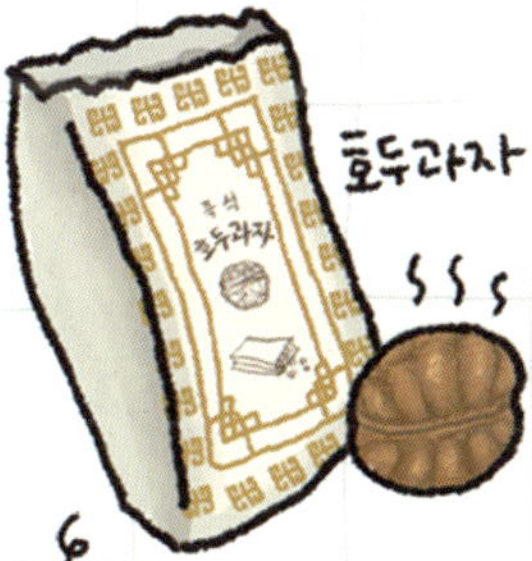

호두과자

길거리 호두과자가
5천원인 세상 ㉦
그치만 맛있었다 ㅎㅎ

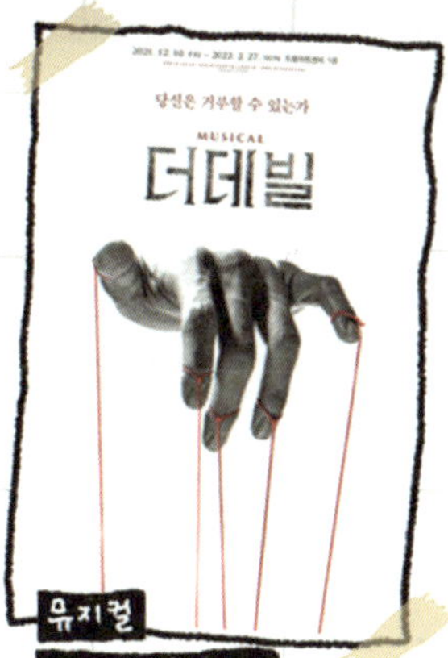

뮤지컬
더데빌 : 파우스트

두채

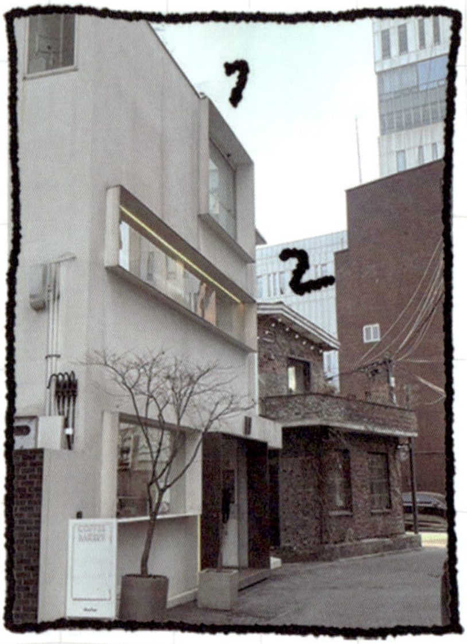

진짜 말 그대로
건물 두 채가
연결된 카페.
한쪽은 모던하고,
다른 한쪽은
앤티크해서
공간마다
개성이 있다.
곳곳에 도자기도
전시되어 있어
차분한 미감까지
제대로 잡았다.

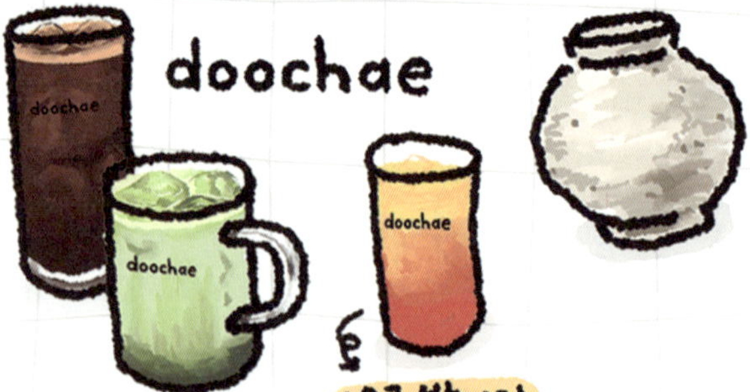

19금 박미자
: 박카스 + 오미자
색도 예쁘고
ASMR 재미까지

서울대학교병원 의학박물관 (옛 대한의원)

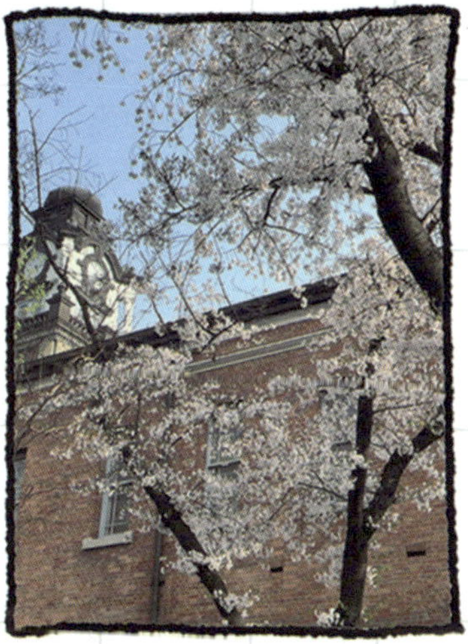

1907년 지어진
우리나라 최초의
서양식 국립 병원
건물.
붉은 벽돌과
시계탑이 벚꽃과
어우러져 숨겨진
벚꽃 맛집이다.
현재는 내부가
박물관으로
활용되고 있다.

미안..
너무
뚠뚠해
졌다...

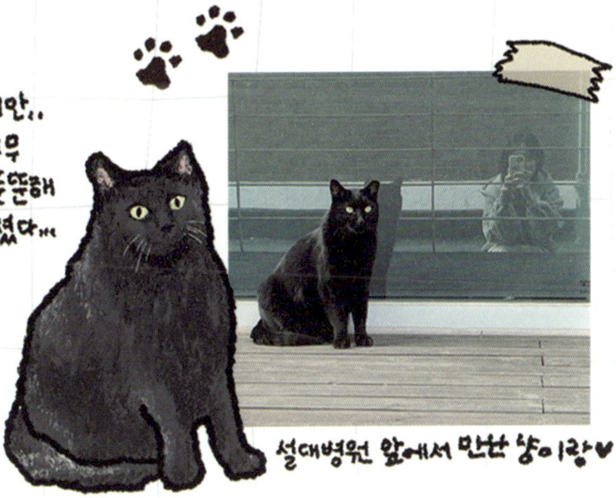

설대병원 앞에서 만난 냥이랑♥

메밀향그집

치즈가 아주 듬뿍 들어간
순살 닭볶음탕 맛집.
이름부터 '폭탄'치즈일 만큼
치즈가 아낌없이 들어간다.
매콤짭짤한 양념과 치즈의
조합이 정말 잘 어울리고,
1/3쯤 남았을 때
비벼주시는 짜파게티까지
먹어주면 완벽한 마무리다.
양도 푸짐해서
대학로 갈 때마다
자주 들르게 된다.

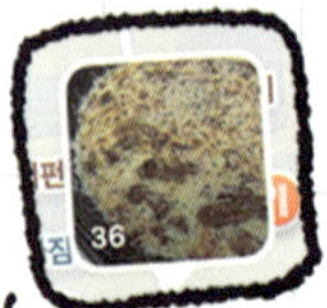

사진 수가
말해주는
찐! 또간집

1/3 정도 남으면
짜파게티를
볶아(?)주심!

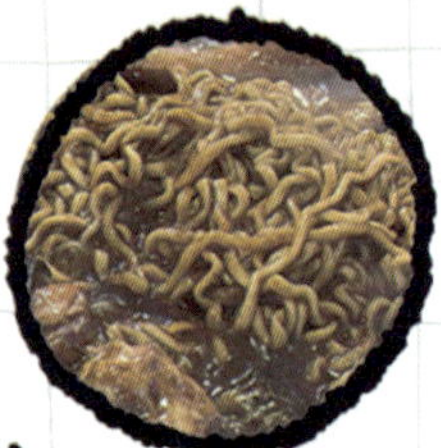

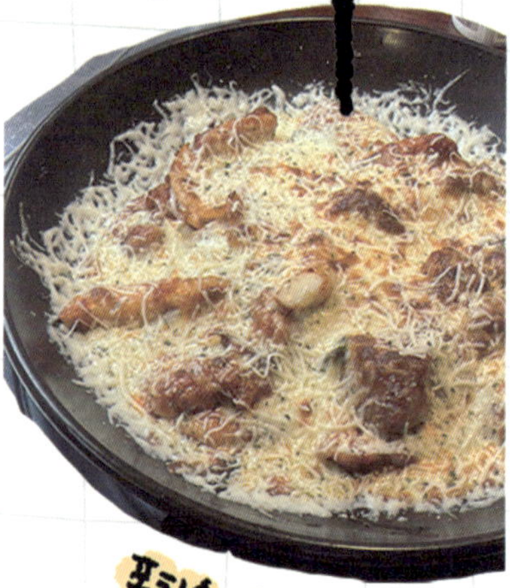

폭치순 (폭탄치즈순살)

Hyehwa

러셔스 스쿱스

신선한 우유로 매장에서
직접 만드는 아이스크림.
가격은 좀 있지만,
부드럽고 진한 맛이
충분히 제값 하는
느낌!

LUSCIOUS SCOOPS

딸기 바나나는 조금 평범.. 다른 맛으로 드세요! (속닥)

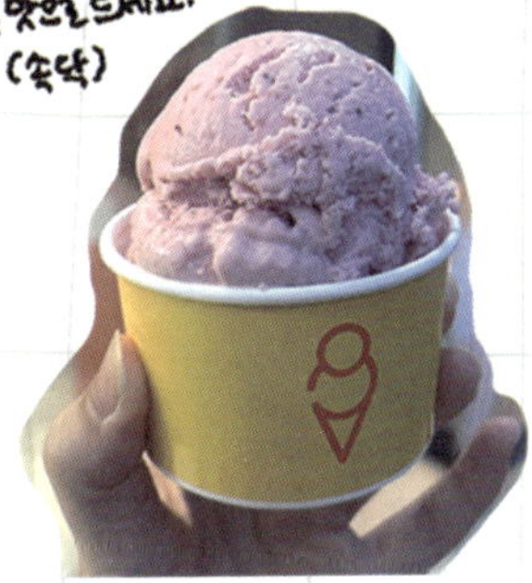

키햐아~ 국물 맛 죽이네!

키햐아

키햐아 라멘은 국물이
진하고 시원했고,
그릴사케스시는 겉만 살짝
익힌 연어 초밥인데
정말 부드럽고
감칠맛이 폭발했다.

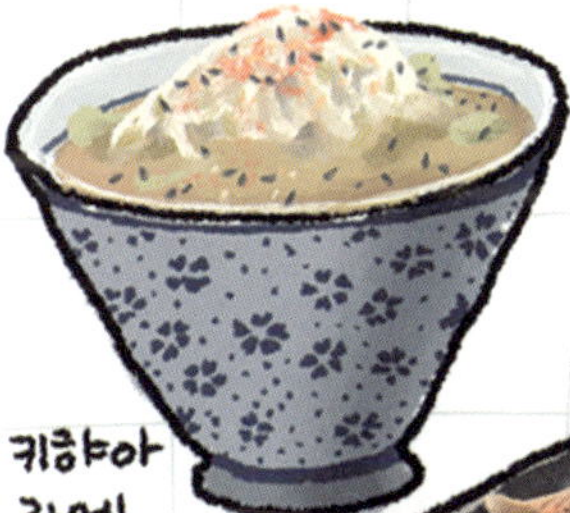

키햐아 라멘

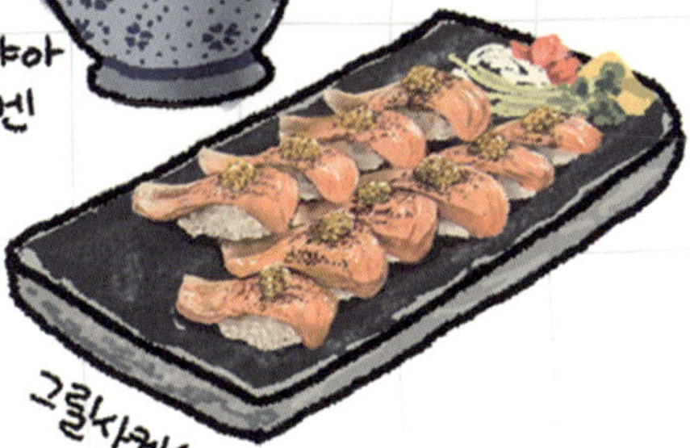

그릴사케스시

배가 안 고파서
10피스만
시켰는데,
한입 먹고
바로 후회함.

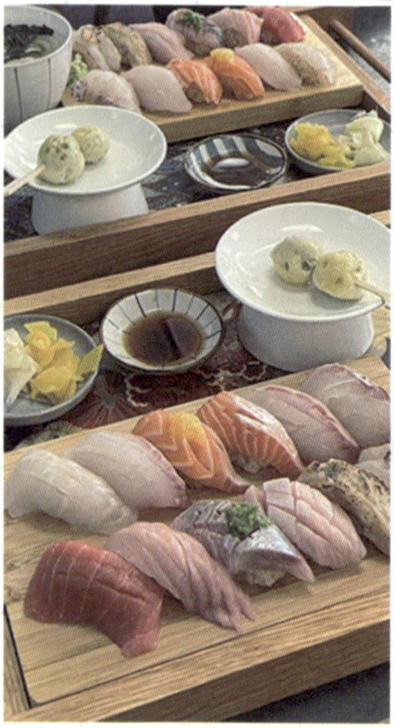

무제스시

무제스시

골목 안쪽에 숨은 스시 맛집.
가성비 좋고 구성이 알차다.
세트로 주문하면
스시와 함께
우동, 계란꼬치까지
정갈하게 나온다.
(이 계란이 은근히 맛있음)

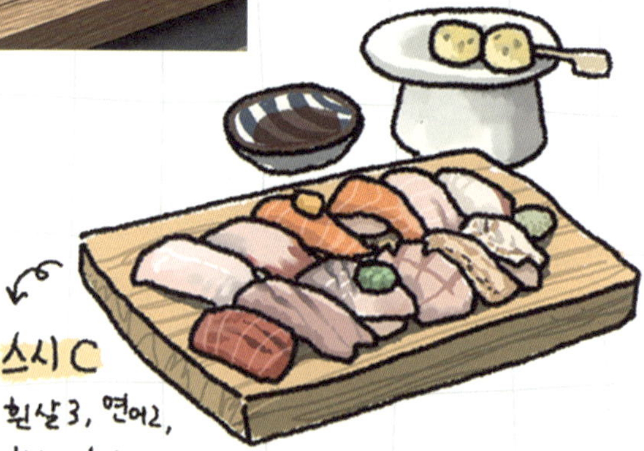

스시 C
(흰살3, 연어2,
참치, 참치뱃살, 홍새우, 안키모/계절생선 1.2, 단새우)

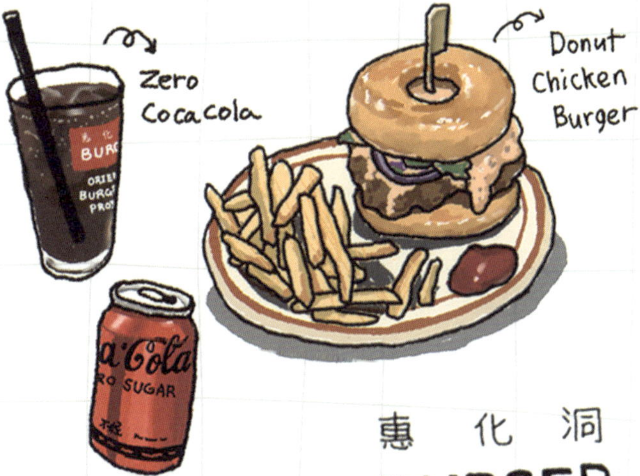

惠 化 洞
BURGER

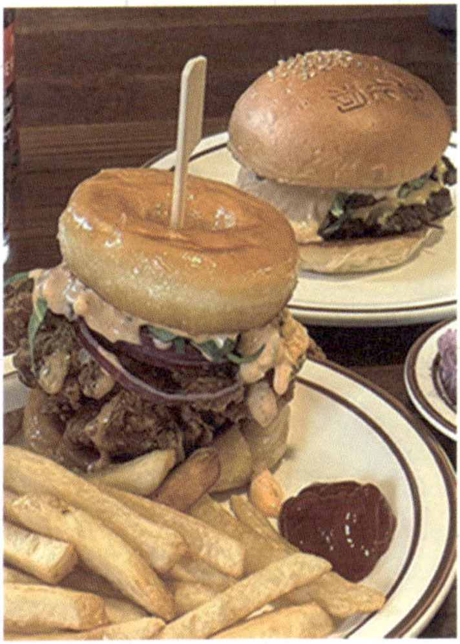

혜화동버거

극강의 단짠조합인
도넛 버거를 파는 곳.
비주얼부터 범상치 않아
호기심에 주문했는데,
달달한 도넛이 빵 대신
통째로 올라가는 게
독특했고, 생각보다
잘 어울려서 놀랐다.

4 삼각지역

가볼 만한 곳

전쟁기념관, 용리단길, 용산공원, 신계역사공원

전쟁기념관

거대한 스케일을 자랑하는 박물관.
전쟁의 역사를 다루지만,
무거운 분위기보단 웅장하고 차분한 느낌.
야외엔 실제 전투기, 탱크, 군함 등이 전시돼 있어
어른, 아이 모두 흥미롭게 관람할 수 있다.

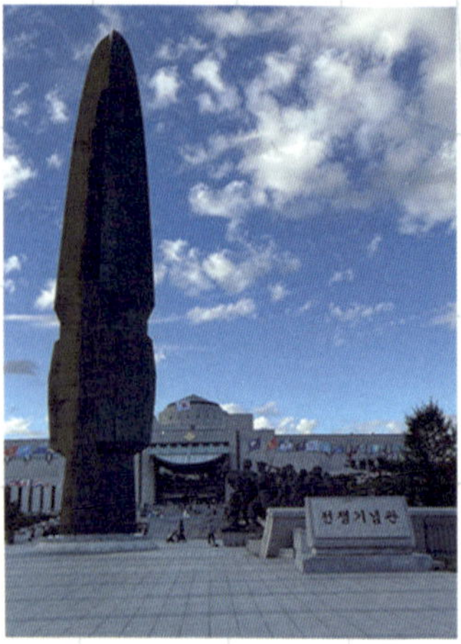

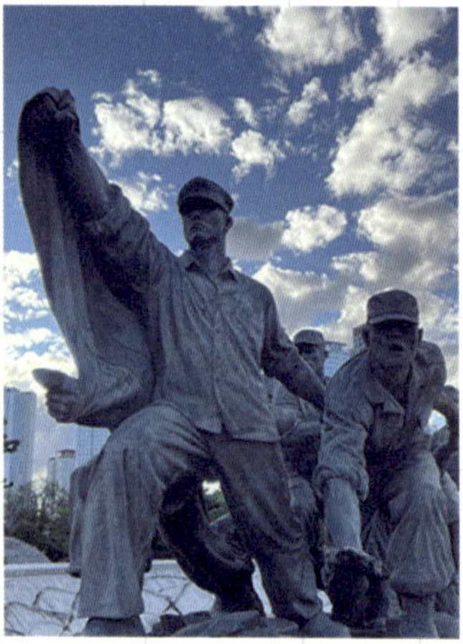

Samgakji

전쟁기념관 KWAC 도서자료실

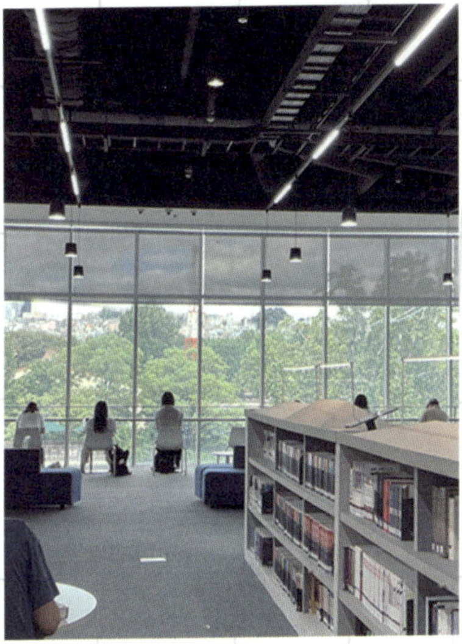

창밖만 봐도 힐링!

릴스로도 소개한 적 있는 예쁜 도서관

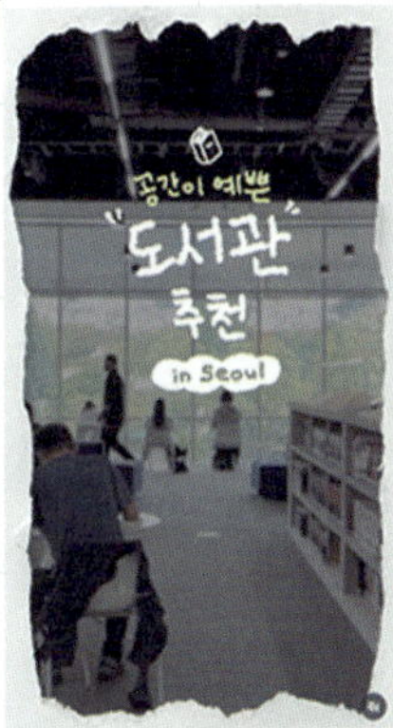

탁 트인 통창 너머로
남산뷰가 펼쳐지는 뷰 맛집!
전쟁사 관련 도서가 주를 이루지만
교양서와 어린이책도 있다.
도서 대출은 불가하고,
음식물 반입도 금지!
전쟁기념관 로비에서
오른쪽으로 쭉 들어가면 된다.

쌤쌤쌤

내부가 협소하지만 아늑한 분위기의
미국식 가정식 레스토랑.
구석구석 잘 꾸며져 있어 구경하는 재미가 있다.
메뉴들이 독특하고 맛있었다.
라자냐는 꼭 먹어봐야 할 시그니처 메뉴!

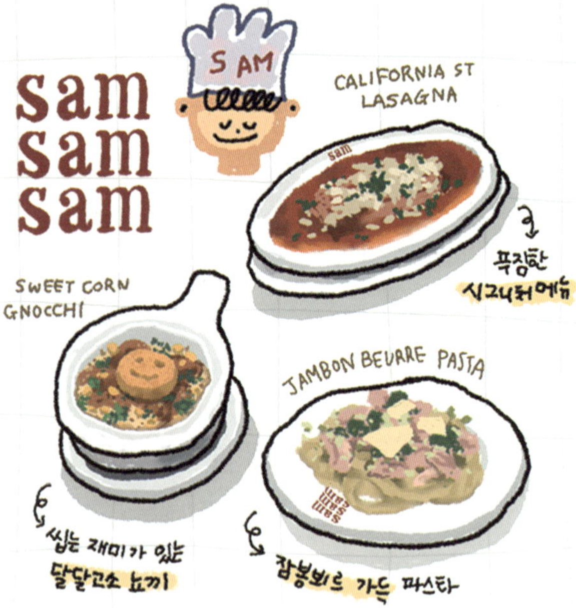

갓잇 용산점

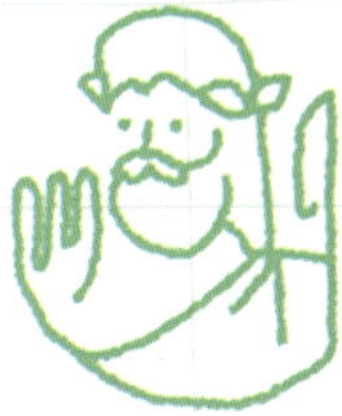

멕시코 분위기가 물씬 느껴지는
타코, 파히타 맛집.
세트로 주문하면 골고루 푸짐하게
즐길 수 있다.
웨이팅이 긴 편이라
미리 예약 추천!

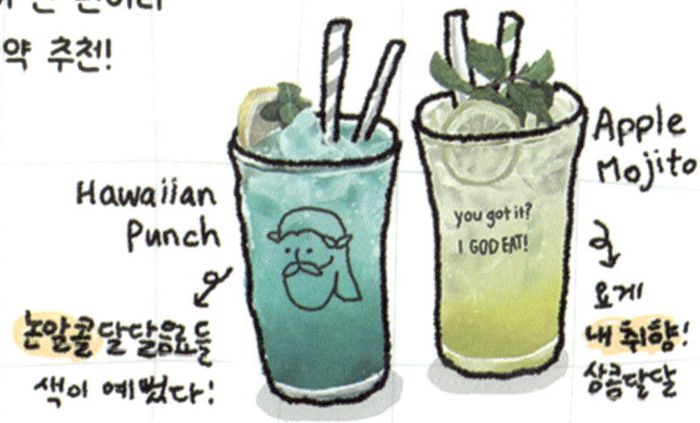

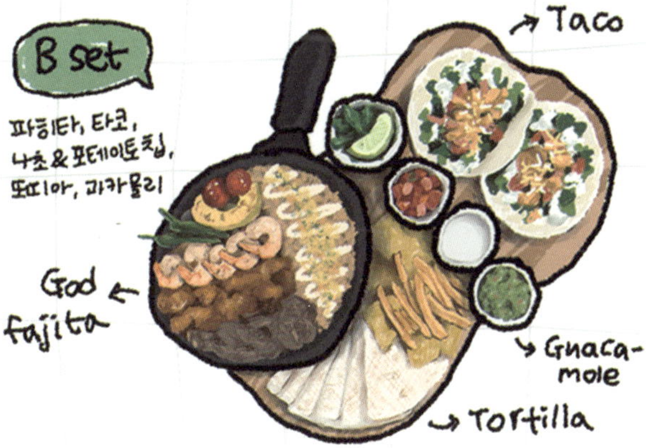

도토리

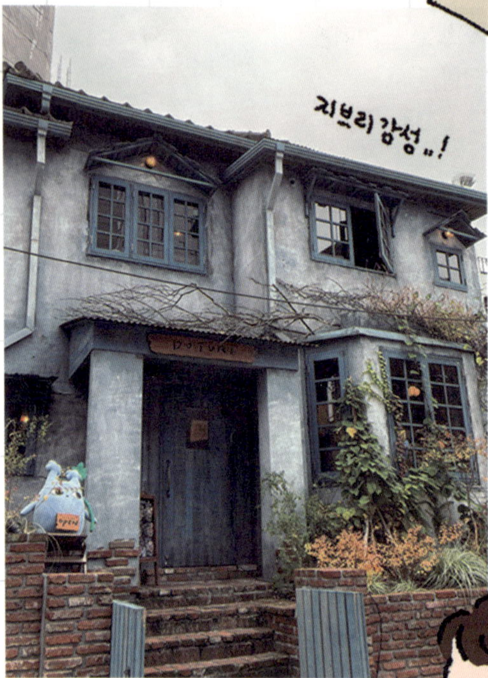

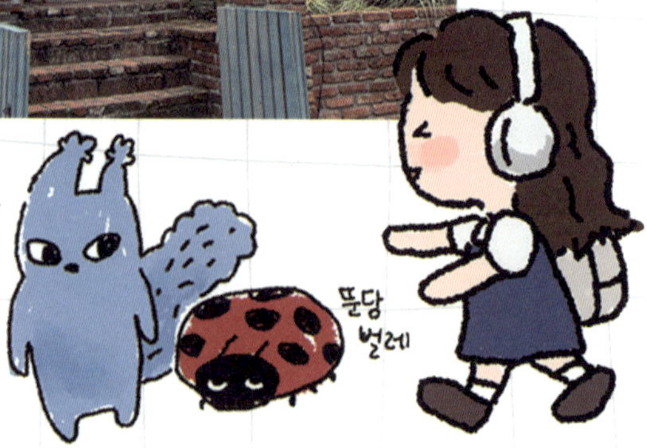

Samgakji

DOTORI

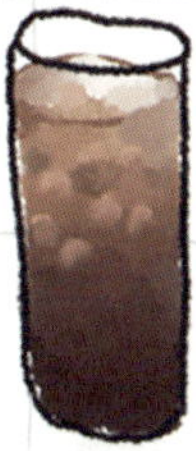

드립커피

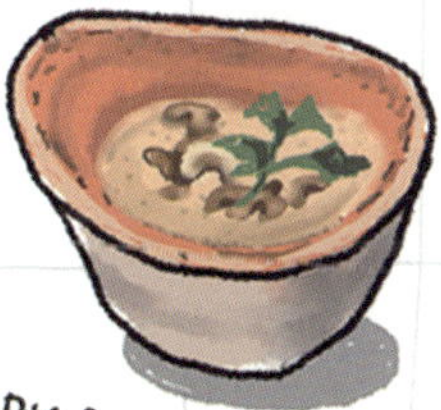

머쉬룸 포테이토 스프

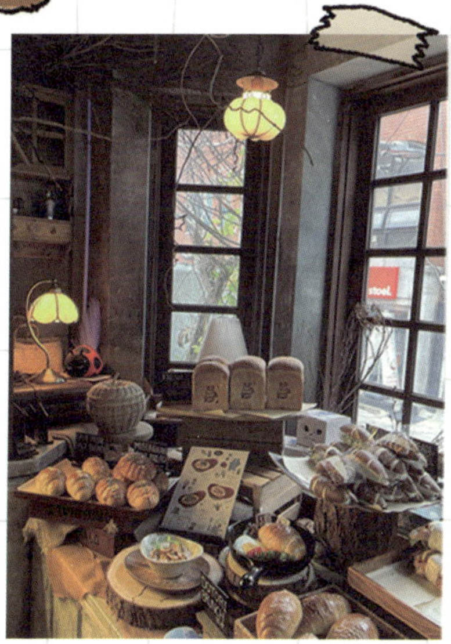

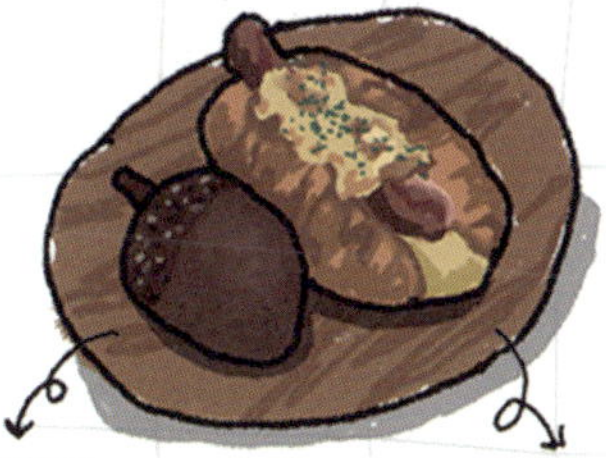

도토리 얼그레이 마들렌

소세지 포테이토 소금빵

빵들도 하나같이
아기자기하고 귀엽다.
특히 도토리 마들렌!
동화 속 요정네 집에
놀러 갔더니 도토리를
내온 느낌이다.

4 이촌역

가볼 만한 곳

이촌 한강공원, 국립중앙박물관, 용산공원, 국립한글박물관

국립중앙박물관

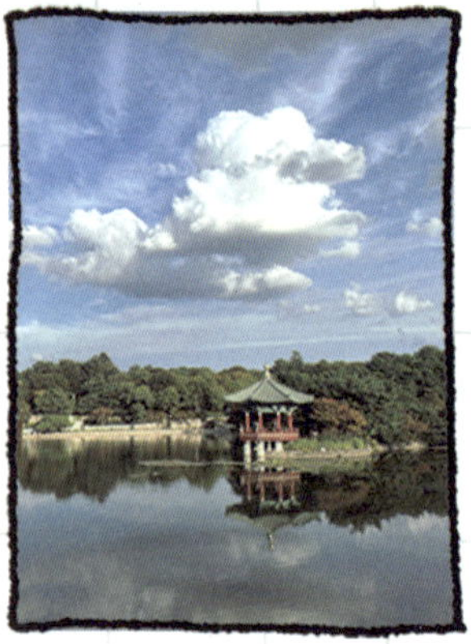

요즘 외국인들 사이에서도 핫플레이스로 손꼽히는 곳. 그중에서도 '사유의 방'은 단순한 전시를 넘어, 영상의 공간으로 사랑받고 있다.

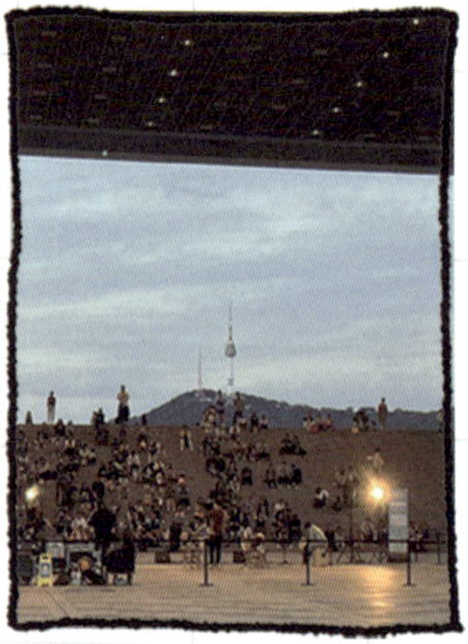

나는 외부 공간도 정말 좋아하는데, 고요한 연못을 바라보는 것만으로도 힐링되고 탁 트인 남산타워 뷰는 낭만 그 자체였다.

Ichon

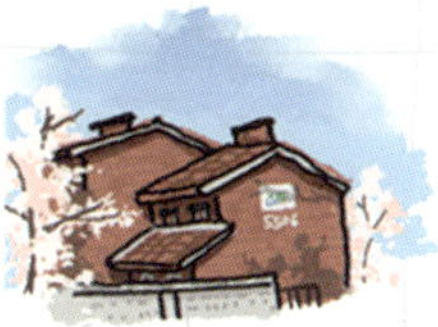

용산공원

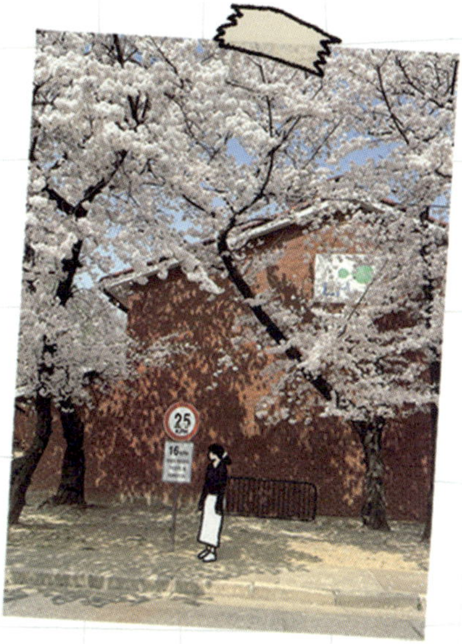

용산공원 부분개방부지

서울에 이런 곳이? 싶을 만큼
이국적인 장소.
아무데나 서도 화보가 된다.
나는 벚꽃 시즌에 갔었는데
빨간 벽돌과 어우러져
정말 예뻤다.
눈 덮인 풍경도 너무 예쁠 듯.

Tip!

이 표지판이 있는 곳이 핫한 포토존이었다!

★ 5510, 5520 이라고 적힌 건물 앞

4 동대문역사 문화공원역

가볼 만한 곳

DDP, 동대문역사문화공원, 한양도성, 동대문종합시장, 평화시장

동대문디자인플라자(DDP)

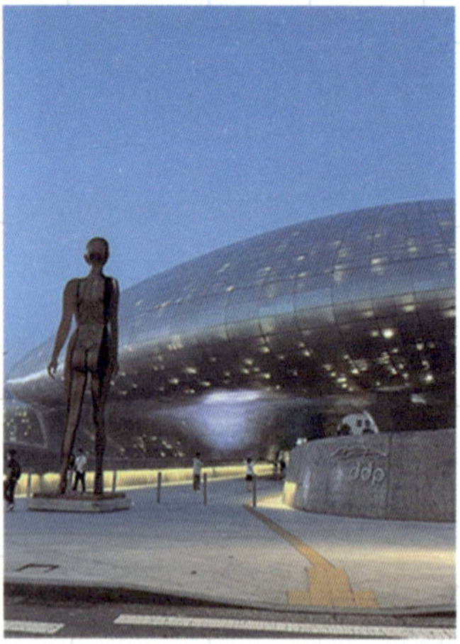

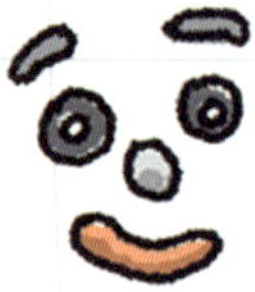

갈 때마다 웅장한 외관에 압도되는 DDP!
밤이면 조명이 켜져 더욱 아름답다. 전시, 마켓, 패션 행사 등 언제 가도 뭔가 하고 있는 활기찬 공간.

Dongdaemun History & Culture Park

콘하스

5층 규모의
넓은 카페.
탁 트인 통창 덕에
뷰도 좋고,
층마다 분위기가
달라 매력적이다.
집중도 잘 돼서
나는 주로 작업하러 가는 곳.

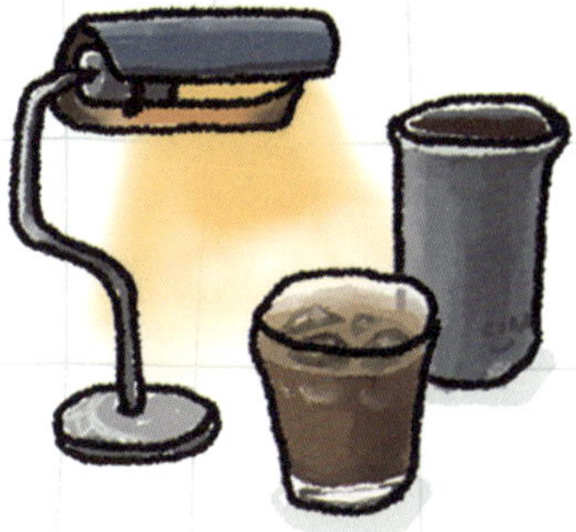

쓰리낫쓰리

노란 쇼파가 인상적인
감각적인 카페.
층고 높고 햇살 예쁜 1층,
지하는 넓고 작업하기 좋은
워크스테이션!

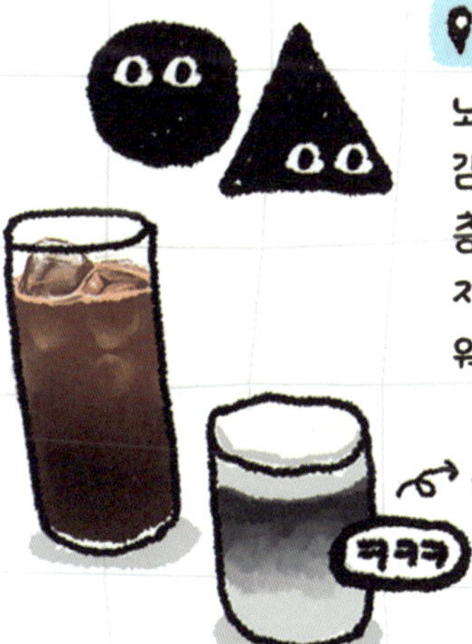

음료 이름이 'ㅋㅋㅋ'다

시그니처 음료 'ㅋㅋㅋ'
카카오·커피·크림 조합으로
적당히 달달하고 맛있다.

콘드에뻬뻬

인스타에서 보고
사진빨이겠거니 했던 곳인데,
직접 가보니 훨씬 더 예뻤던 곳!

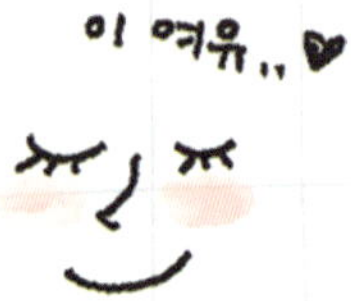

테라스 자리로 예약했는데,
여행 온 느낌 나고 분위기가 정말 좋았다.
살짝 더웠지만 여유롭고 힐링됐던 시간!

Tip!

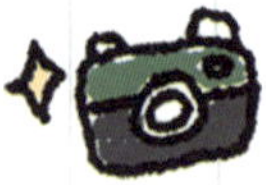

아무렇게나
찍어도 잘 나오는
사진 맛집!
옷은 신경 써서
입고 가는 걸 추천!

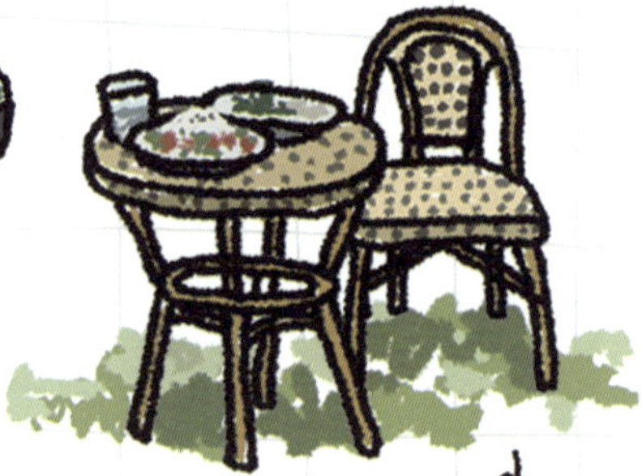

분위기가 넘 좋았던
야외 테라스 자리!

Dongdaemun
History
& Culture
Park

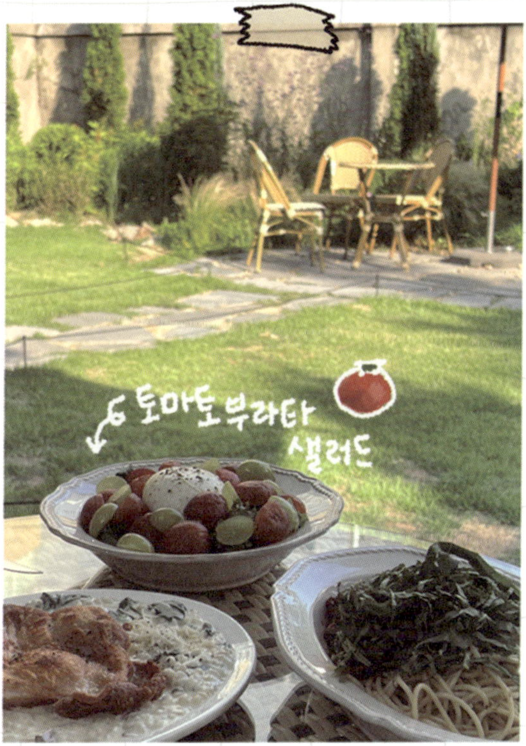

쫌~ 늦게 나왔지만
제일 맛있었던
크림치킨리조또

쭈꾸미
파스타

4 숙대입구역

가볼 만한 곳

숙명여자대학교, 민주화운동기념관,
남영동 스테이크 골목

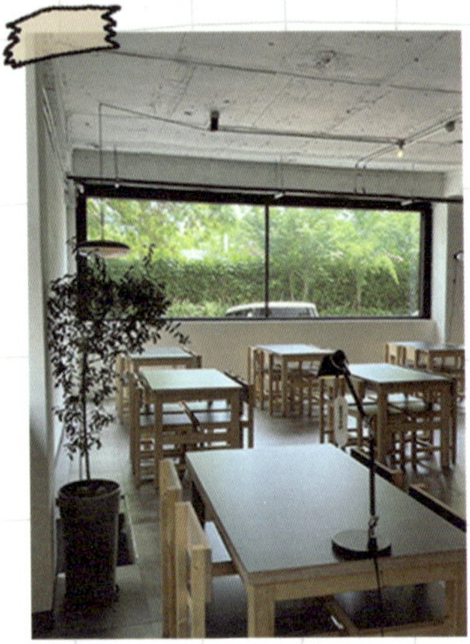

우모에

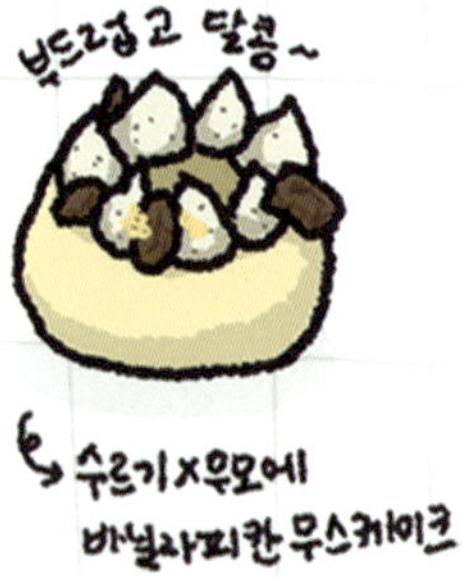

감각적인 인테리어에
창밖의 푸릇함까지 더해져
분위기가 정말 좋았던 카페.
한동안 내 프로필 배경화면이었다.
작업하기 좋은 책상,
맛있는 커피와 고퀄 디저트까지!

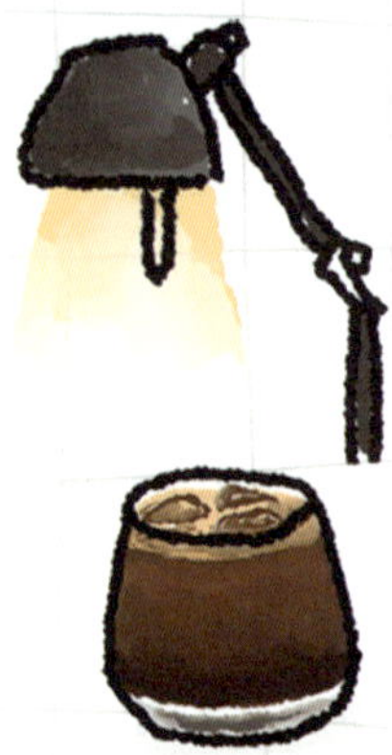

GORANI coffee club

카페 이름이 고라니라니..! 너무 신박하잖아!

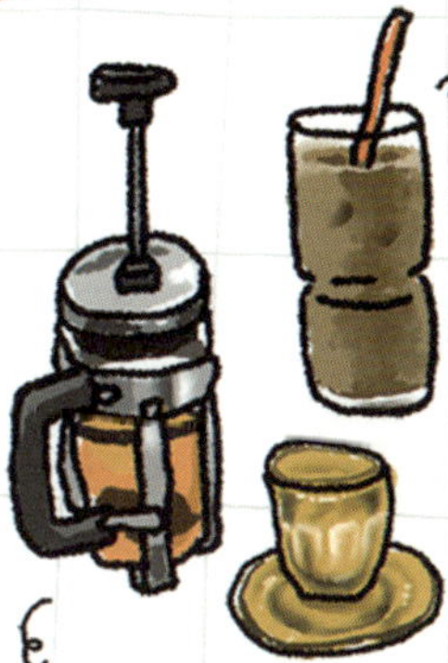

나는 디카페인 라떼! 라떼도 맛있었다!

친구는 코랄 머스캣 티를 주문했는데 요거 추천! 맛있음

고라니커피클럽

레트로하고 힙한 카페.
카페 이름이 고라니라는 것부터 심상치 않다.
살짝 어둑한 조명 덕에 아늑하고,
커피도 진하고 맛있다.
고라니 좋아하면 꼭 방문해보기!

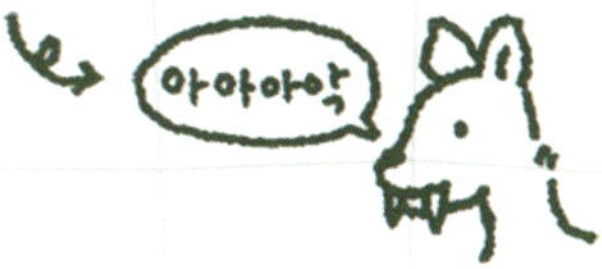

Sookmyung Women's Univ.

틸데

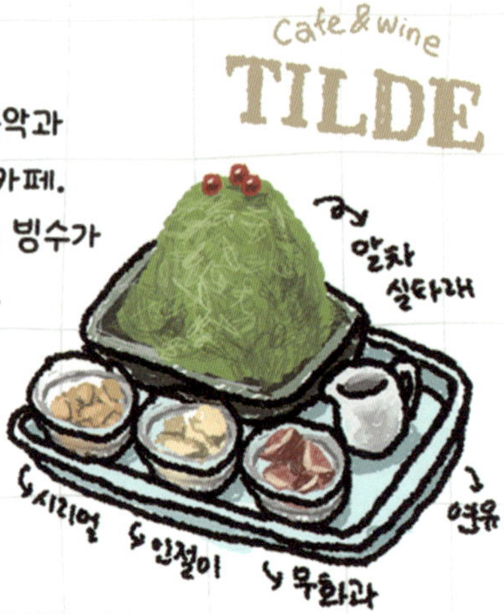

LP판에서 흘러나오는 음악과
아늑한 분위기가 좋았던 카페.
실타래 같은 얇은 입자의 빙수가
이곳의 시그니처 메뉴다.
시즌마다 바뀌는 토핑이
더해져 비주얼도,
맛도 훌륭했다.
입에 넣자마자
사르르 녹으며
퍼지는 진한 말차 맛이 인상적이었다.

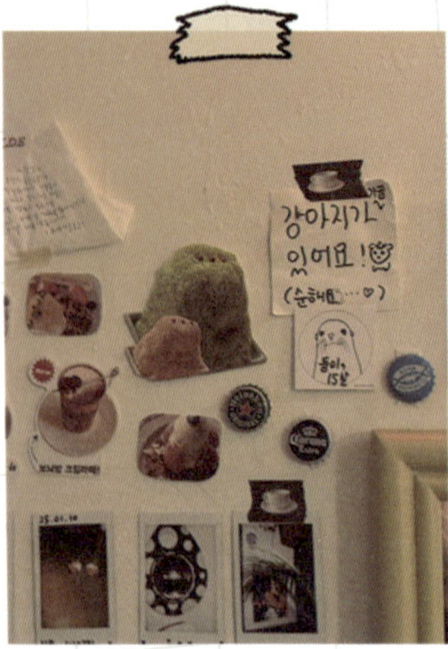

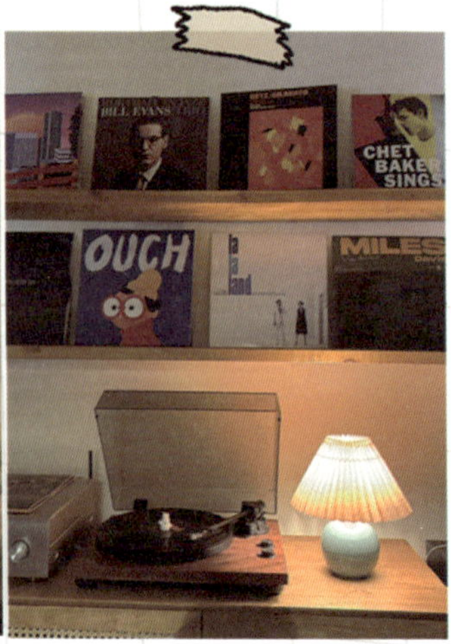

퍼즈 南營

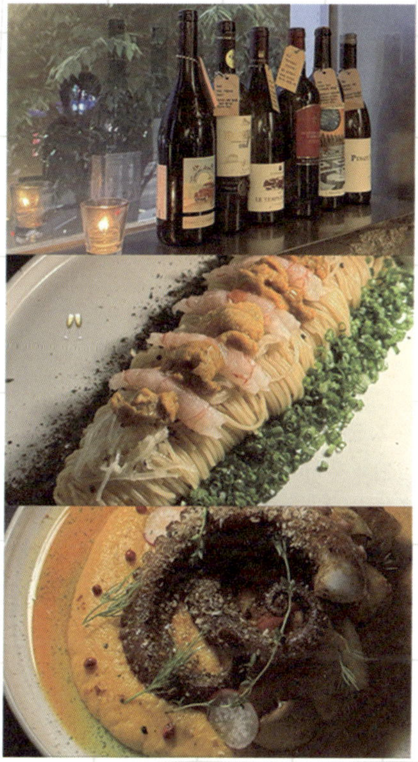

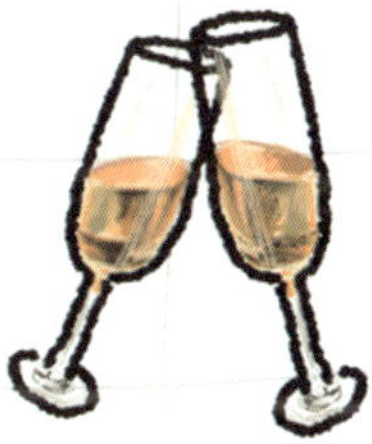

퍼즈남영

우리 빼고 모두 커플이었을 만큼 분위기 좋은 와인바.
음식이 하나하나 정성스럽고 맛도 좋았다.
특히 고소한 '우니 들기름 콜드파스타'는 꼭 추천하고 싶다.

Sookmyung Women's Univ.

4 성신여대입구역

가볼 만한 곳

돈암시장, 성신여자대학교,
고려대학교, 미아리고개 예술극장

더홈서울

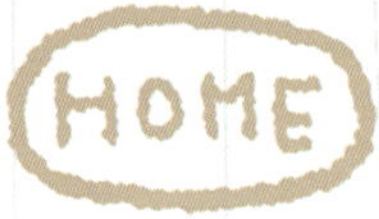

한옥의 정취를 느끼며
차와 디저트를 즐길 수 있는 감성 한옥 카페.
초록초록해서 숲속에 놀러온 듯했고,
마당에서는 귀여운 고양이도 놀고 있었다.
외국인 친구 있으면 데려가고 싶은 곳.

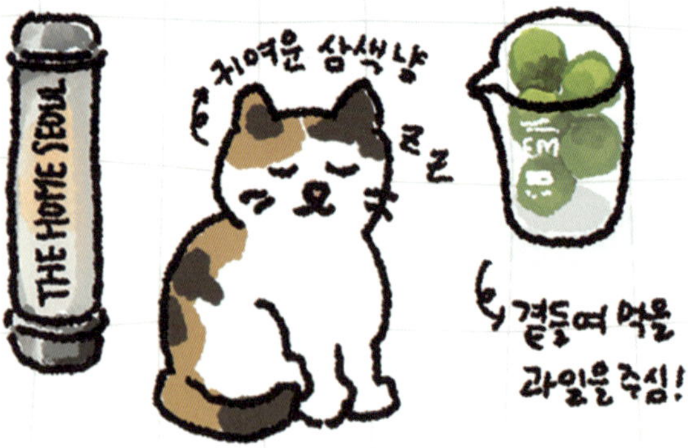

카페 원오프

메뉴가 귀엽고
공간도 아기자기한
감성 카페.
쿠키에 있는
강아지가
실제로
이곳에 상주 중!

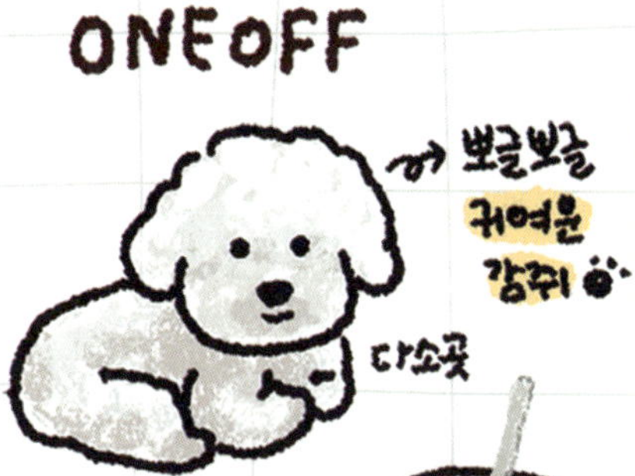

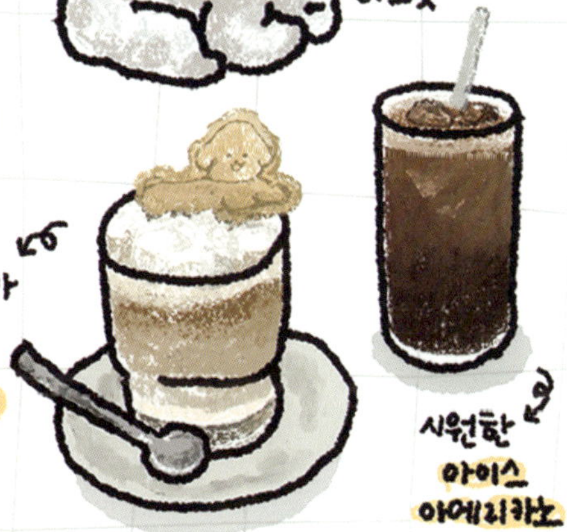

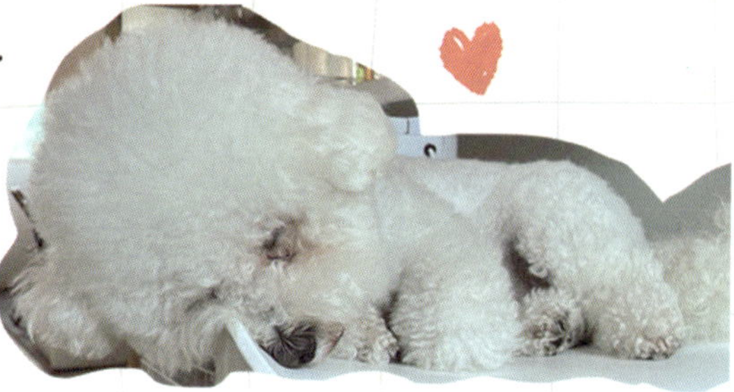

Sungshin
Women's
Univ.

맛집 바이브 ~o~

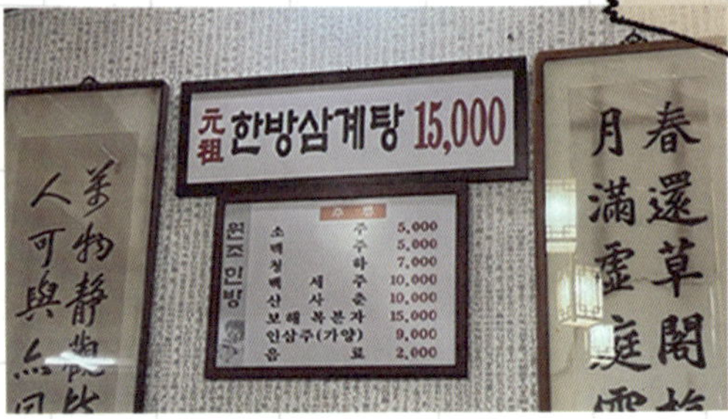

원조한방삼계탕

완전 걸쭉하고 부드러운 삼계탕.
밑반찬으로 나오는 김치들과의 조합이 훌륭하다.

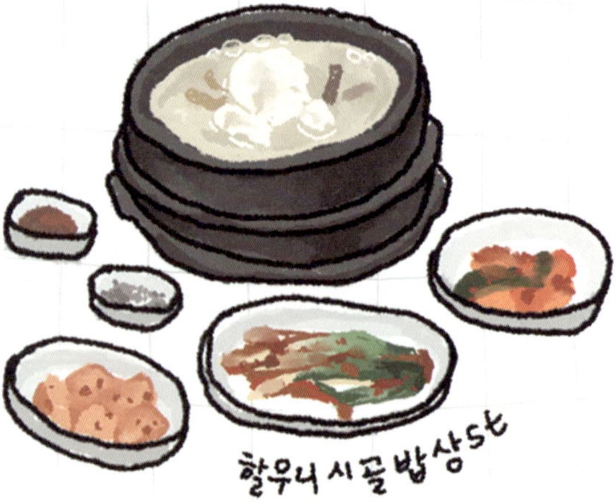

할무니 시골밥상st

상미규카츠

가성비 좋은 아늑한 일식집.
규카츠는 역시
개별 화로에 구워 먹는 재미~
겉바속촉 맛있었다.

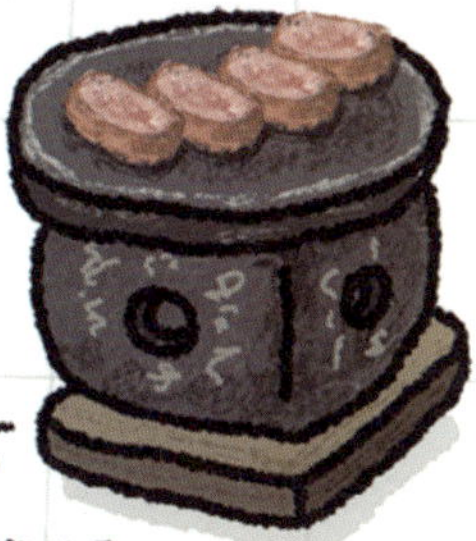

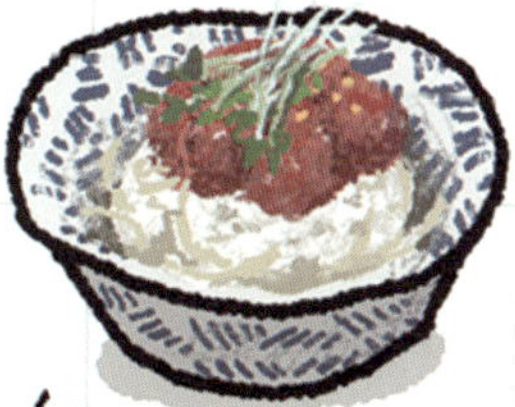

카페온더플랜

2층까지 넓은 공간에
좌석 구성이 다양해서
작업하기 좋은 카페.
진하고 맛있는
자몽주스 추천!

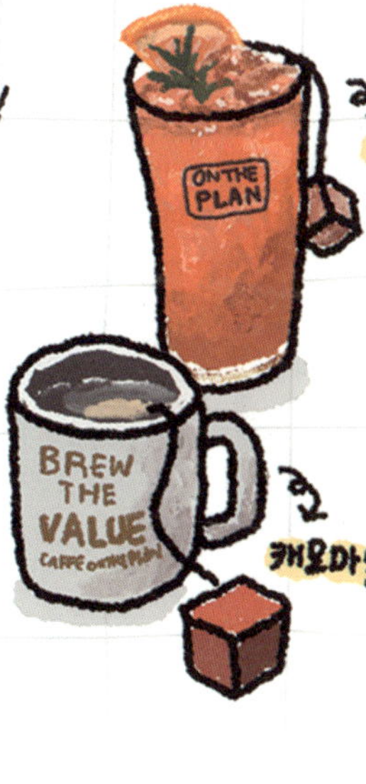

Sungshin
Women's
Univ.

4 명동역

가볼 만한 곳

명동성당, 명동쇼핑거리,
남산케이블카, 한국은행 화폐박물관

델리만쥬 1호점

1998년부터 이어져 온 델리만쥬 원조 본점.
원래 델리만쥬는 냄새는 좋은데 막상 먹으면
냄새에 못 미치는 맛에 실망할 때가 많은데,
이곳 델리만쥬는 다르다!
갓 구워낸 델리만쥬는 겉바속촉 식감이 제대로고,
안에 달콤한 크림도 가득 들어 있어 만족도 최고.

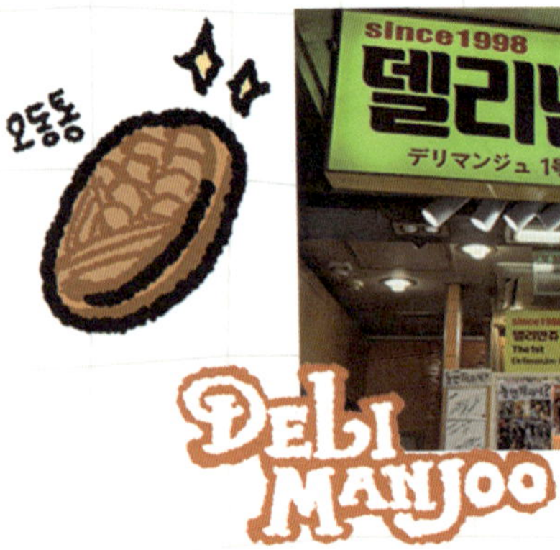

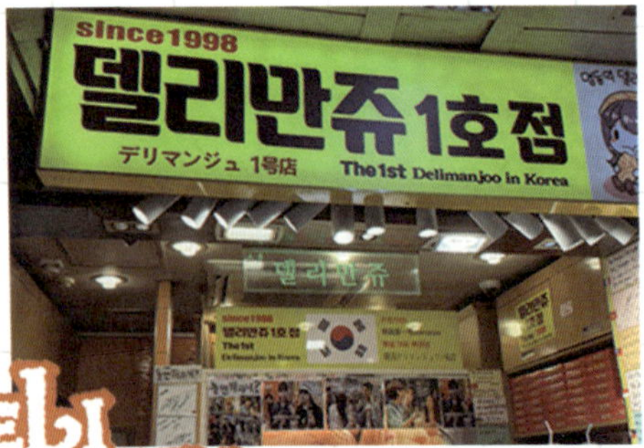

더 스팟 패뷸러스

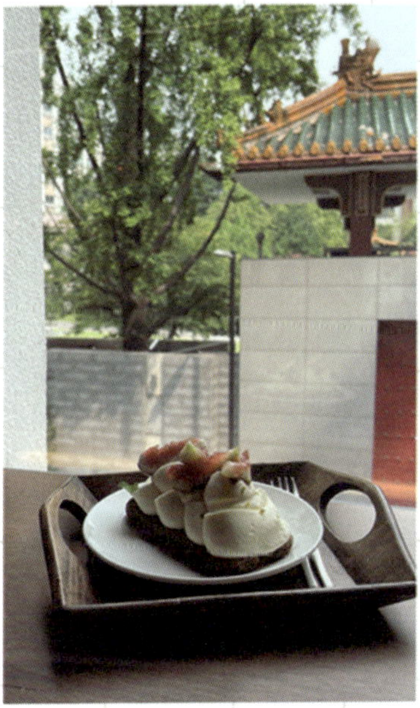

중국대사관 뷰가
이국적이고 독특하다.
갈 때마다 항상
사람이 많지만
좌석이 넉넉한 편.
근대 건축물을 활용한
감각적인 인테리어가
멋져서 한 번쯤
가볼 만하다.

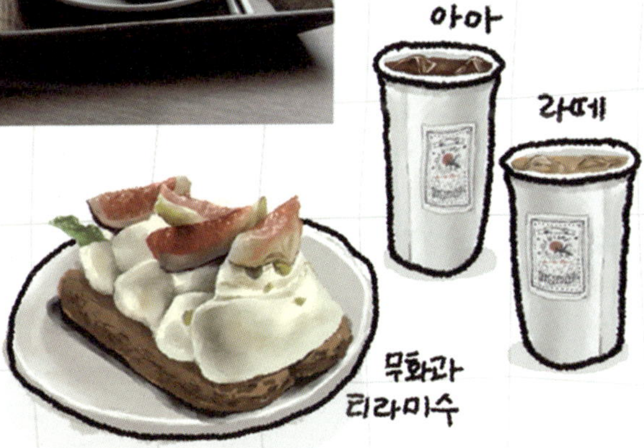

Myeong-dong

타지

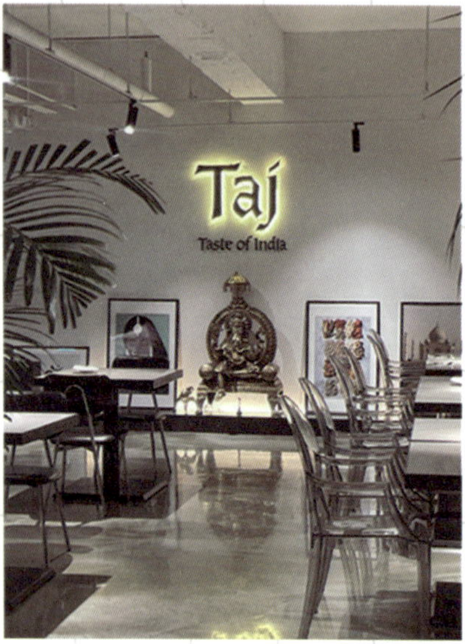

영당성당 뷰가
멋진 고급스러운
인도음식점.
영동성당을 보며
먹는 인도요리라..
꽤나 이색적인
식사가 될 것이다.
커리 종류가
다양하고
한국인 입맛에도
잘 맞는 편.

TIP!

창가석으로
미리 예약하기!

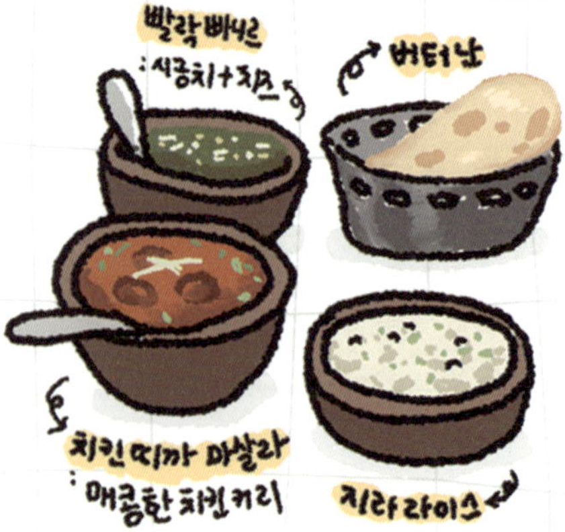

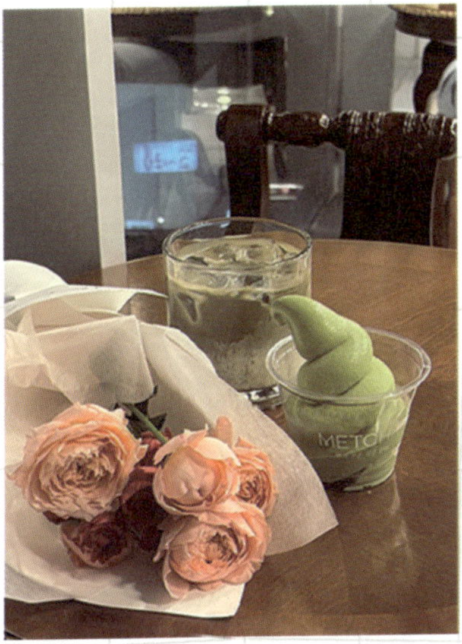

맷차

말차 덕후를 위한
말차 천국!
음료부터
디저트까지
말차 본연의
깊은 맛을 제대로
담았다.
특히 부드럽고
진한 아이스크림
강력 추천!

위글위글집

WIGGLE WIGGLE.ZIP

귀엽고 컬러풀한
위글위글 소품들로 가득한 쇼룸.
알록달록하게 꾸며진 공간에
사진 찍기 좋은 포토존도 곳곳에 있어
구경하는 재미가 쏠쏠하다.

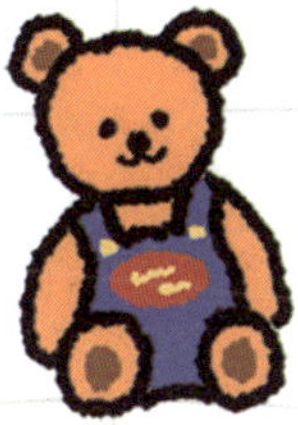

📍 르메르디앙 서울 명동
라팔레트 파리

La Palette
PARIS

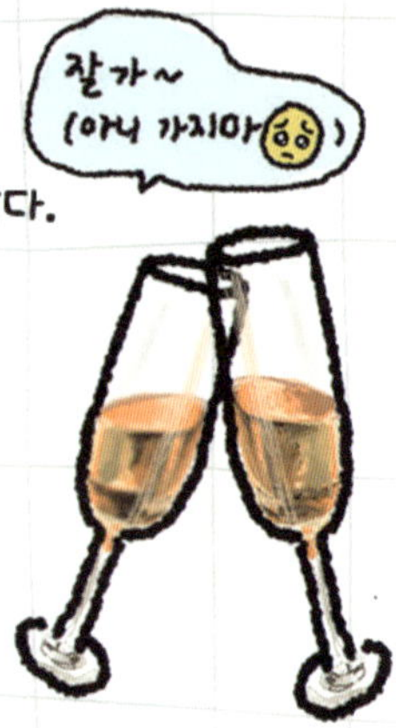

특별한 날에 가기 좋은 레스토랑.
나는 친구가 해외 포닥을 떠나기 전,
한국에서의 마지막 식사로 이곳을 찾았다.
호텔 뷔페로는 규모가 크진 않지만,
카나페 섹션부터 랍스터, 육류,
디저트까지 메뉴 하나하나
알차고 맛있다. 특히 해산물이
신선해서 만족도가 높았다.
사람들로 붐비지 않아 여유롭게
식사를 즐길 수 있었던 점도 장점.
레드, 화이트, 스파클링 와인까지 무제한 제공돼
음식과 어울리는 와인을 골라 마시는 재미가 있다.

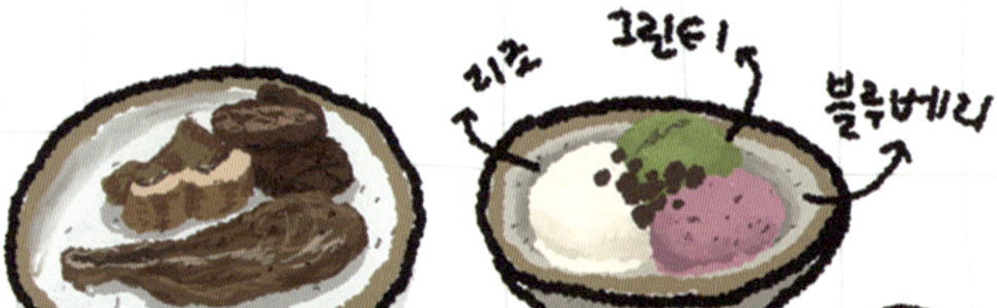

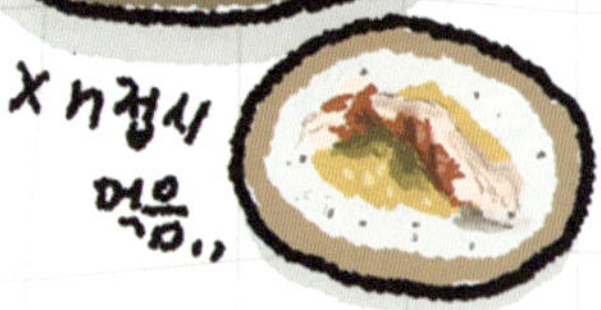

Tip!

아무리 배불러도
디저트 젤라또는 꼭 먹기!
녹진하고 맛있으니까!

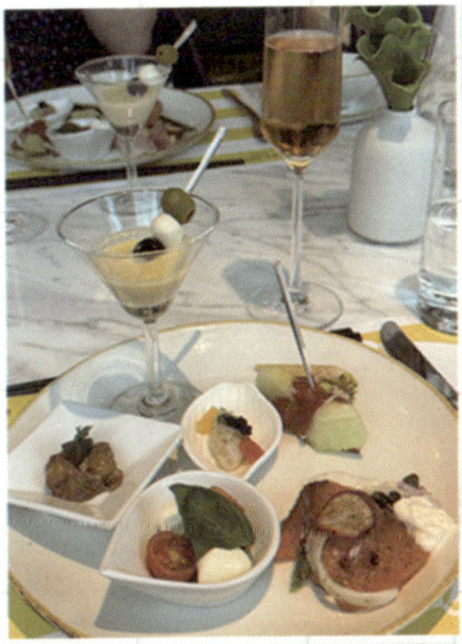

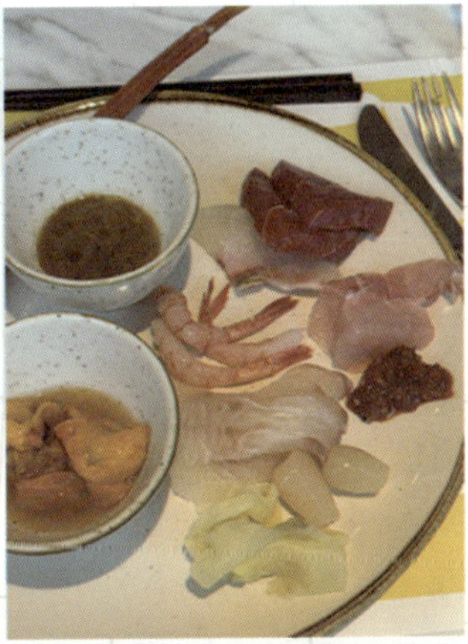

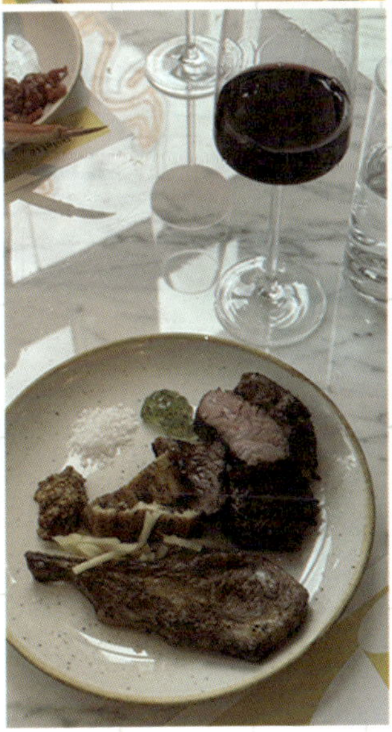

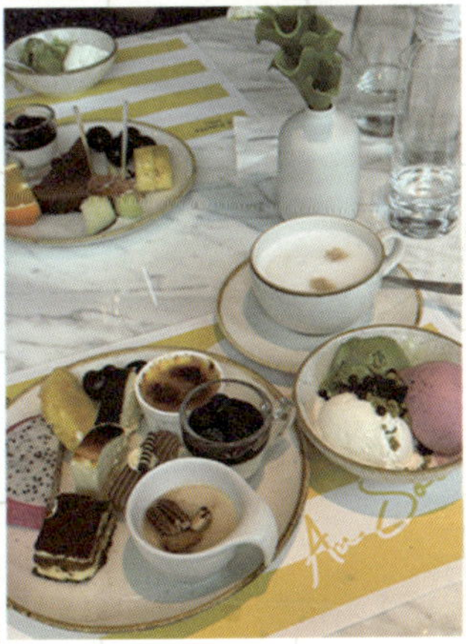

차마 다 담지 못한
그날의 음식 사진.
소식좌 폭주한 날.jpg

Myeong-dong

코인 명동1호점

영국에서 만났던 친구가
소개해준 느낌 좋은 카페.
클래식한 분위기가 매력적이고,
2,3층에 자리해 창밖 나무들과
눈높이가 맞으니
초록빛 풍경이 펼쳐진다.
녹차 아이스크림이
듬뿍 올라간 녹차빙수는
이곳에서 꼭 맛봐야 할
메뉴다.

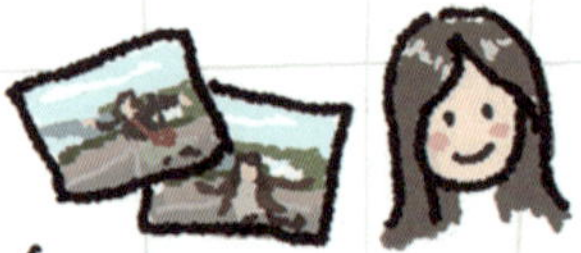

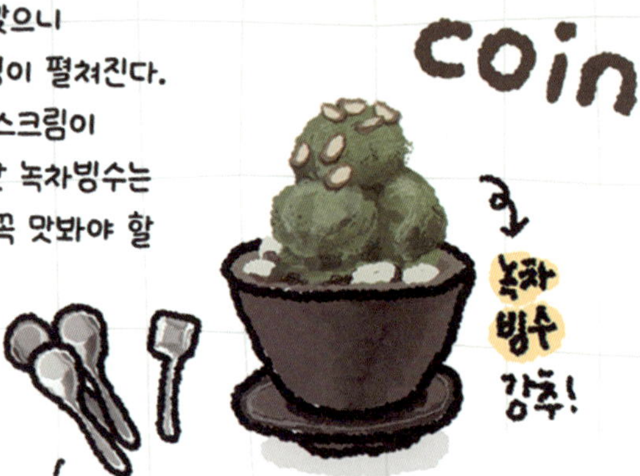

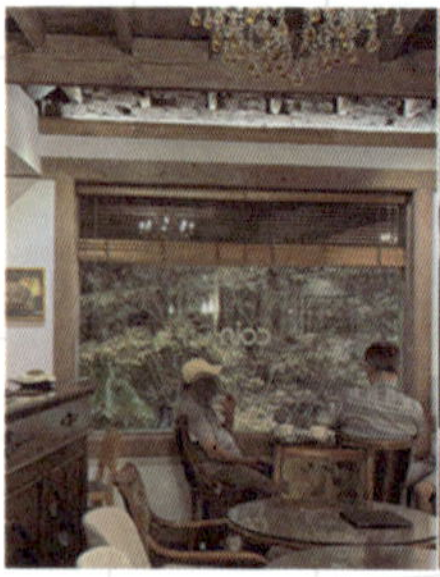

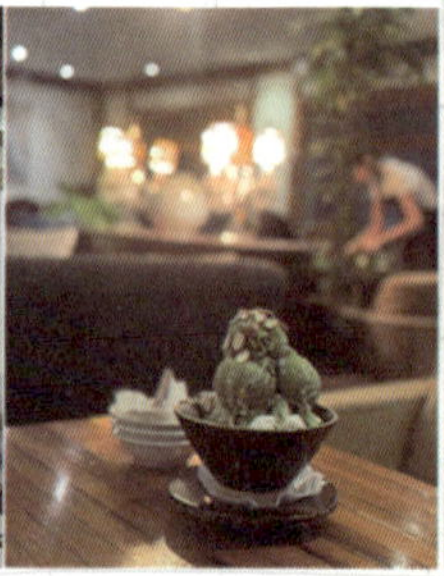

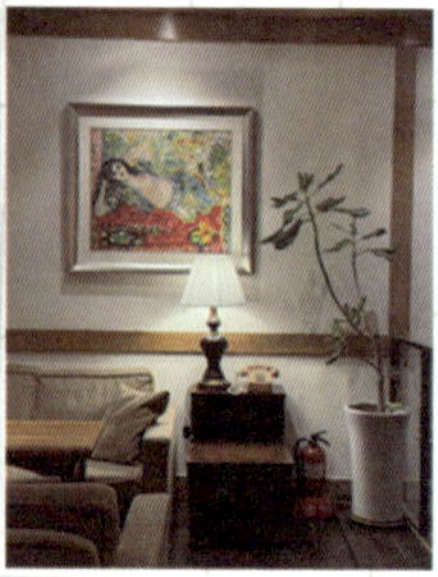

반티엔야오 카오위

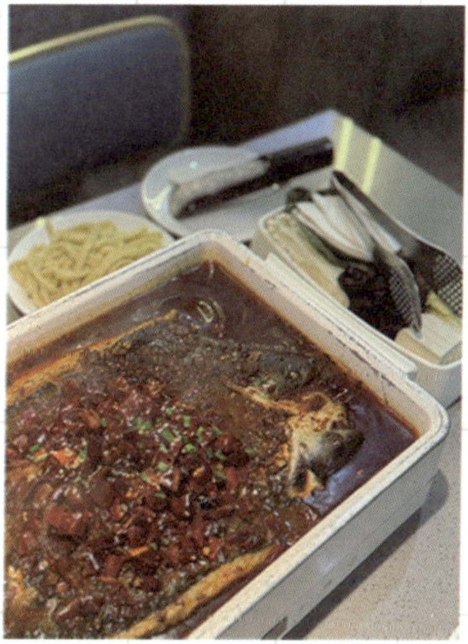

요즘 MZ들 사이에서 핫한 중국식 생선찜. 생선살이 정말 부드럽고, 진한 양념이 중독적이다. 사리를 추가하면 더 푸짐하고 맛있게 먹을 수 있다. 특히 독특한 식감의 계란두부면은 꼭 추가해 보길!

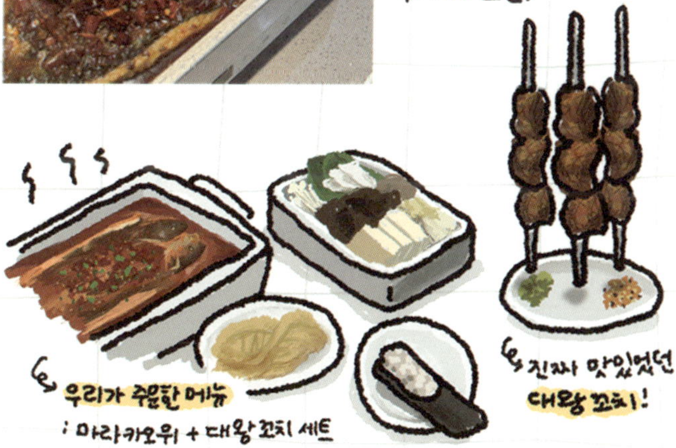

우리가 주문한 메뉴
: 마라카오위 + 대왕꼬치 세트
\+ 야채버섯 모둠사리
\+ 새우완자 + 계란두부면
\+ 밥·탄산 무한리필
= 4인분이 되!,,,

Myeong-dong

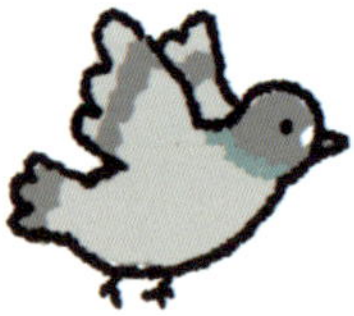

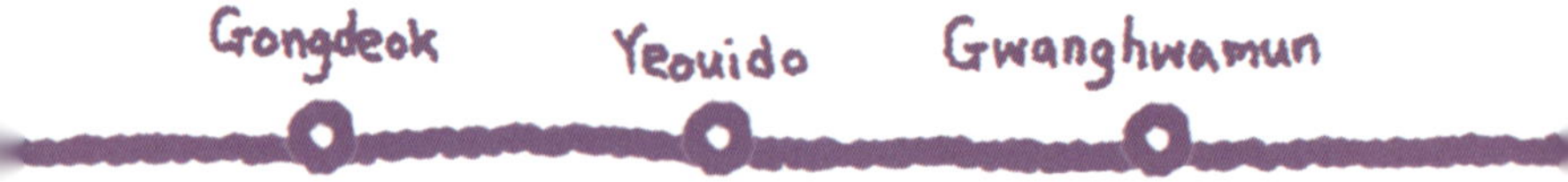
Gongdeok
Yeouido
Gwanghwamun

5호선

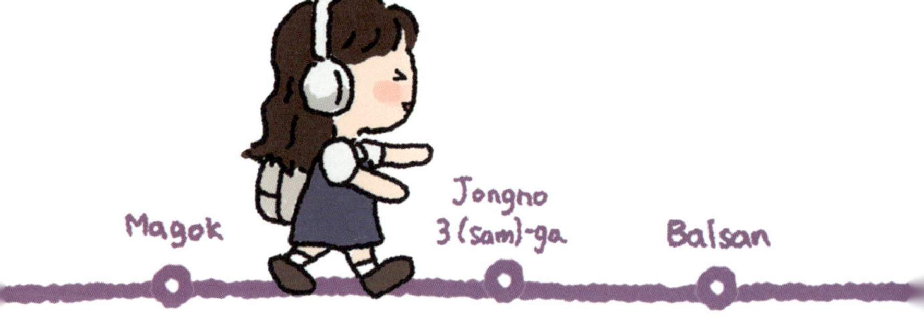

퍼플 라인

Purple Line

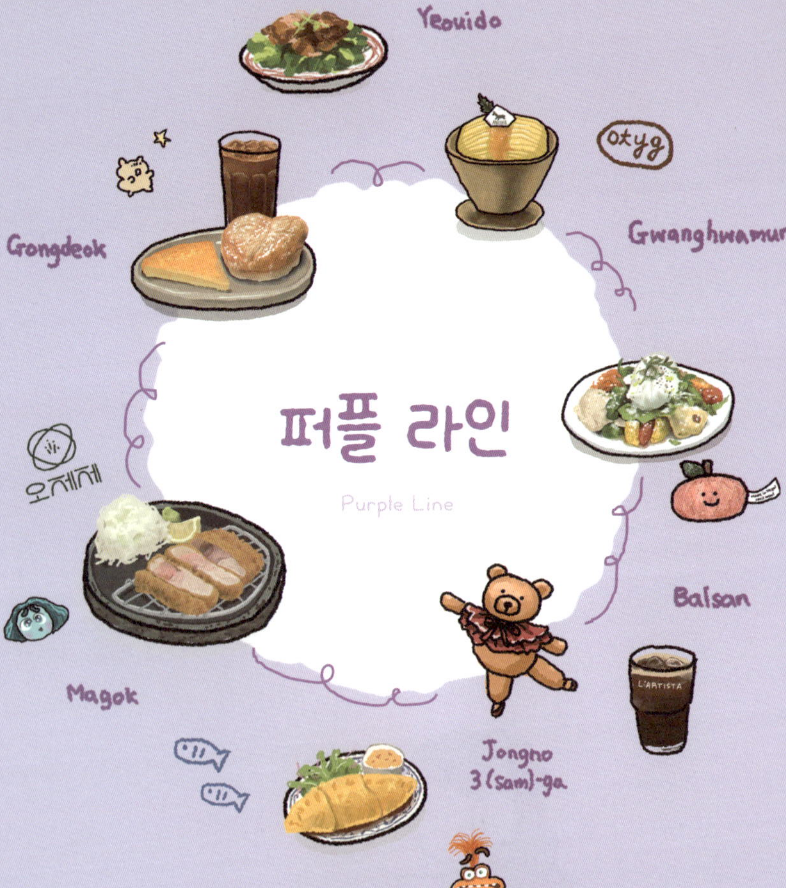

5호선에서 내가 가장 좋아하는 역은 광화문역이다.

지하철에서 내리면 행복한 기억으로 가득한 교보문고가 먼저 반긴다. 내가 어릴 적엔 천장이 거울로 되어 있어서 엄마 손을 잡고 천장만 바라보며 걸었던 기억이 난다. 그 반짝이던 불빛과 사람들 모습이 신기해서, 매번 그 길을 통과하는 것만으로도 즐거웠다.

그 시절 엄마와 교보문고에 가는 걸 정말 좋아했는데, 사실 책보다도 엄마가 사주던 달콤한 소프트 아이스크림을 더 좋아했다.

지상으로 올라오면 살아 숨 쉬는 듯한 광화문광장이 펼쳐진다. 아이부터 어른까지 각자의 방식으로 에너지를 뿜어낸다. 분수대에서 옷이 다 젖어도 개의치 않고 해맑게 뛰노는 아이들, 매번 달라지는 광장의 행사를 즐기는 청춘들, 그리고 자신만의 신념을 주장하기 위해 모인 사람들까지.

만약 내가 광화문광장을 기획한 사람이라면, 이 활기찬 풍경을 바라보며 꽤 자랑스러워했을 것 같다.

광화문역이 5호선에 속한다는 사실 하나만으로도, 나에게 5호선은 충분히 특별하고 매력적인 노선이다.

5

공덕역

가볼 만한 곳

경의선광장, 백범김구기념관, 효창운동장

비파티세리

공덕 사는 친구가 알려준 작업하기 좋은 카페. 공간이 넓고 쾌적하다. 시그니처 메뉴인 퀸아망은 종류도 다양하고 겉바속촉해서 맛있다.

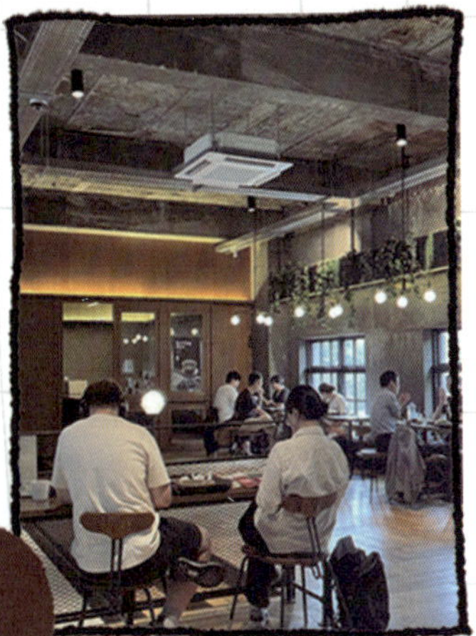

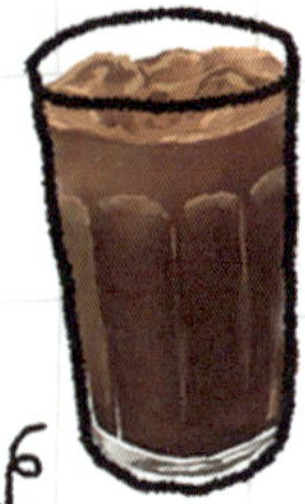

디저트엔 아이스 아메리카노

patisserie

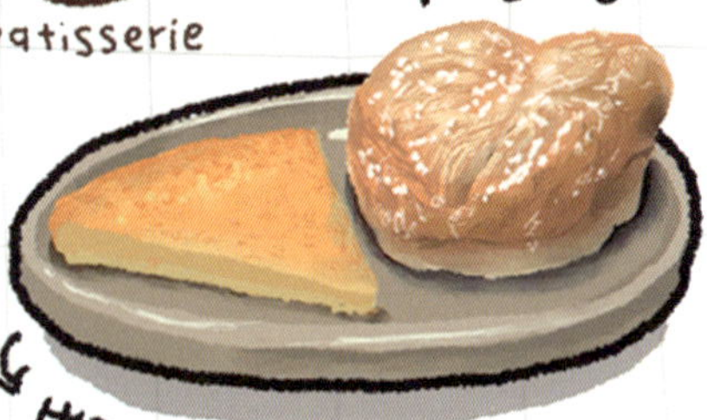

퀸아망

버터오찌

Gongdeok

멜로즈

분위기 좋은
브런치 찐맛집.
보통 브런치는 금방
물리기 마련인데,
이곳은 다 먹을
때까지 맛있다.
매장이 아담한데
동네 맛집으로
소문나서
오픈런 필수다.

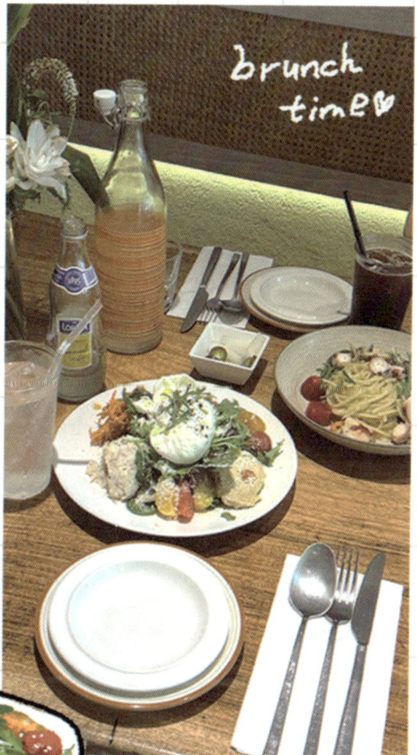

부라타치즈
샐러드

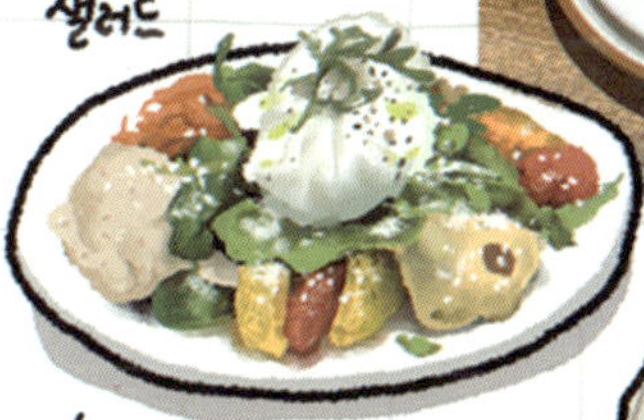

샐러드가 왜이렇게
맛있어....

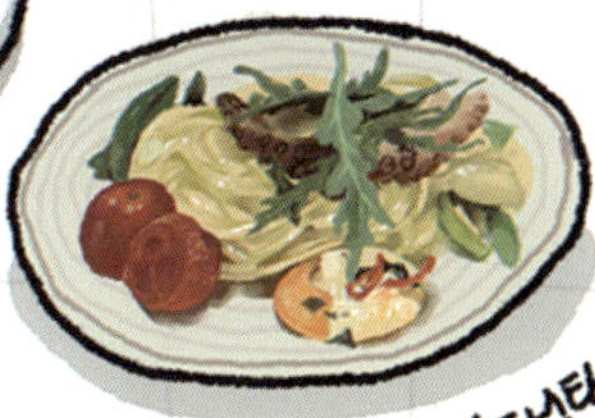

수비드문어&전복 오일 파스타

비주얼만큼 맛도 따봉!

5 여의도역

가볼 만한 곳

여의도한강공원, 더현대서울, IFC몰, 여의도공원, 63빌딩

카페곰마 여의도신영증권점

책도 많고 자유롭게 읽을 수 있어서 좋아하는 카페다. 편안한 소파 자리부터 노트북하기 편한 자리까지 1,2층으로 공간이 넓고 다양하게 구성돼 있어 좋다.

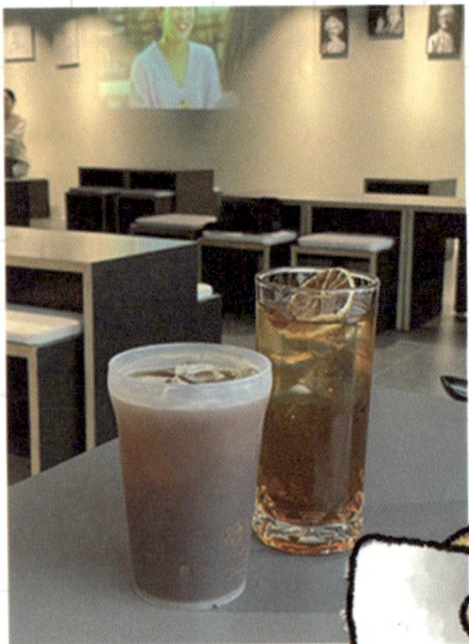

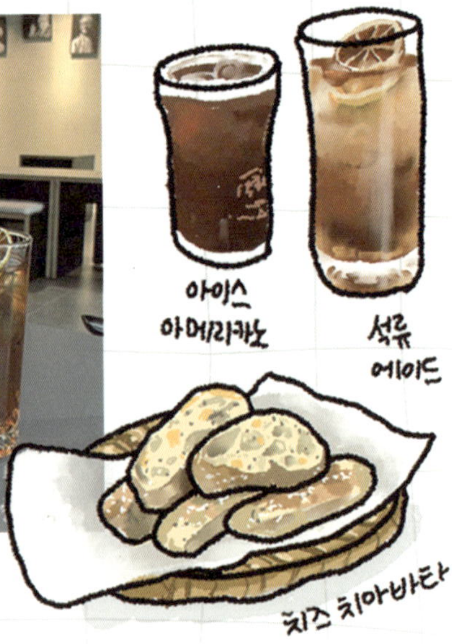

커피가 나올 동안 읽을 책을 둘러보며 고르는 시간이 정말 힐링된다. 생각보다 책이 다양하고 많아서 취향껏 골라 읽을 수 있다.
몸 가볍게 와서 커피 마시며 책 읽을 수 있는 이런 공간이 있다는 게 정말 귀하다.
오래오래 남아줬으면 하는 소중한 카페.

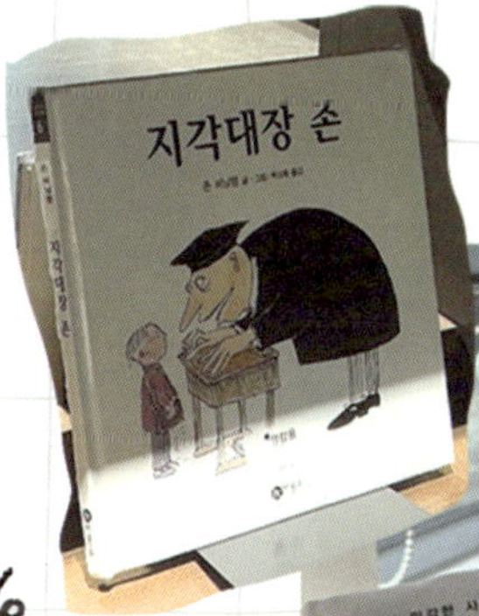

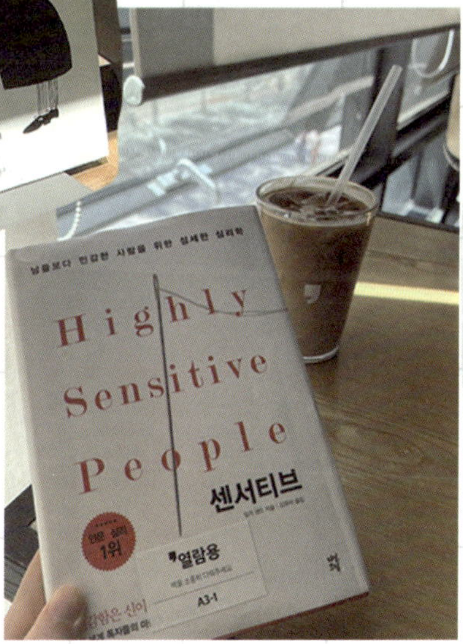

진짜 추억의 책..

열람용 책도 많고 책구매도 가능!

파낙스

초등학교 들어가기 전부터
다녔던, 오랜 역사를 자랑하는 삼계탕 맛집.
그 어린 나이에도 한 그릇을 뚝딱 비울 만큼 정말
맛있었다. 매주 일요일, 예배가 끝나면 점심은 항상
이곳 삼계탕 아니면 건너편 피자헛이었는데,
(지금은 사라진 피자헛..) 미국에 사는 증조할머니와
이모들이 한국에 왔을 때도 함께 찾았던, 우리 가족의
추억이 고스란히 담긴 곳이다.

오랜만에 다시 찾았지만, 풍경은 그대로여서 어린 시절로
돌아간 듯한 기분이
들었다. 국물은 진하고
걸쭉하며, 닭 속까지
촉촉하게 맛이 스며들어
있다. 한 그릇 다 먹고
나면 진짜 제대로
몸보신한 느낌이다.

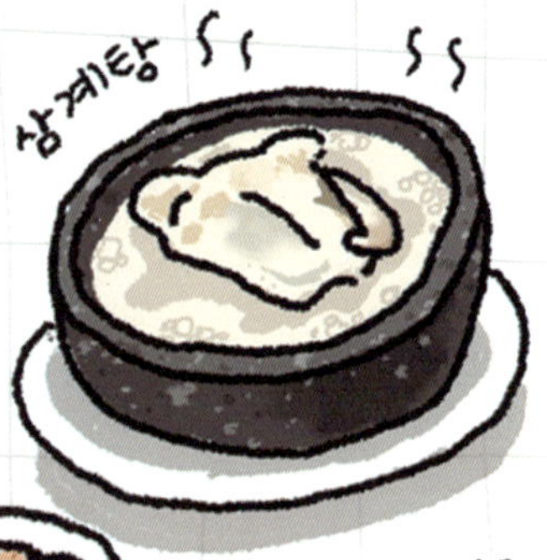

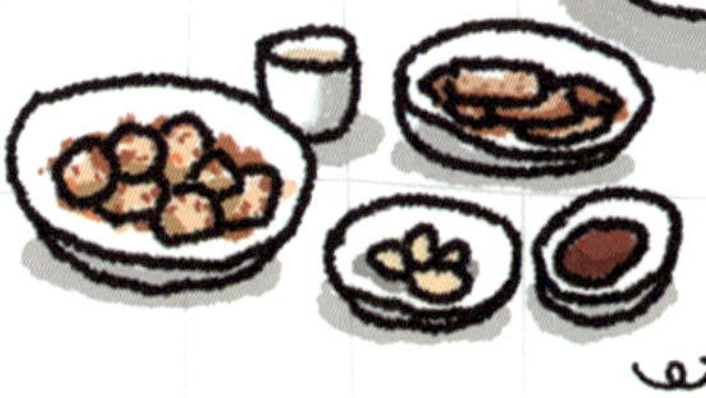

오복수산 여의도점

신선한 재료로 정갈하게 나오는 카이센동 맛집. 넓고 고급스러운 분위기라 가족 식사나 모임 장소로 좋다. 대표 메뉴인 카이센동에는 두툼한 회가 풍성하게 올라가고, 재료 간의 조화가 뛰어나 한입 한입 만족스럽다.

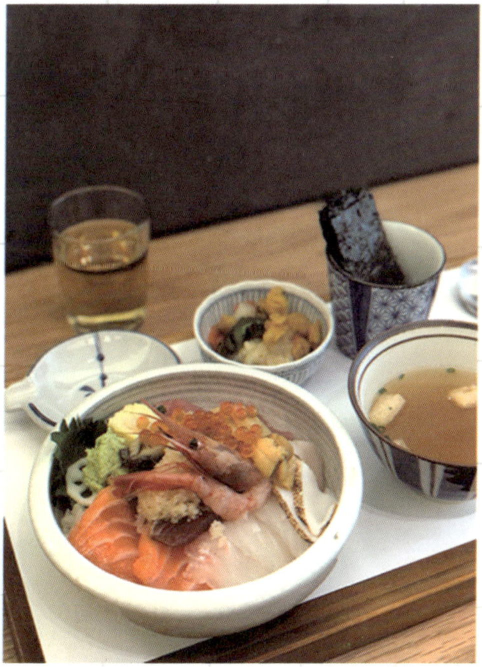

카이센동

오복수산

더현대 서울

서울에서 가장 크고
핫한 백화점.
단순한 쇼핑 공간을 넘어
감각적인 팝업과 전시,
MZ 감성의 편집숍까지
볼거리와 즐길 거리가
가득하다.
맛집과 카페도 다양해
갈 때마다 새롭다.

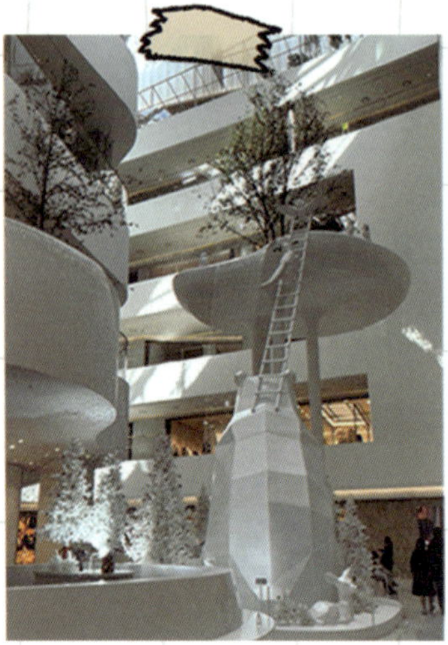

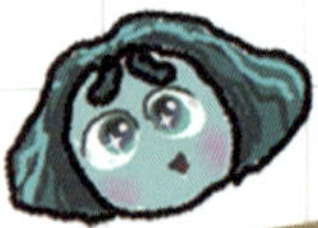

INSIDE OUT 2

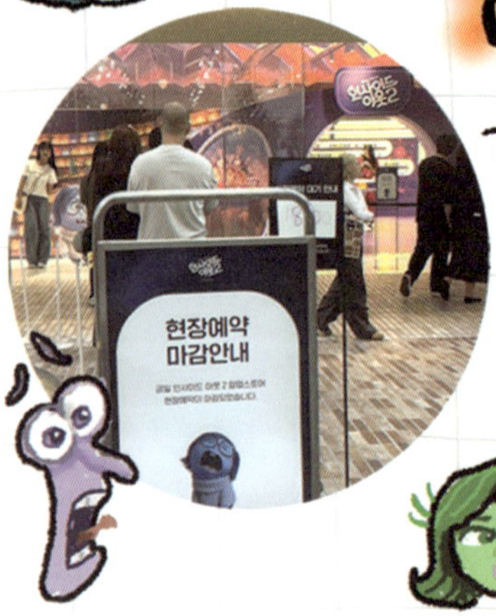

재미있는 팝업이
자주 열리는데
인기 있는 팝업은
금방 마감됨ㅠㅠ

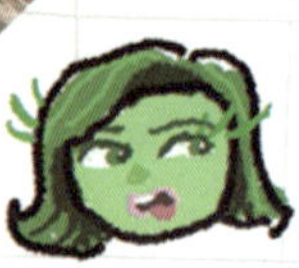

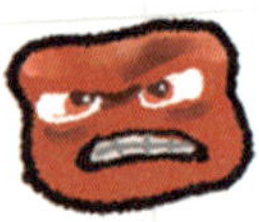

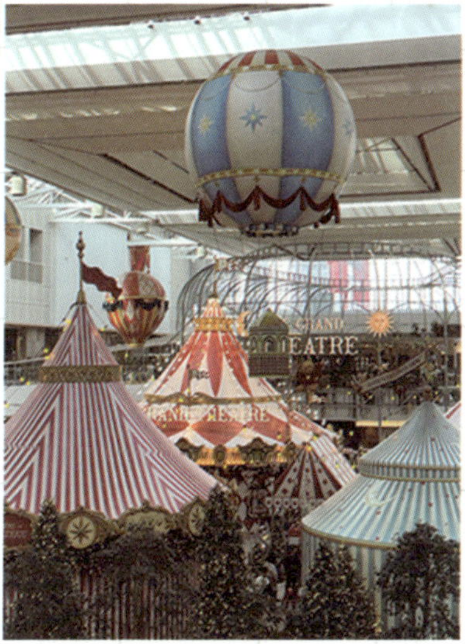

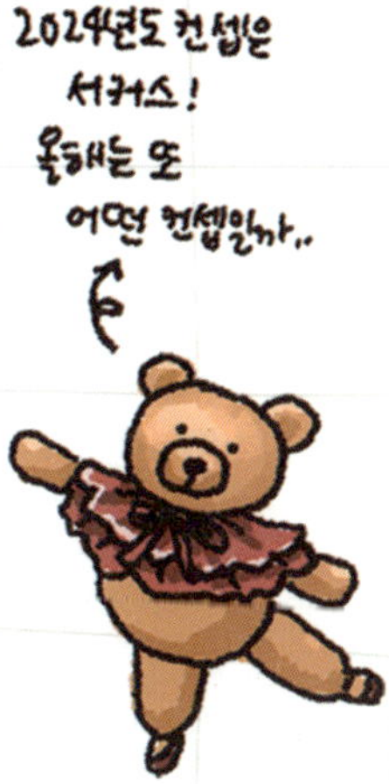

이곳의 하이라이트는 단연 크리스마스 시즌이다. 매년 11월부터 두 달간 5층 사운즈 포레스트 전체가 하나의 크리스마스 마을처럼 화려하게 꾸며진다. 인기가 많아 사전 예약을 추천한다. 친구들과 갔을 때도 좋았지만, 가장 기억에 남는 건 부모님과 함께한 날이다. 어릴 적 크리스마스 시즌마다 여기저기 데려가 주셨던 부모님. 이제는 내가 부모님을 이곳에 모시고 갔고, 좋아하시는 모습을 보며 괜히 마음이 뭉클하고 뿌듯했다.

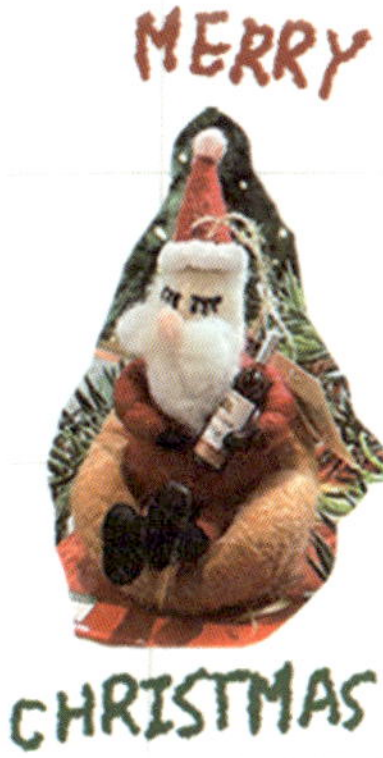

이탈리

더현대 안에서 비교적 많이 붐비지 않고, 공간이 예쁜 곳. 이탈리안 레스토랑과 카페를 함께 운영하고 있어 식사와 티타임을 한 번에 즐기기 좋다. 2021년에 더현대 옆 건물에서 일했었는데, 퇴근 후 이곳에 들러 친구랑 넋두리하던 날들이 아직도 기억에 남는다.

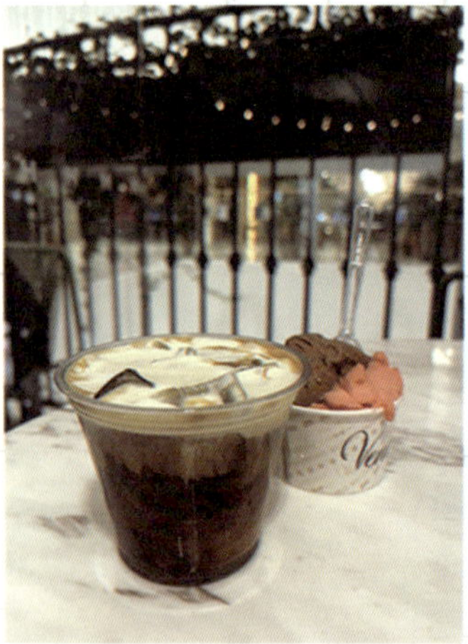

Tip!

일부 식당은 현대식품관 앱으로 예약, 원격 웨이팅이 가능하다.

EATALY
CAFFÈ

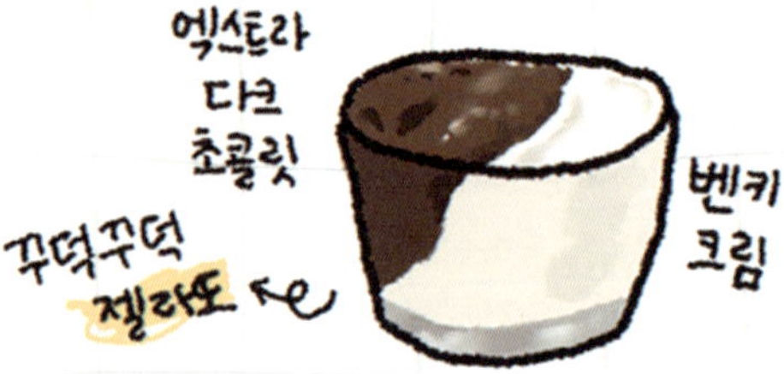

Yeouido

BEURRE Beurre

뵈르뵈르

독특한 메뉴가 많고,
힙한 브랜딩이
눈에 띄는
아이스크림 가게.
꾸덕하고 헤비한
맛이라 나눠 먹어도
꽤 배부르다.

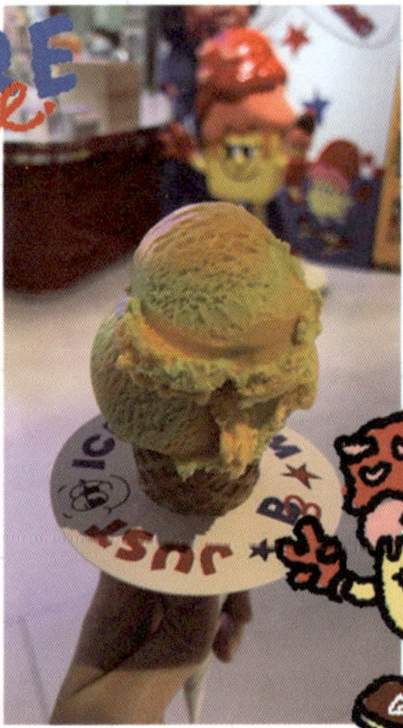

Melo Mango

멜론맛
+망고맛
멜로망고

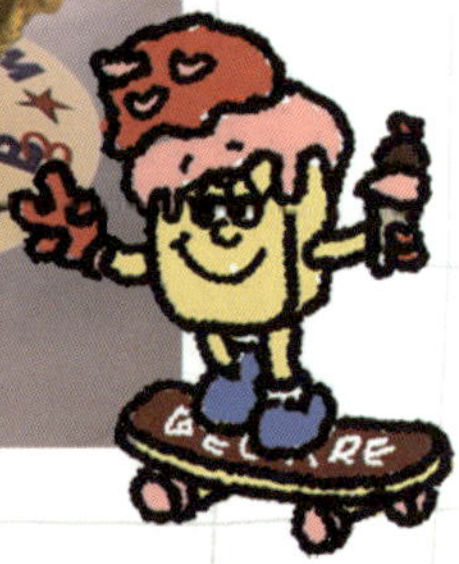

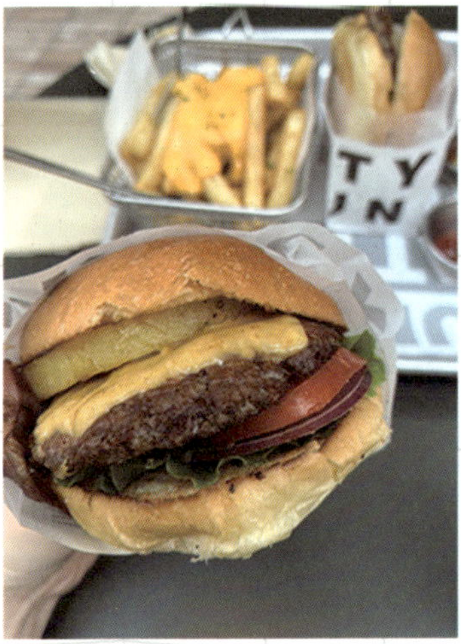

번패티번

5층 중앙에
위치해 개방감
좋은 수제버거집.
나의 원픽은
하와이안 버거!
달콤한 파인애플과
짭짤한 패티
조합이 완벽하다.

5 광화문역

가볼 만한 곳

교보문고, 세종문화회관, 서울역사박물관, 광화문광장, 청계광장

광화문

서울의 중심이자 과거와 현대가 공존하는 곳.
더 넓어진 광화문광장에서는 다양한 행사가 열린다.
탁 트인 광장을 걷다 보면, 가슴이 뻥 뚫려서
일부러 여길 거쳐서 집에 가곤 한다.

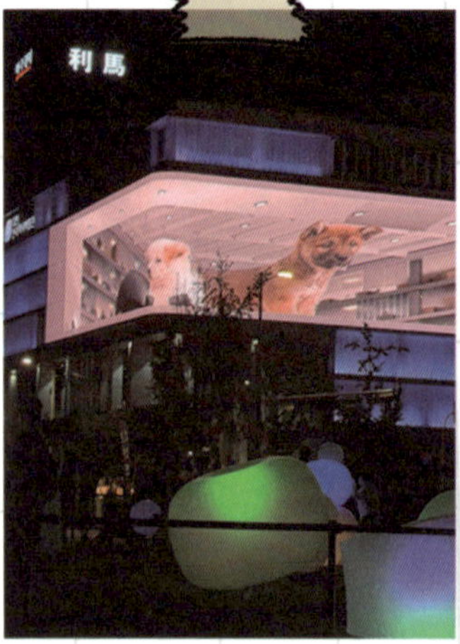

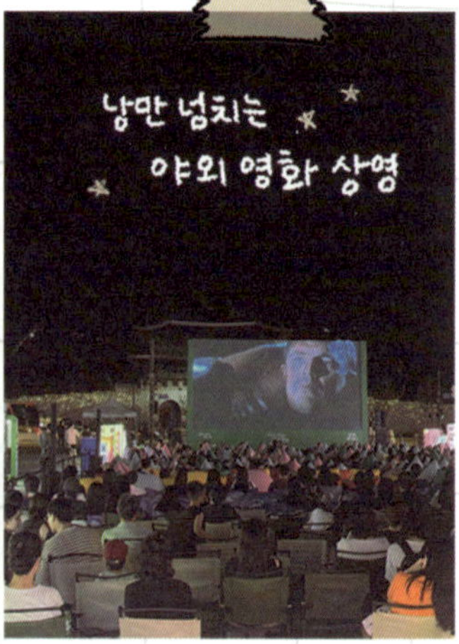

Gwanghwamun

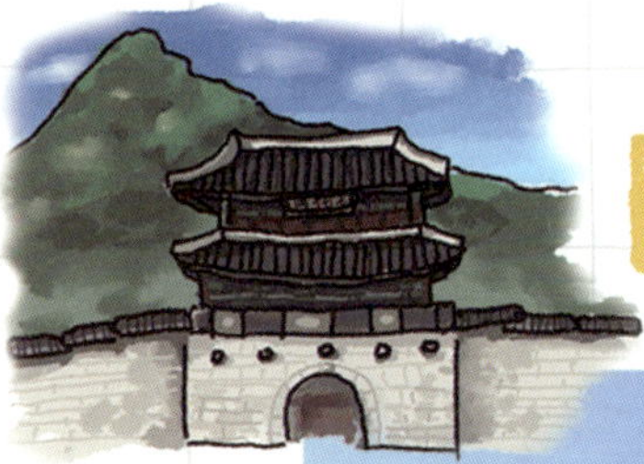

門化光

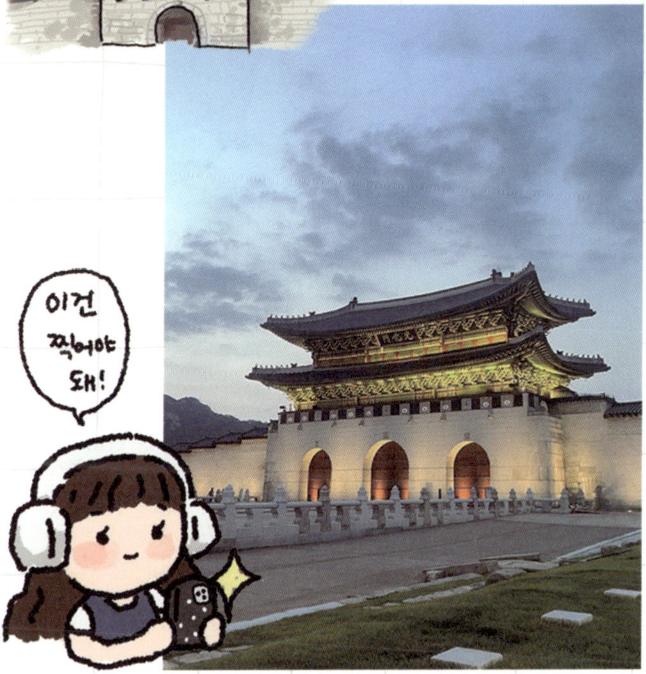

카메라 켤 수밖에 없었던 풍경♥

빌딩들로 빽빽한 서울에서

시야가 시원하게 확- 트이는 곳이다

미쉐린가이드 서울

광화문국밥

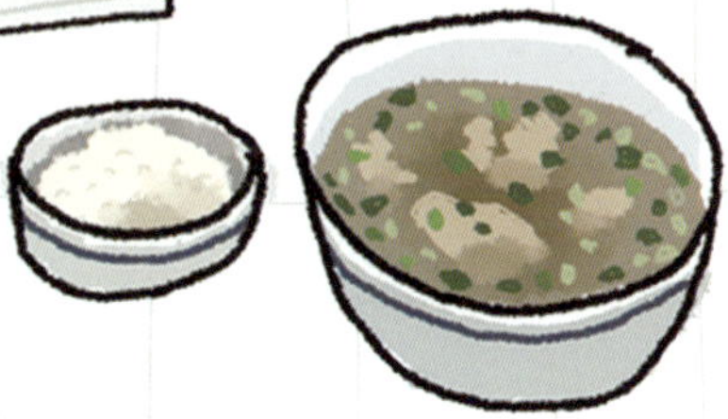

광화문국밥

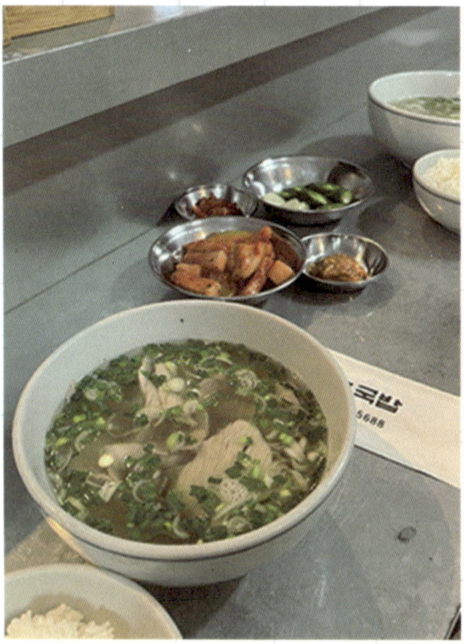

깔끔하고 담백한
돼지국밥 맛집.
처음엔
평양냉면처럼
슴슴할 줄 알았는데,
맑은 국물 안에
진한 맛이 숨어
있다. 밥 한 공기
뚝딱 비우고,
국물까지 싹 마셔 버림.
은근한 중독성 있는 맛
이다.

오제제

줄 서는 돈까스 맛집.
비계와 살코기의 밸런스가 좋은 등심가츠는
씹는 맛이 좋았고, 얼음 위에 나오는 초록색
'말차 자루 우동'은 비주얼부터 압도적이다.
얼음 위에 나와서인지 쫄깃 탱글한 식감이 살아있다.

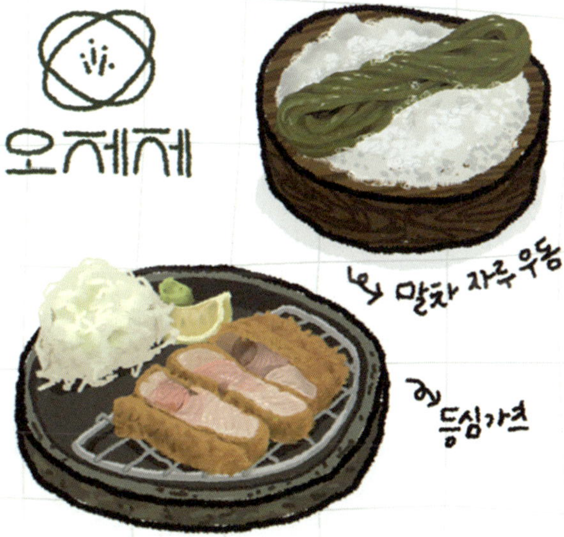

디타워

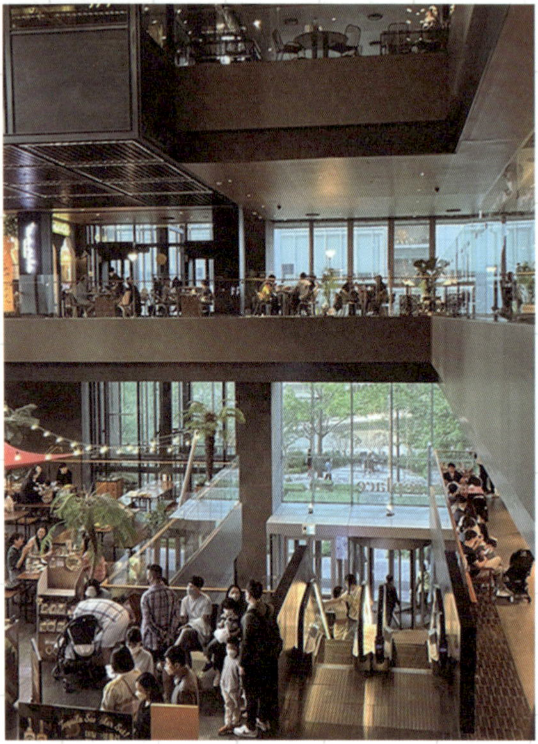

다양한 종류의 식당들이 있어서
뭘 먹을지 고민될 땐, 일단 들어가고 본다.
통창 너머로 내려다보이는 서울 도심 뷰가
식사에 여유와 분위기를 더해준다.

Gwanghwamun

타마린드

고급스럽고 분위기 좋은 아시안 퓨전 레스토랑.
정통 동남아 요리를 현대적으로 재해석한 메뉴들이 있다.

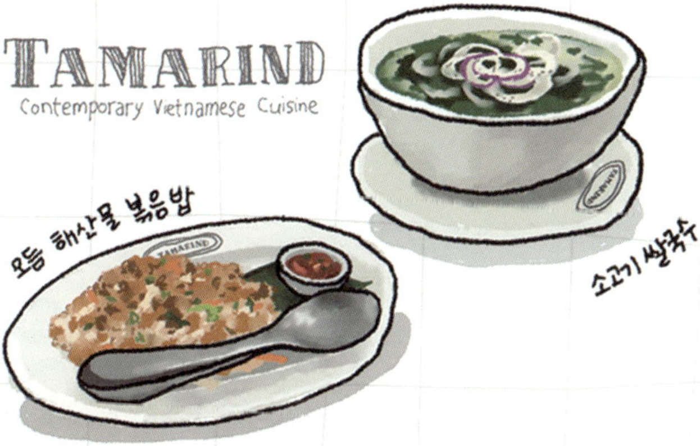

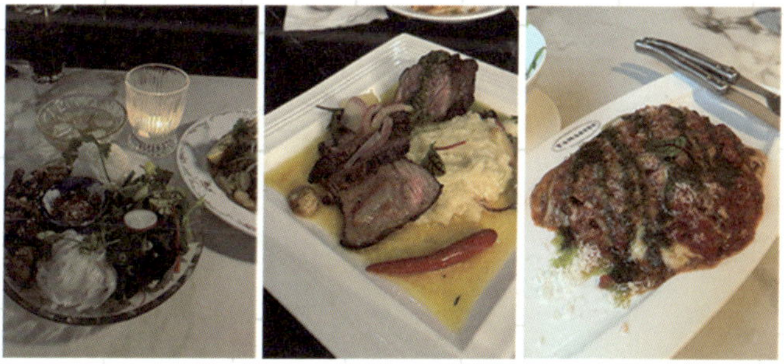

가족, 친구들과 정말 자주 간 또간집

폴리스

창밖으로 초록초록한
뷰가 펼쳐지는
뉴욕 스타일 피자집.
반반피자인
'페이보릿 콤보'
덕분에 두 가지 맛을
모두 즐길 수 있어 좋다.
친구랑 피맥(피자+맥주)했었는데,
맥주 종류도 다양했고 짭짤한 피자와 잘 어울렸다.

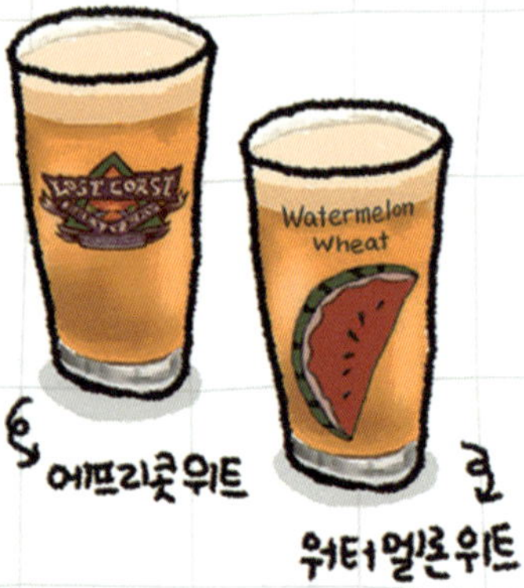

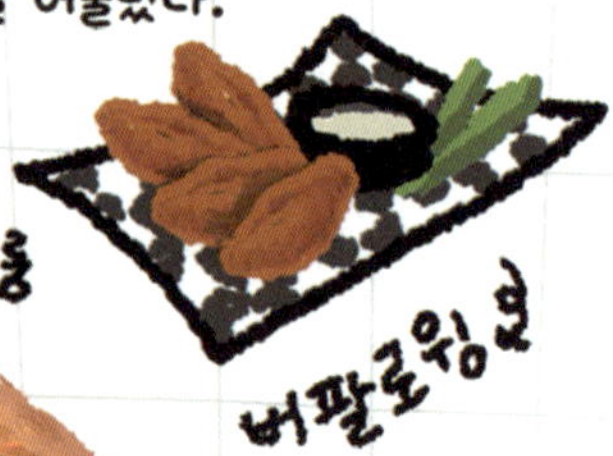

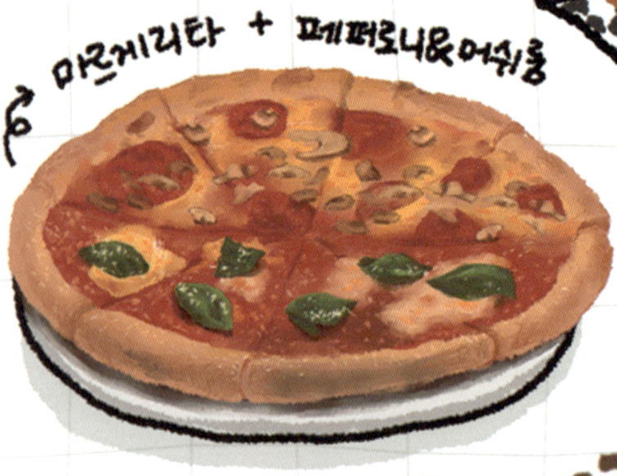

paulie*s

Gwanghwamun

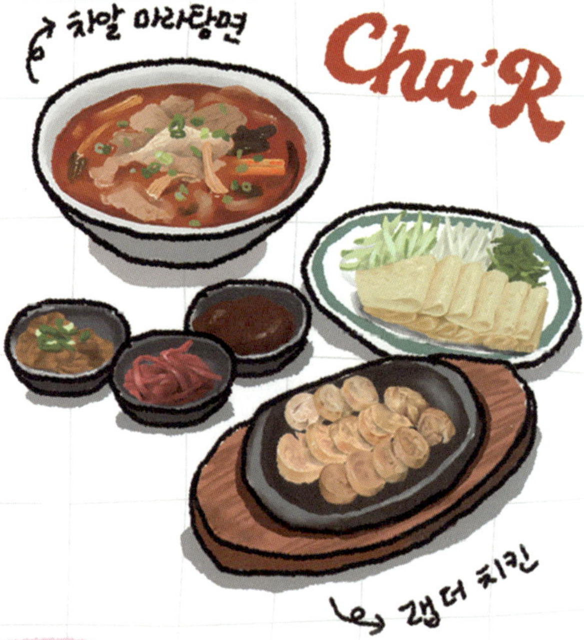

차알

아메리칸 중식당으로 이국적인 음식들을 즐길 수 있다.
세련되고 깔끔한 분위기에
전반적으로 음식 퀄리티가 높고, 크게 자극적이지
않아 다 먹고도 속이 더부룩하지 않았다.
깔끔하게 즐기기 좋은 중식 맛집.

5 마곡역

가볼 만한 곳

서울식물원, 마곡하늬공원,
LG아트센터 서울, 코엑스마곡

서울식물원

규모도 커서 산책하듯 천천히 둘러보기 좋고,
처음 보는 신기한 식물들이 많아 보는 재미가 있다.
특히 온실 속 열대 식물들이 인상적이었다.

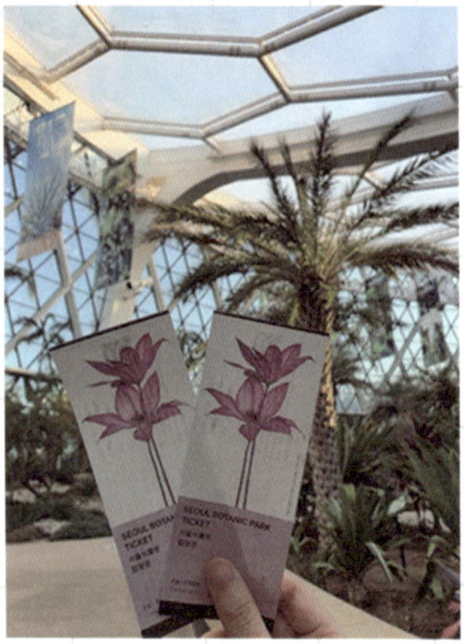

큰 쟁반 같던
열대 지역
수생식물

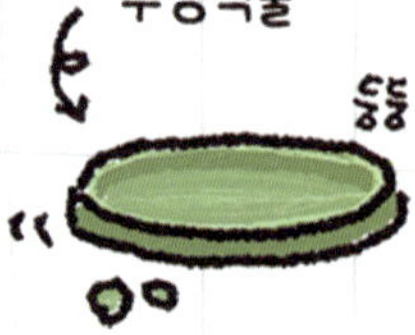

식물원
재밌는지
첨 앎

SEOUL
BOTANIC PARK

빵쌤

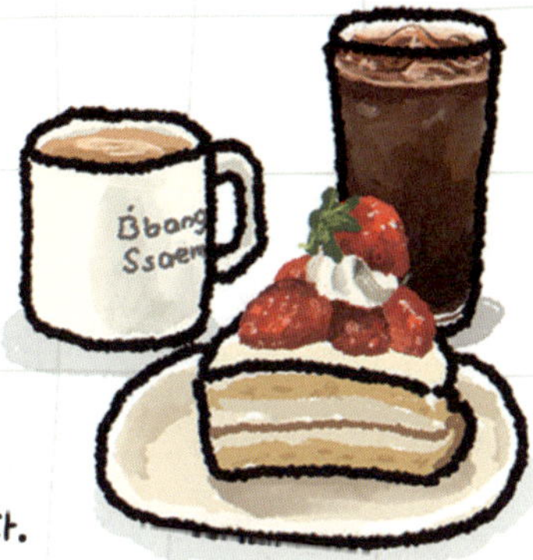

1,2층으로
굉장히 넓어서
카공, 작업하기
좋은 카페.
식물원 같은 싱그러운
인테리어가 인상적이고,
빵 종류도 다양하고 맛있다.

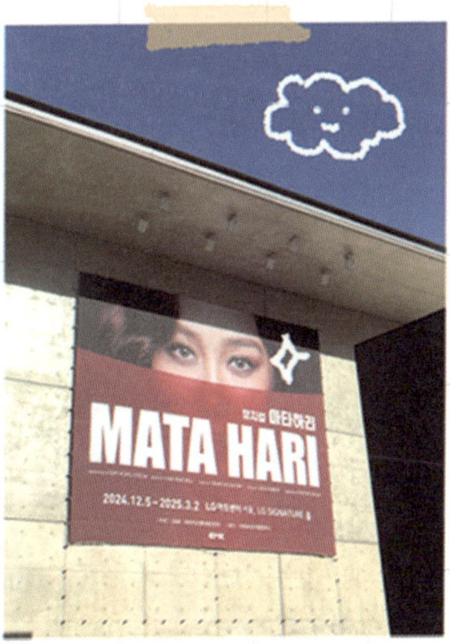

LG아트센터 서울

지어진 지 얼마 안 된
최신식 공연장이어서
쾌적하고 탁 트인
로비가 인상적인 곳.
여기서 뮤지컬
<마타하리>를 봤는데
무대와 연출,
배우들의 열연 덕분에
몰입감이 엄청났다.

Magok

더숲

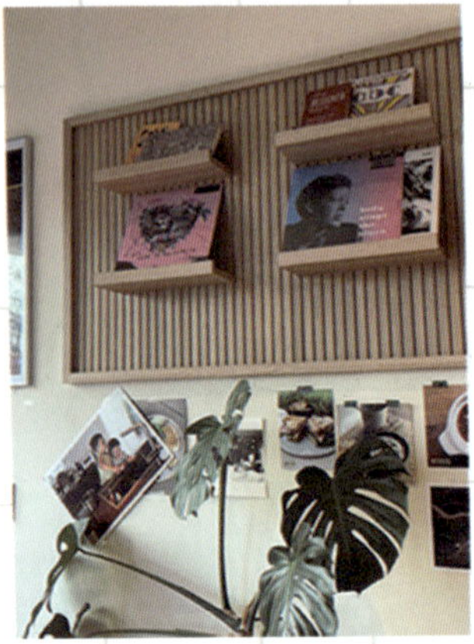

언니랑 공연 보기 전
들렀던 아담한
브런치 카페.
공간이 아늑하고
음식 플레이팅도 예뻐
사진 찍기 좋았다.
맛은 마치 엄마가 해준
홈메이드 브런치 같아
더 따뜻하게 느껴졌다.

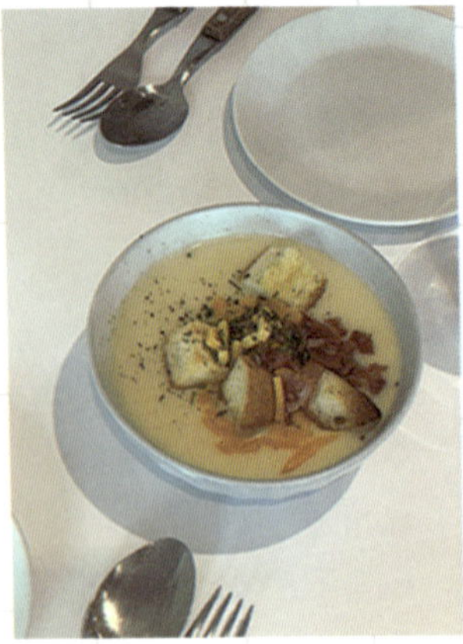

감자 베이컨 스프

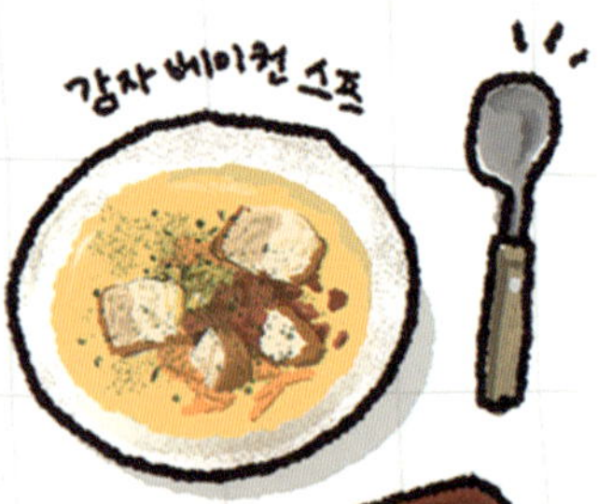

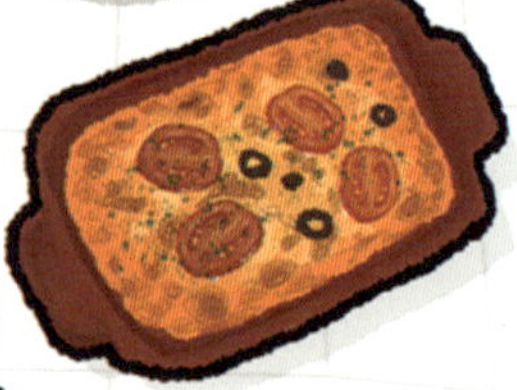

김치
베이컨
그라탕

더왓에버

천창이 높아 탁 트인 개방감에
여유로운 분위기가 좋았던 브런치 카페.
반려견 동반이 가능해 귀여운 강아지 손님들도 있었다.
'프렌치 토스트 플레이트'는 촉촉한 프렌치 토스트에
샐러드, 소세지 등 구성이 알차서 좋았고,
'빠쉐파스타'는 해산물이 들어간 토마토 베이스의
얼큰한 국물 파스타라 느끼하지 않아 맛있었다.

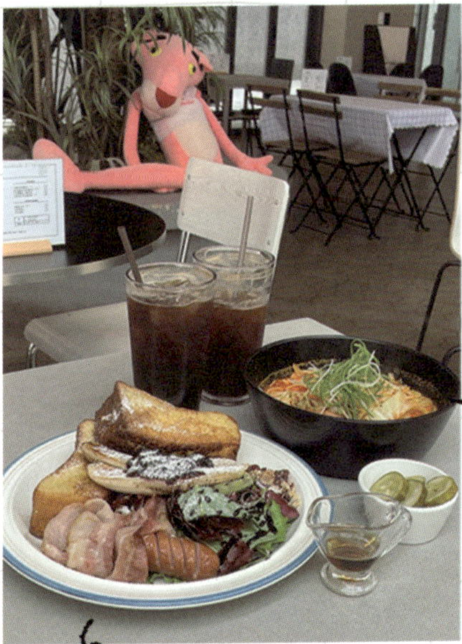

프렌치 토스트 플레이트

빠쉐파스타

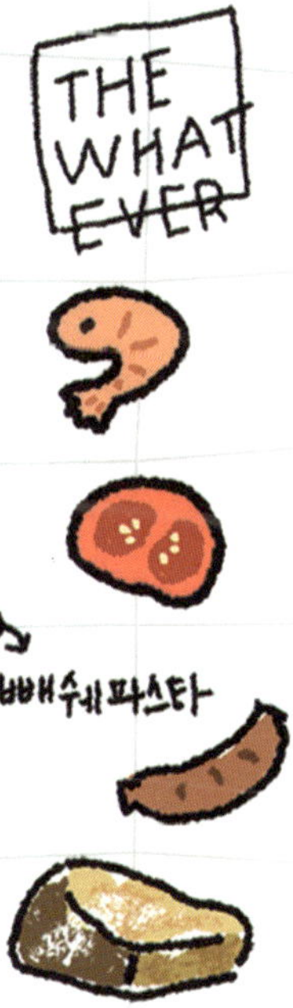

Magok

5 종로 3가역

가볼 만한 곳

종묘, 서순라길, 탑골공원, 익선동
낙원상가, 종로 귀금속 거리

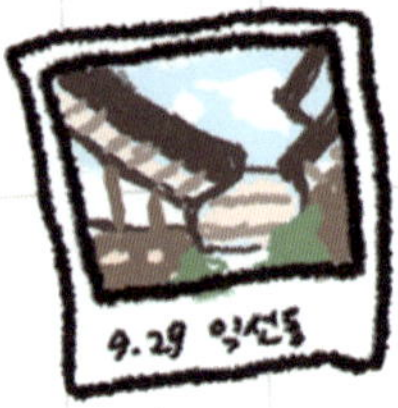

익선동

한옥의 고즈넉함과 요즘 감성이 공존하는 동네. 좁은 골목골목 감성 넘치는 가게들이 숨어 있다. 볼거리도 많고, 언제나 사람들로 북적이는 곳.

오죽이네

'닭매운탕'이라는 것을 처음 먹어봤는데, 칼칼하고 시원한 국물이 매력적이다. 사리는 꼭 추가할 것!

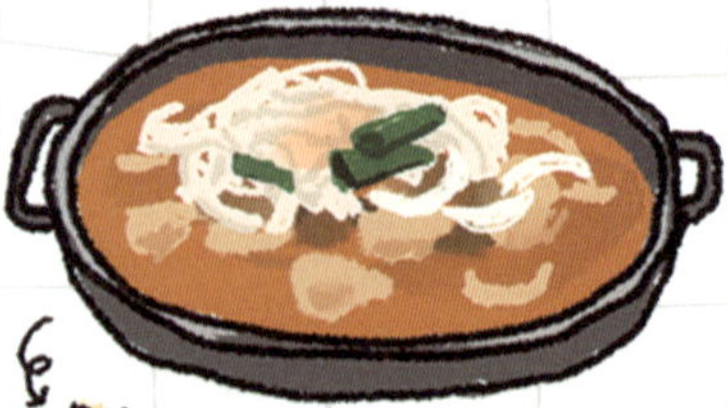

익선고로

익선동에 오면 꼭 먹어줘야 하는 시그니처 아이스크림!
초록색 콘에 보라색, 분홍색 아이스크림 색감이 너무
예뻐서 들고
사진부터 찍게 된다.
베리 맛보다는
거의 바닐라
아이스크림 맛이다.
위에 살짝 새콤한
가루가 뿌려져
있는데 이게 은근히
킥이다.

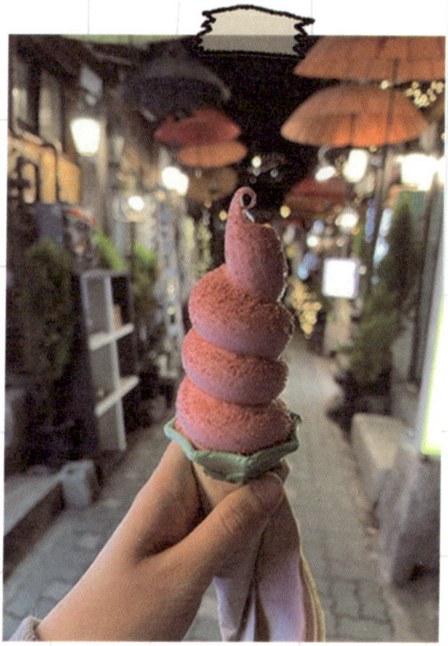

얘는 라즈베리!

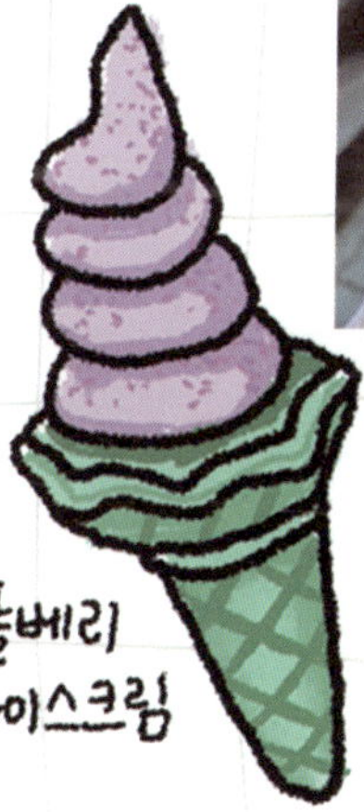

퍼플베리
아이스크림

블루베리맛이
내 취향!

Jongno
3(sam)-ga

서순라길

레트로함과 힙함이
공존하는 길.
아기자기한 가게들과
감성 카페가 많아
요즘 정말 핫한
곳이다. 한가롭게
여유를 즐기러 갔는데,
주말은 물론이고
평일에도 사람이
정말 많았다.

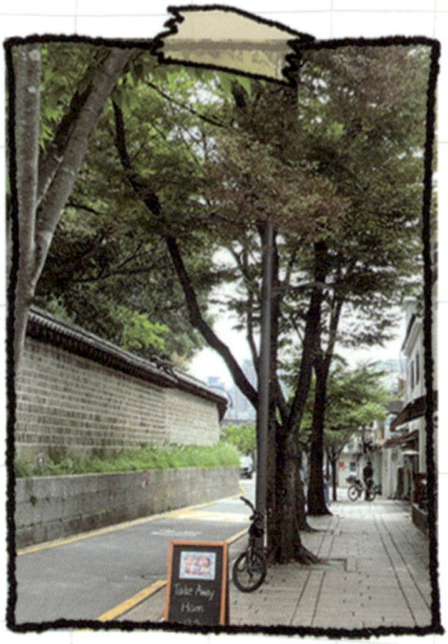

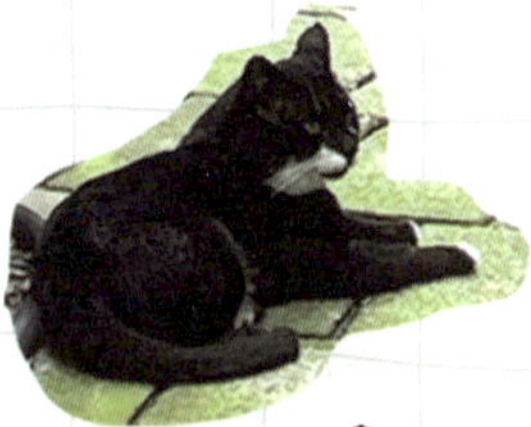

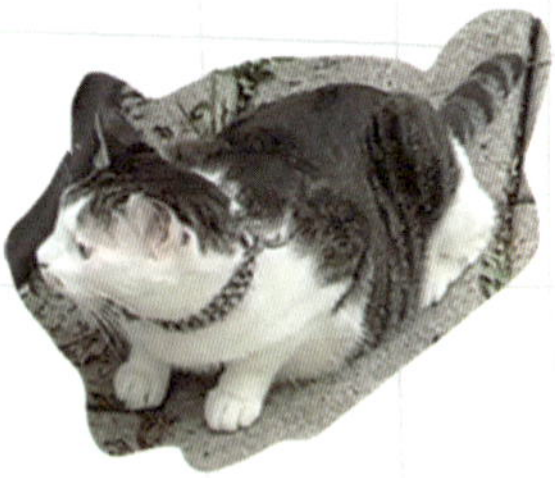

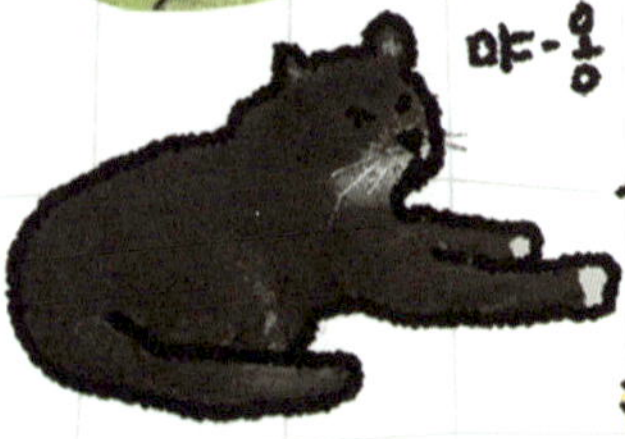

먀-옹

길 곳곳에서
귀여운 야옹이들도 잔뜩 봄

잘빠진메밀

아담한 한옥을 개조해서 아늑하고
운치 있다. 전반적으로 양이 정말 푸짐해서
든든한 한 끼를 즐기기 딱 좋다.

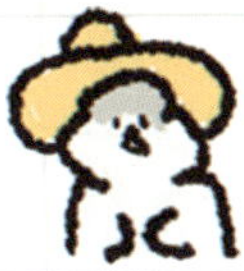

잘빠진 술상&육회

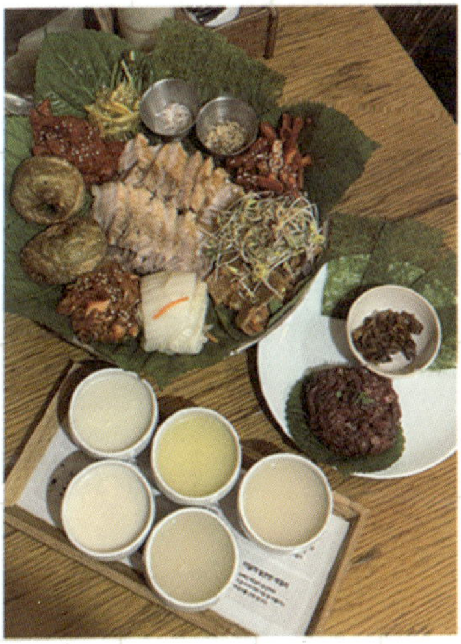

맛있는 것만 쏙쏙 모은
'잘빠진 술상' 강력 추천!
감태에 수육, 코다리무침,
무말랭이까지 듬뿍 올려서
싸 먹으면 정말 맛있다.

수육 푸짐하고
건강한데 맛있는!!
분위기도 서순라길이랑
찰떡임ㅠㅠ

달큰한
막걸리 샘플러

물막국수

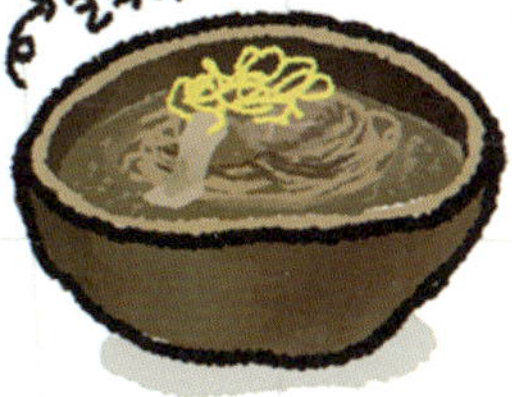

트마리

루프탑 뷰가 좋다는
리뷰를 보고 찾아간 카페.
루프탑으로 올라가는 길이
조금 난도가 있는데,
사다리를 타고
숨겨진 다락방으로
가는 느낌이 들었다.
그렇게 힘들게 올라가
고개를 들자,
탁 트인 뷰가 펼쳐졌다.
돌담길과 초록초록한
나무들이 어우러져
정말 멋졌다.
디저트로는 딸기 치즈케이크를
먹었는데, 소포처럼 포장된
포장지를 풀면 네모난
정육면체 모양의 케이크가
나온다. 귀엽고 독특한
비주얼에 반했다.

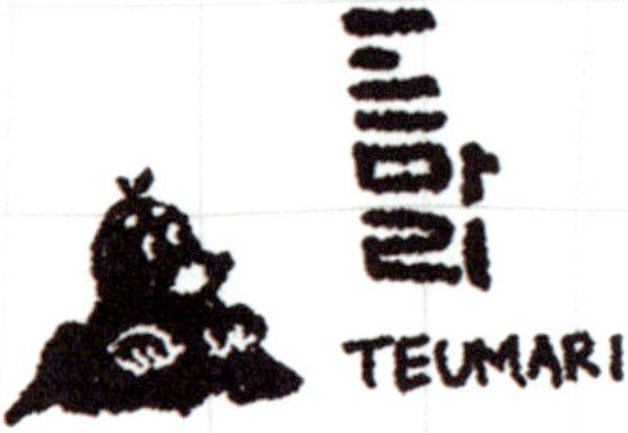

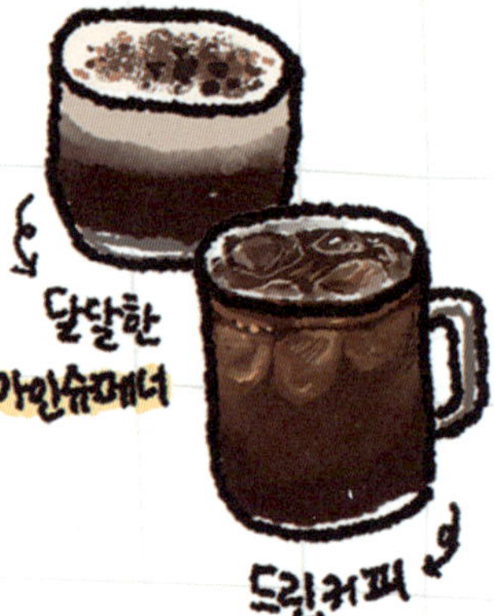

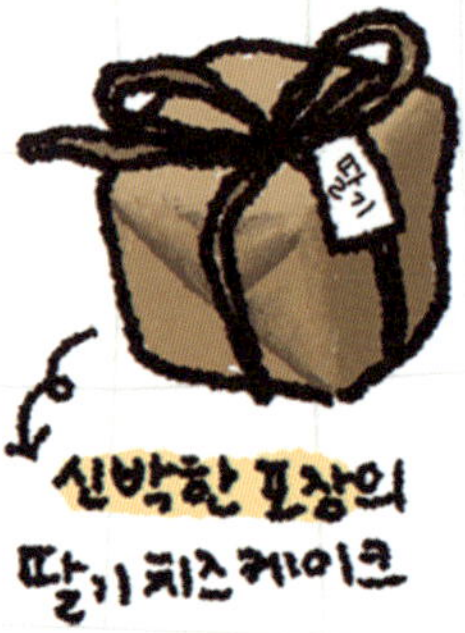

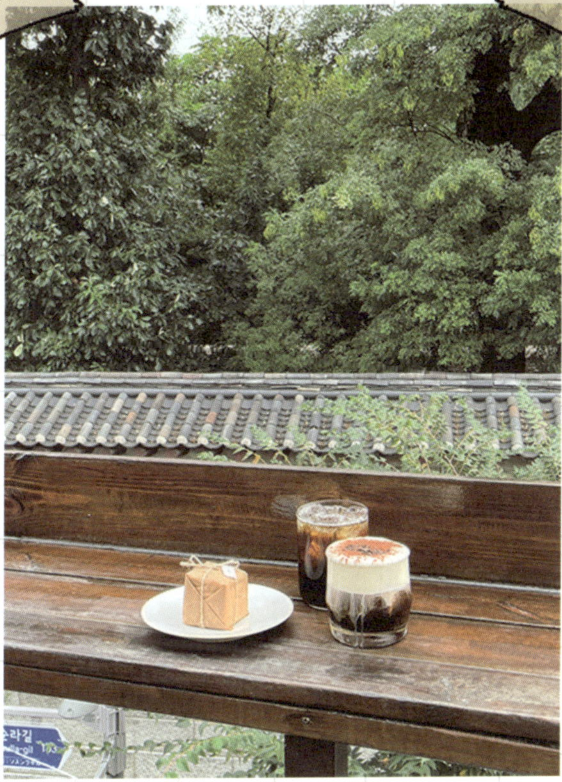

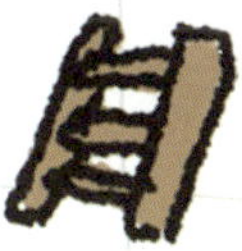

루프탑뷰가 정말 멋진데
거의 사다리타고 올라가야 함...
호달달...

Jongno
3(sam)-ga

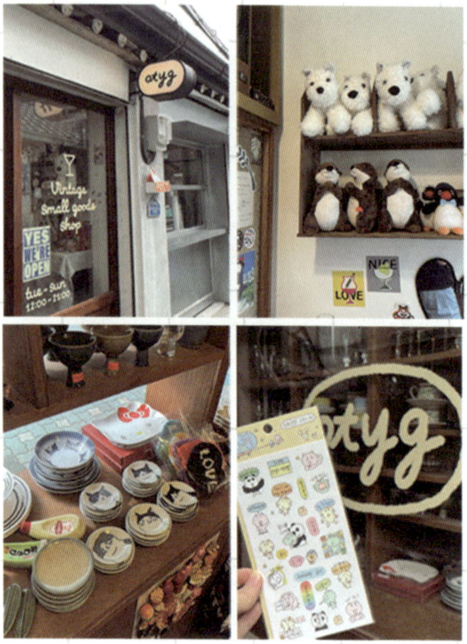

otyg

귀염뽀짝한
빈티지소품샵

초☆긍정 스티-카

오티그

귀여운 소품들로 가득 찬 아담한 소품샵. 빈티지 제품부터 다양한 캐릭터 굿즈까지, 소장 욕구 차오르는 곳이다. 나는 여기서 귀여운 초긍정 스티커를 득템했다.

Yes I can
(나는 캔입니다)

So
cute

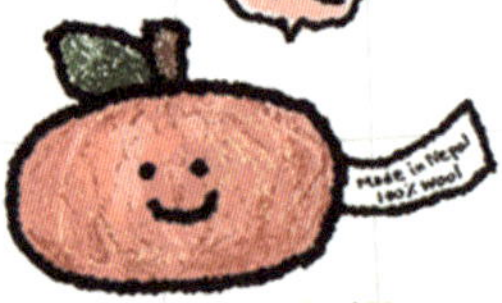

납작복숭아
wool 키링

라르티스타

L'ARTISTA

큰 창 너머로 보이는
한옥 뷰가 정말 멋진 카페.
평상 좌석도 있고,
밖에 수영장 같은 공간도
있어 밤에는 분위기가
더욱 근사하다.
노트북 작업이
불가한 점은
조금 아쉬웠지만,
덕분에 시원한
커피 한 잔
마시며 오랜만에
여유를 제대로
즐겼다.

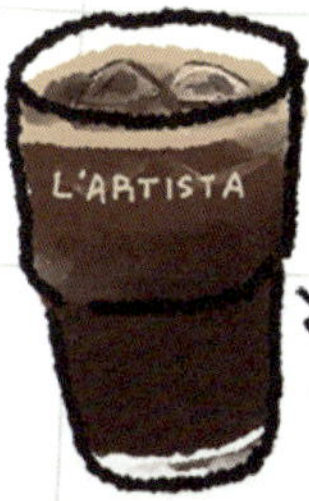

아아 드링킹~~

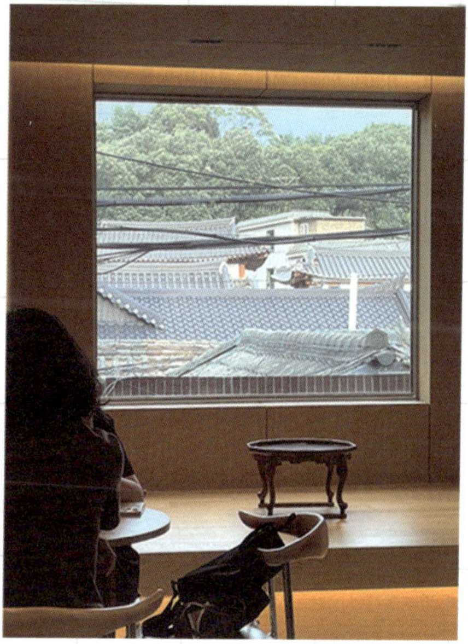

2층에서 보는 한옥뷰가 예쁘다!

Jongno
3(sam)-ga

브릿지파노라마

찾아가는 길이
꽤 복잡해서
조금은 험난했지만,
카페에 들어서는
순간 '여기에 이런
곳이 있었다고?'
싶을 만큼 놀랐다.
층고가 높아
개방감이 좋고,
공간 자체도 넓다.
천장이 유리로
된 부분이 있어서
햇살이 들어올 때
특히 예쁘다.
조용한 분위기
덕분에 집중이
잘 돼, 카공이나
작업하기에 딱 좋다.

숨겨진 꿀 카페!
햇살 들어올 때
넘 예쁘다♥

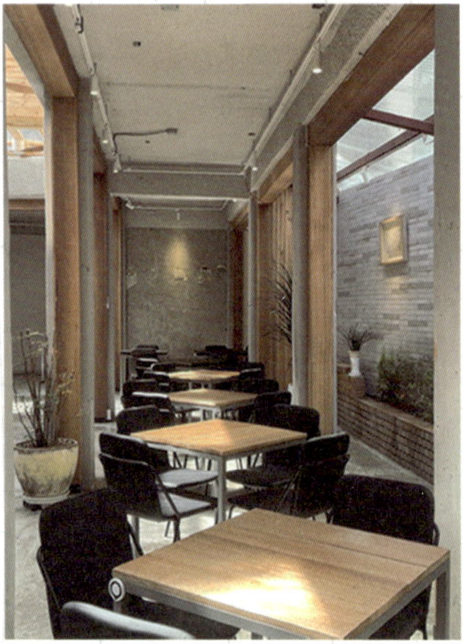

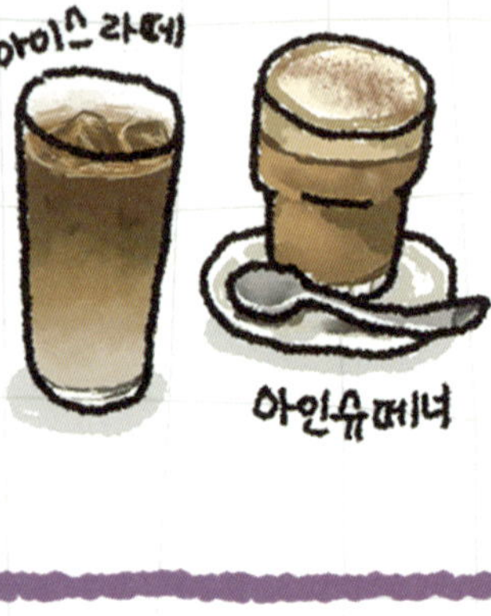

실버 영화관으로 변신한 옛 허리우드 극장.
주로 추억의 영화를 상영한다

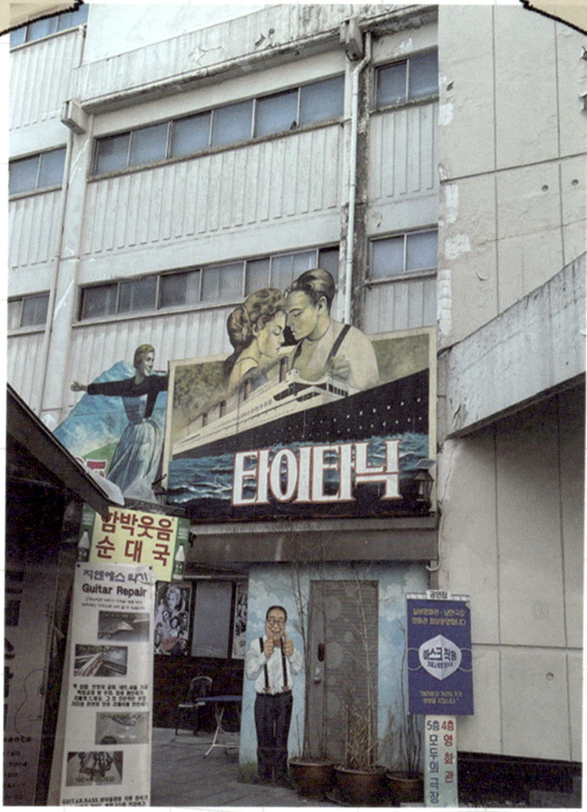

과거로 시간 여행 온 듯한 레트로 감성 가득한 종로.
오래된 간판과 벽화가 그 시절 이야기를 품고 있다.

Jongno
3(sam)-ga

5 발산역

가볼 만한 곳

YES24 강서NC점, 서울식물원, 습지생태공원

어나더사이드

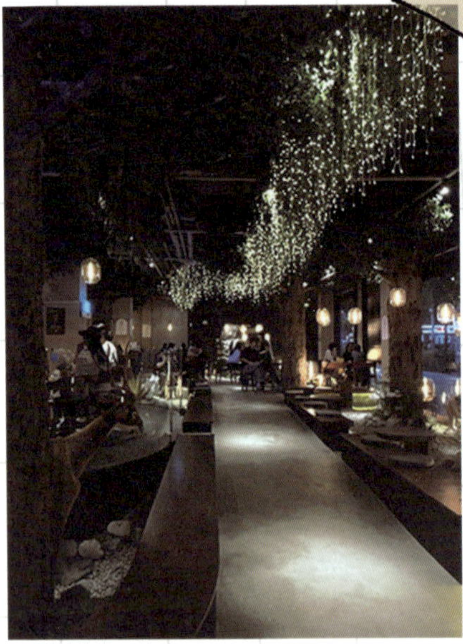

숲속 느낌의 분위기 깡패카페

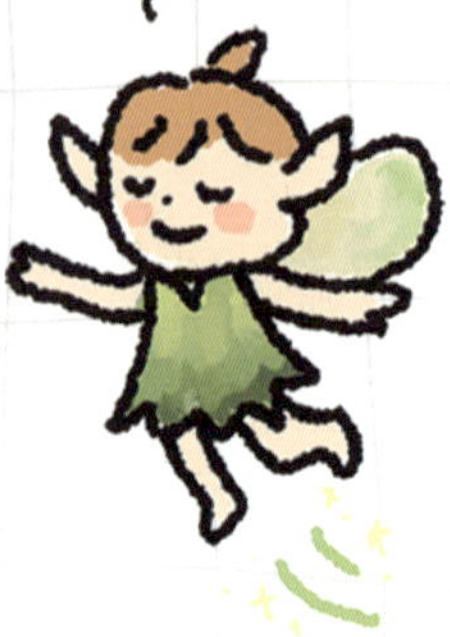

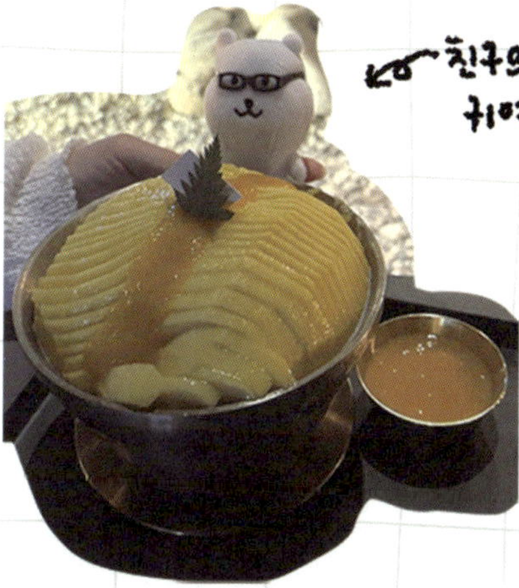

친구의
귀여운 곰(?)과..♥

이 망고소스까지
뿌려먹으면..
최고의 망빙!

인테리어가 감각적인 카페.
나무, 연못, 자갈길 등으로
꾸며져 도심 속 작은 숲에
들어온 듯한 기분이 든다.
조명이 은은하게 공간을 밝혀
분위기가 더욱 포근했다.
친구랑 먹은 생망고빙수는
망고가 듬뿍 들어가고
달콤한 소스까지 더해져
만족스러운 맛이었다.

생망고빙수

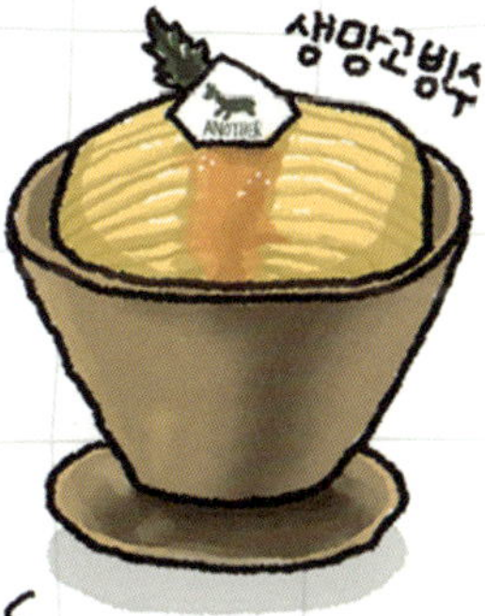

비싼만큼 망고 정말 많이
들어있고 맛있음!

Balsan

YES24 강서NC점

8층과 9층을 연결하는 거대한 미끄럼틀이 있는
이색적인 서점.
특정 시간대에만 운영돼 직접 타보진 못했지만,
서점 안에 미끄럼틀이 있다는 점만으로도
강렬한 인상을 준다.
다른 한쪽은 통창으로 되어 있어
탁 트인 뷰를 보며 책을 볼 수 있다.

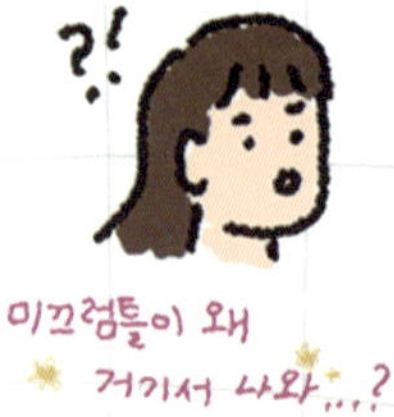

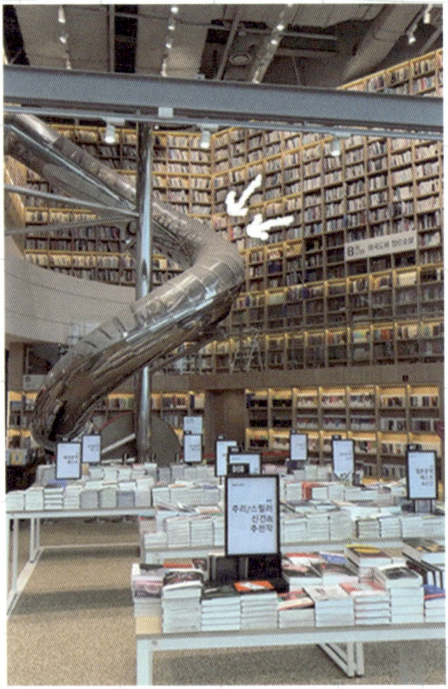

신세계포차

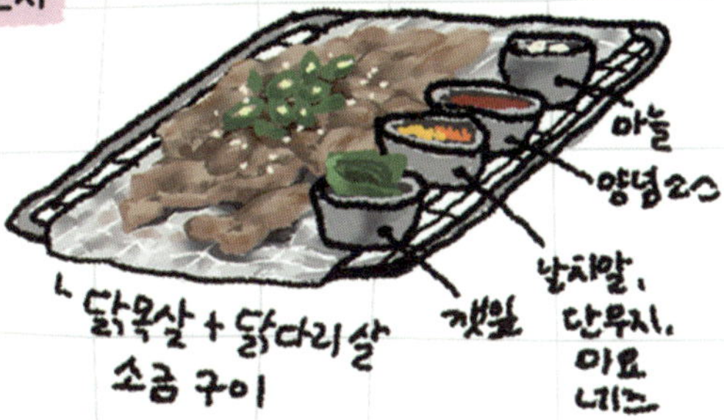

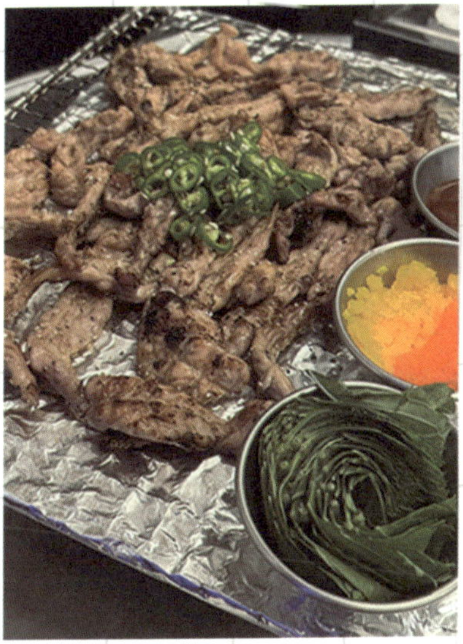

근처에서 일하는
친구가 데려간
닭목살구이 맛집.
날치알 마요 소스에
찍어 먹으니
고소하고 짭짤하면서
탱탱한 식감까지!
느끼하지 않고
담백해서 계속
손이 갔다.

닭목살은 처음 먹어 봤는데
이렇게 맛있는 거였다니...!

Balsan

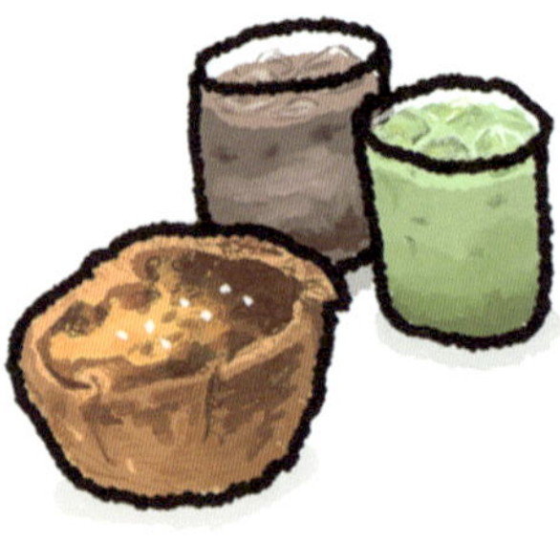

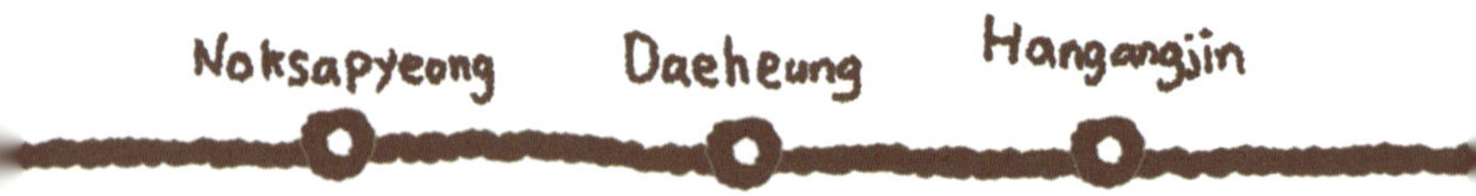
Noksapyeong
Daeheung
Hangangjin

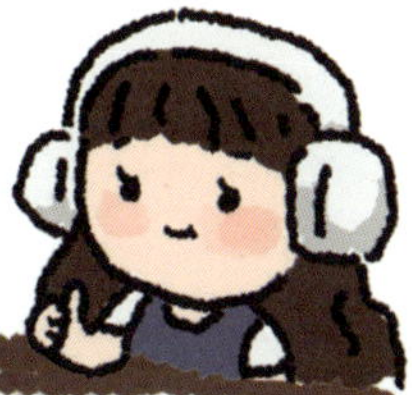

6호선

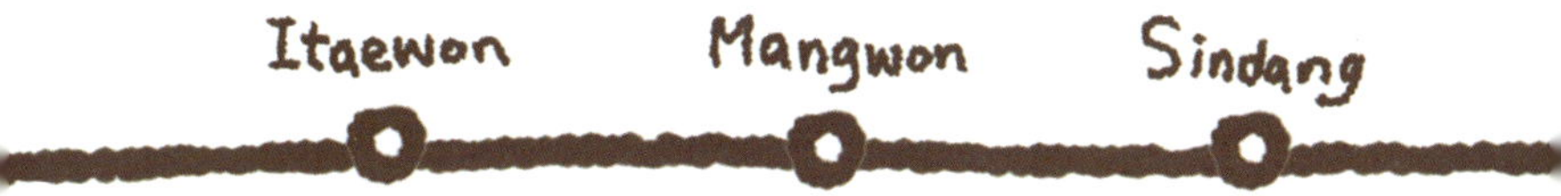

브라운 라인

Brown Line

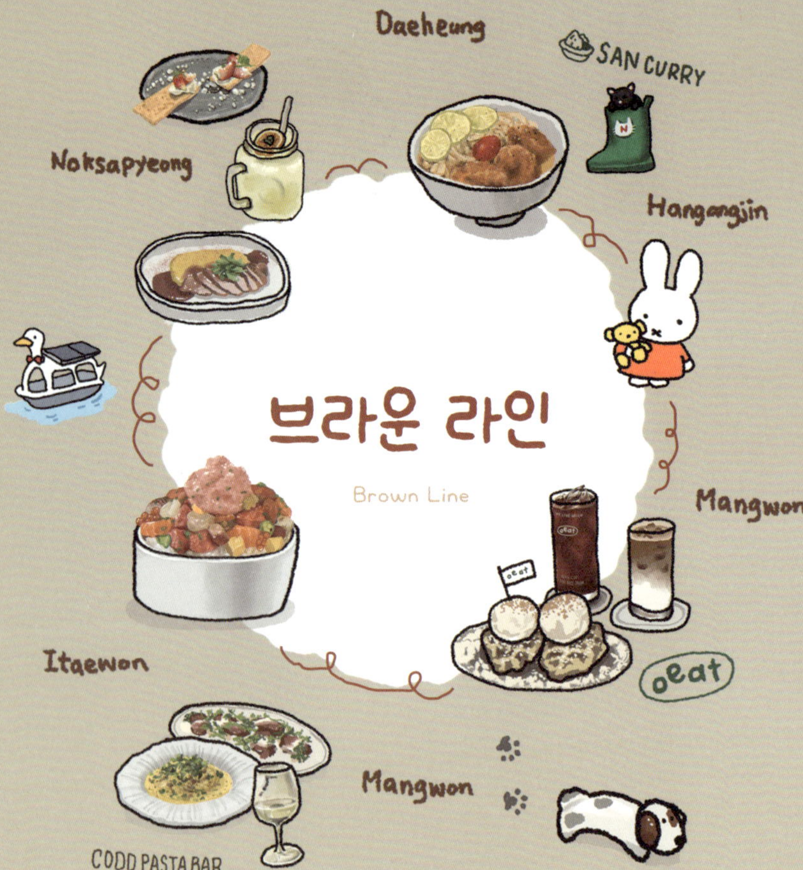

6호선에서 3호선으로 갈아탈 때는 정신을 바짝 차려야 한다. 왜냐하면 6호선 끝자락에는 이른바 '버뮤다 응암지대'라 불리는 구간이 있기 때문이다.

어느 날, 피곤한 몸을 이끌고 6호선에 올랐다. 응암역 두 정거장 뒤인 불광역에서 내려야 하는 나는, 응암역임을 확인하고 잠시 눈을 붙였다. 그런데 눈을 떴을 때도 여전히 응암역이었다. '설마 이렇게 잠깐 졸았다고?' 어안이 벙벙한 순간, 내가 이미 지나온 역으로 되돌아가고 있다는 사실을 깨달았다.

그렇다. 여기는 응암에서 출발해 다시 응암으로 돌아오는 도시의 작은 미스터리 '버뮤다 응암지대'였다. 이 구간은 열차가 한 방향으로만 운행하고 반대로 가는 열차가 없어서 잘못 내렸다간 엄청난 대가를 치러야 할지도 모른다.

그날 이후로 나는 6호선을 탈 때마다 약간의 긴장감을 느낀다. 이 혼란스러운 경험을 한 게 나뿐만이 아니었고, 심지어 별칭까지 붙어 있었다는 사실이 상당히 흥미로웠다.

그러니 마지막으로 한마디만 하겠다.

다들 응암역을 조심하라고!!

6
녹사평역

가볼 만한 곳

해방촌, 신흥시장, 경리단길,
남산공원 순환산책로

해방촌

녹사평역에서 마을버스를 타고
언덕길을 따라 조금만 올라가면
아기자기한 가게들이 하나둘 나타난다.
(걸어서도 갈 수도 있지만,
경사가 꽤 가팔라 마을버스를 추천..)
힘들게 올라간 만큼,
위에서 마주하는 서울 시내 전경은
가슴이 탁 트이는 멋진 풍경이다.
남산타워도 손에 닿을 듯 가까이 보인다.
로컬스러움과 이국적인 감성이 뒤섞인
서울 도심 속 숨겨진 낭만의 동네.

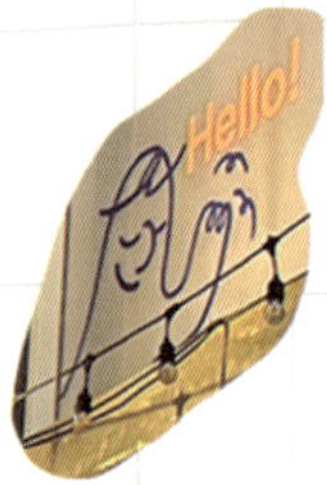

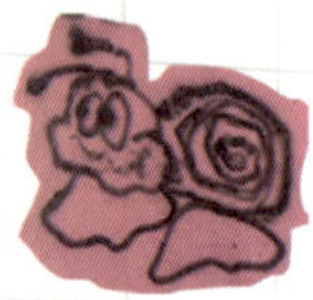

(위) 귀여운 낙서들

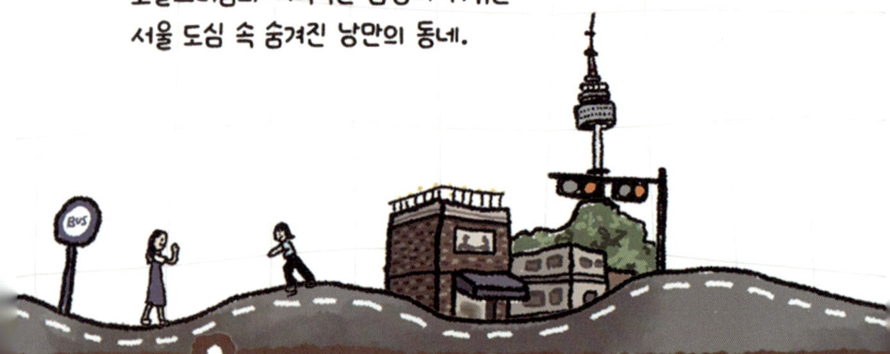

Noksapyeong

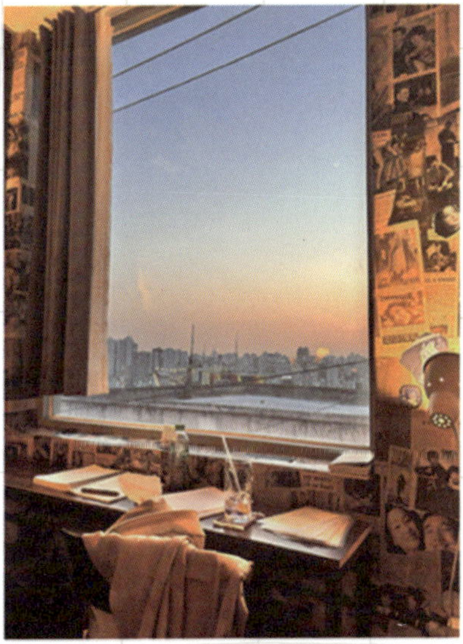

↳ 분위기 미쳤고...
노을뷰 맛집!!

카페타자기

노을 맛집인지 모르고 갔는데, 마치 일부러 시간 맞춰 간 것처럼 멋진 노을을 볼 수 있었다. 일몰 하늘의 그라데이션이 정말 아름다웠다. 자리마다 놓인 타자기들도 이곳만의 분위기를 완성해줬다.

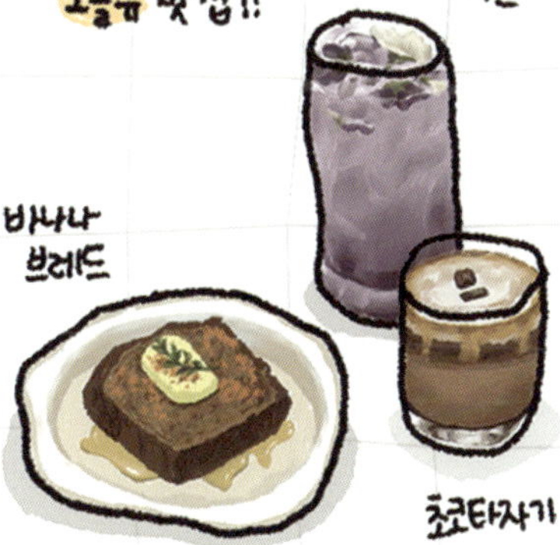

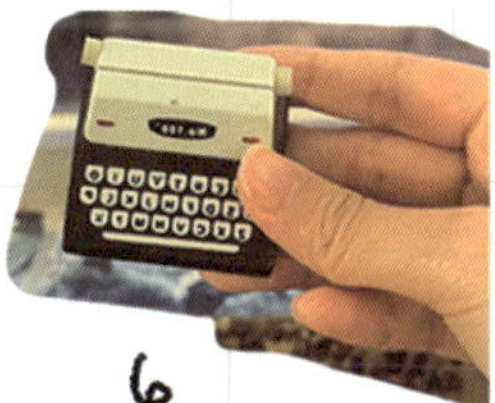

↳ mini
타자기
>_<

데칼코마니

평소에 접해보지 못한 메뉴들이 많아
어떤 맛일지 더욱 기대됐다.
주문한 음식마다 플레이팅도 예쁘고,
맛도 훌륭했다.
특히 리뷰에서 추천이 많았던
'꿀대구'는 부드러운 대구살에
은은한 단맛이 더해져
입안 가득 인상적인 여운을 남겼다.

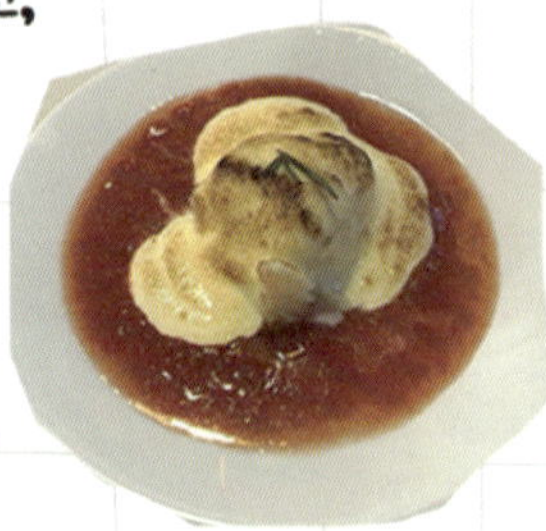

Décalcomanie

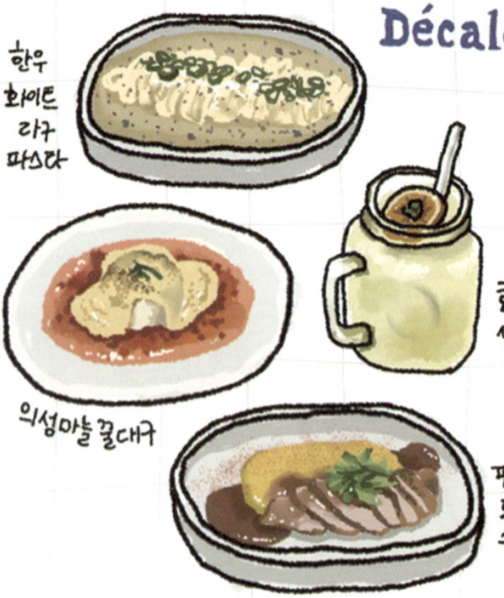

Noksapyeong

오잇

해방촌 나만의 또간집.
처음 갔을 때 루프탑에서
보이던 남산타워 뷰가
너무 인상 깊었고,
건물 전체가 통째로
카페라 넓고 쾌적한
분위기가 마음에 들어
다시 찾게 됐다.
통창 덕분에 실내에서도
시원한 뷰를 여유롭게
즐길 수 있다.

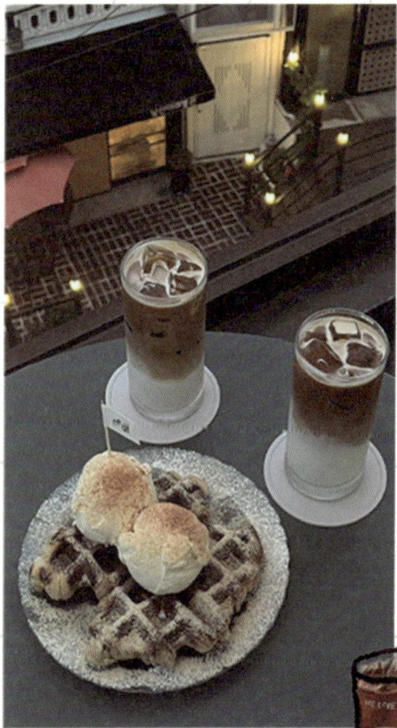

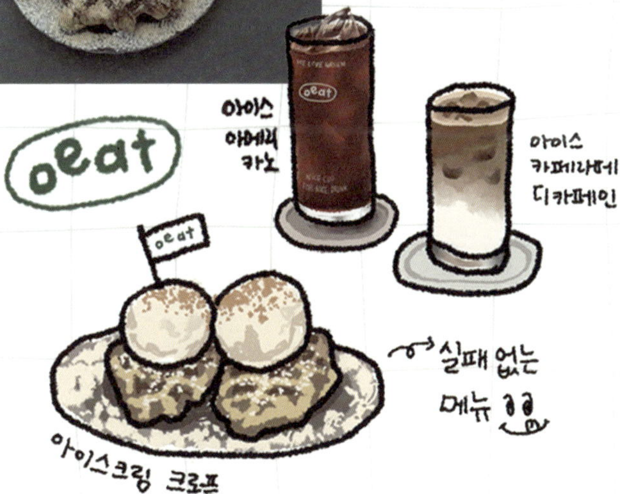

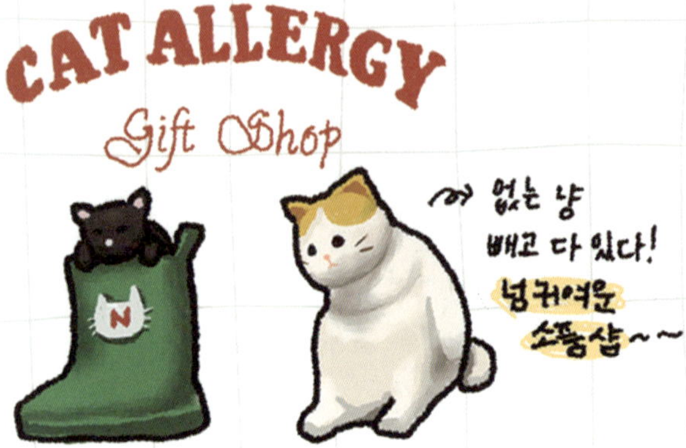

고양이알레르기

친구가 데려가 준 귀여운 고양이 소품샵. 세상에 존재하는 고양이 아이템은 다 여기에 있는 듯했다. 가게 이름부터 너무 귀여웠는데, 알고 보니 고양이 알레르기가 있는 집사님이 운영하시는 곳이라고..!
고양이 집사라면 꼭 한번 방문해 보길!

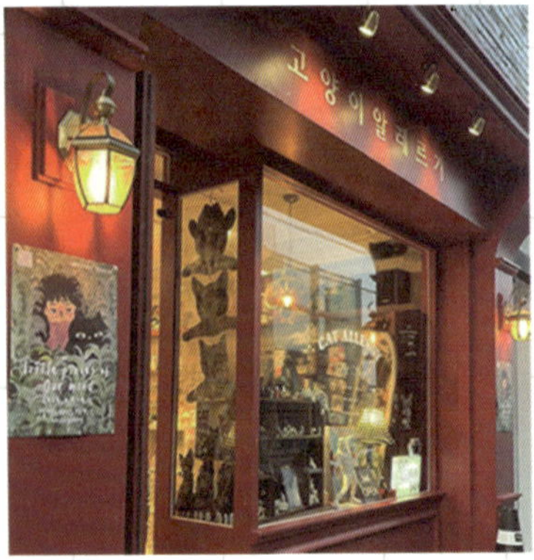

Noksapyeong

해방촌 혼고

친구가 예약하고 데려가 준 곳!
작고 아기자기한 가게라
아지트같이 아늑하고
분위기가 좋았다.
'오늘의 추천 고기'를
주문했는데,
이날은 살치살이었고
매주 바뀐다고 한다.
귀여운 미니 화로에
직접 고기를 구워 먹는
재미도 쏠쏠하고,
우리에겐 별 관심 없던
귀여운 강아지도 매력 만점.

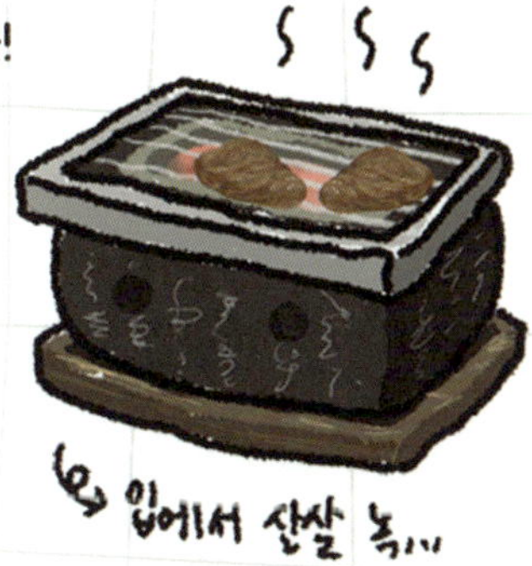

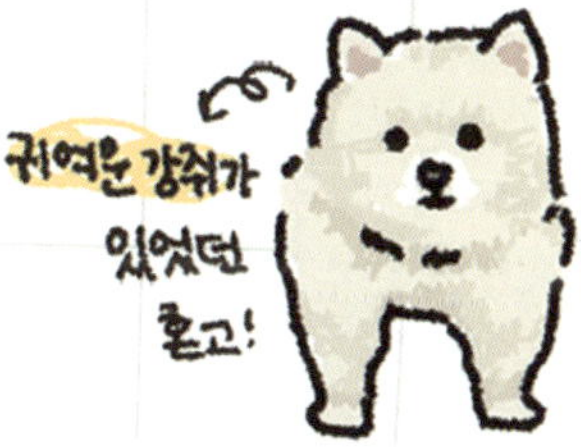

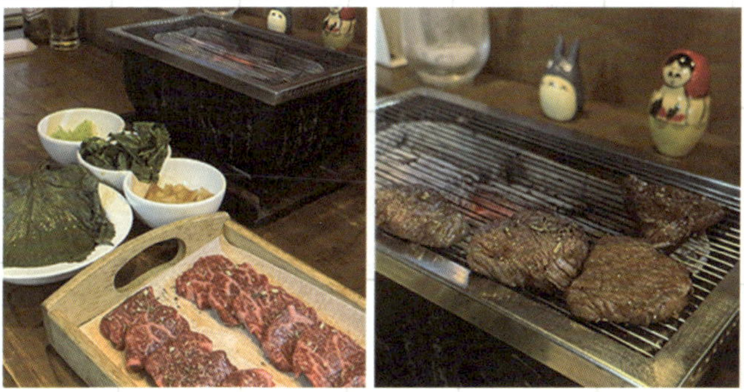

6 대흥역

가볼 만한 곳

경의선숲길공원, 서강대학교, 마포아트센터

오롯로바타

믿고 먹는 블루리본 맛집

문 앞에 붙은 파란 리본들이 기대감을 한껏 높였는데, 막상 들어가서 먹어보니 그 기대를 뛰어넘는 맛이었다. '지라시 카이센동'을 주문했는데, 큐브 형태로 썰은 회가 듬뿍 올라가 있어 비주얼부터 압도적이고 정말 맛있었다.

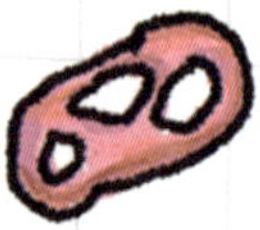

식감이 독특하고 맛있었던 연근피클 카이센동이랑 찰떡!

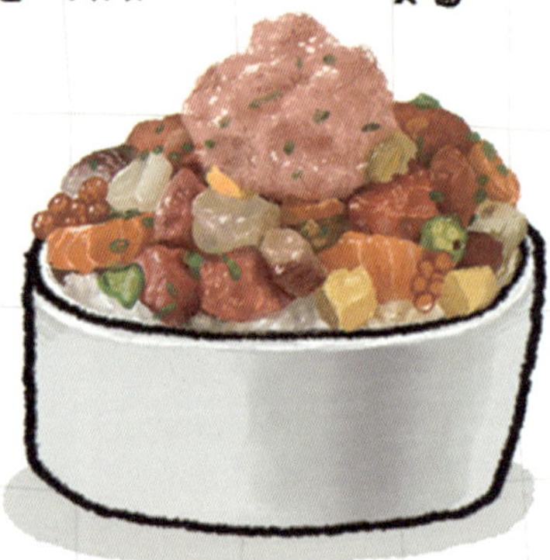

지라시 카이센동

Daeheung

나이스워크투데이

nwt

이름처럼 일하기 정말 좋은 카페. 넓은 테이블에 콘센트도 잘 마련돼 있어 집중이 잘 되는 작업 공간이다. 특히 이곳의 하이라이트는 창밖 뷰! 폴딩도어까지 열면 나무들과 한 뼘 더 가까워진다.

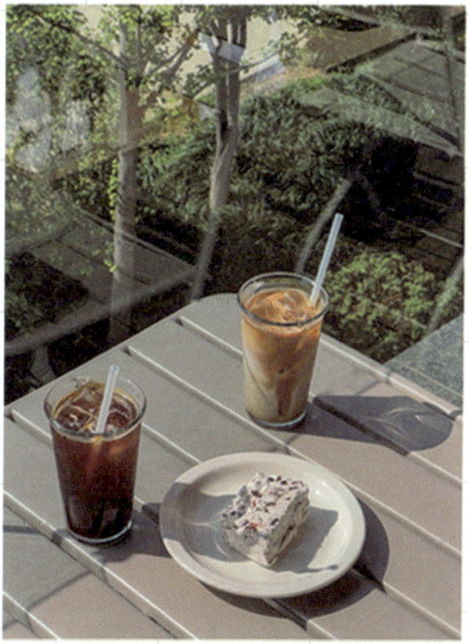

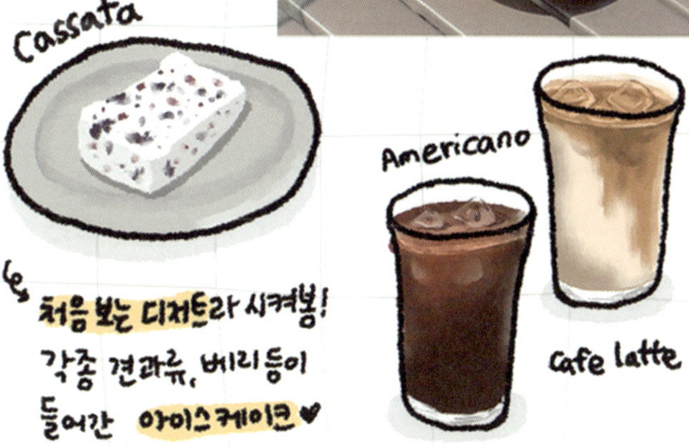

을밀대 평양냉면

서울 3대 평양냉면 맛집 중 하나로 자주 언급되는 을밀대!
평양냉면 특유의 슴슴함이 매력적이고,
고기가 듬뿍 들어간 바삭한 녹두전과 냉면의 조합도 훌륭하다.

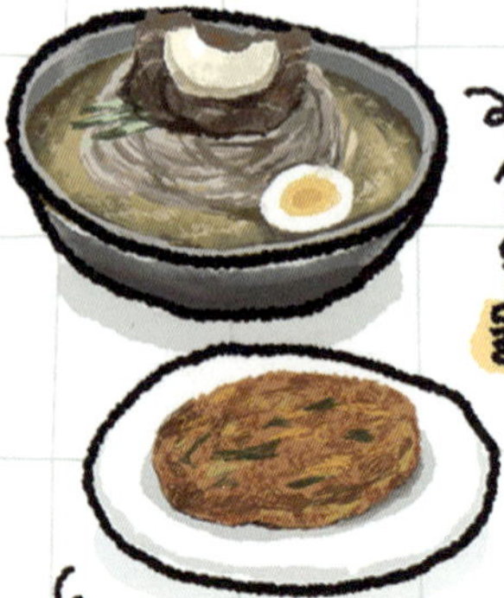

살얼음 동동 물냉면

겉바속촉 녹두전은 잊지말고 꼭 시키기!

포인핸드 경의숲점

커피 한 잔으로 유기동물을 후원할 수 있는 곳.
주문 후 받은 코인을 통에 넣으면 유기동물에게 사료로 전달된다.
입양을 기다리는 강아지들과 한 공간에서 머물며 힐링할 수 있다.

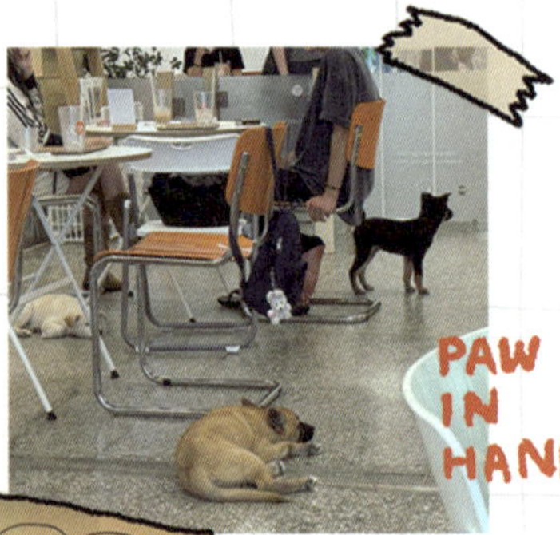

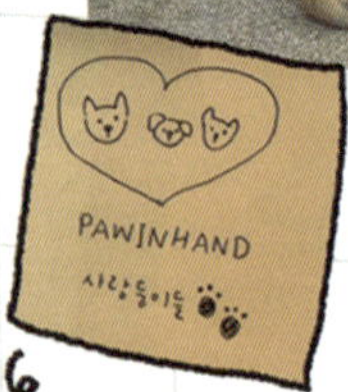

살포시 남기고 온 나의 흔적

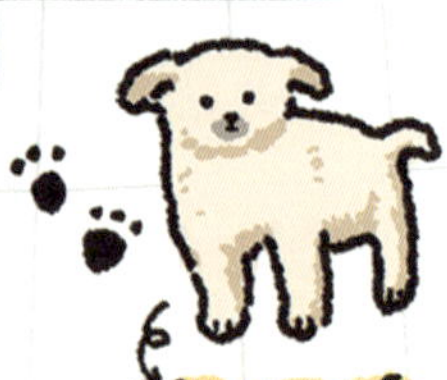

뽀짝 강쥐들 바라보며 힐링..

Daeheung

BEFORE IT MELTS

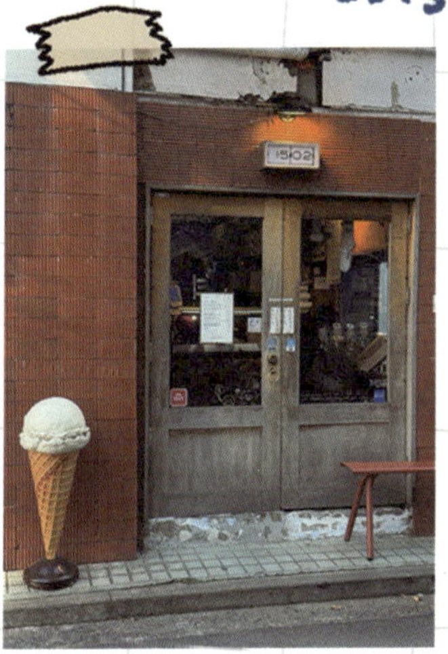

녹기 전에

진하고 맛있는 젤라또 맛집.
딸기 토마토, 깻잎,
장미우유 같은
독특한 맛들이 많아
고르는 재미가 있다.
한 컵에 2가지 맛을
고를 수 있고,
맛보기 스푼까지 더해
총 3가지 맛을
즐길 수 있다.

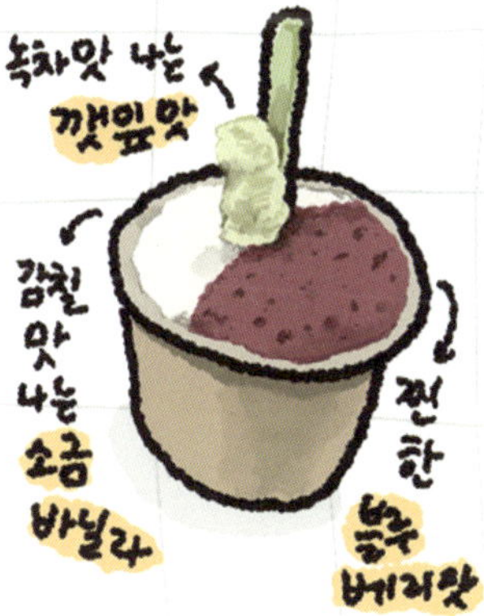

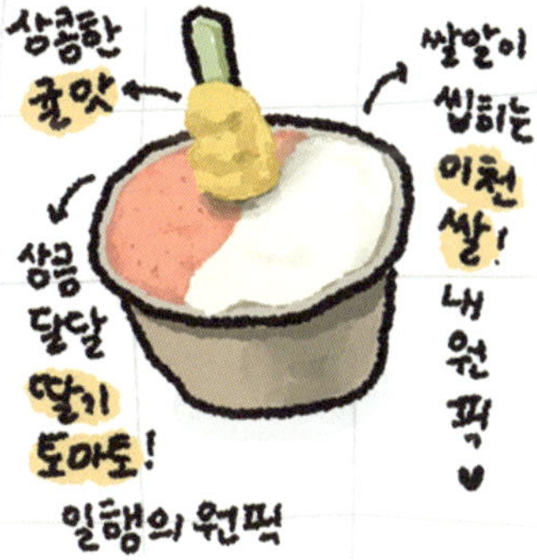

6 한강진역

가볼 만한 곳

리움미술관, 남산야외식물원,
그랜드하얏트서울 아이스링크

Maxim PLANT

맥심플랜트

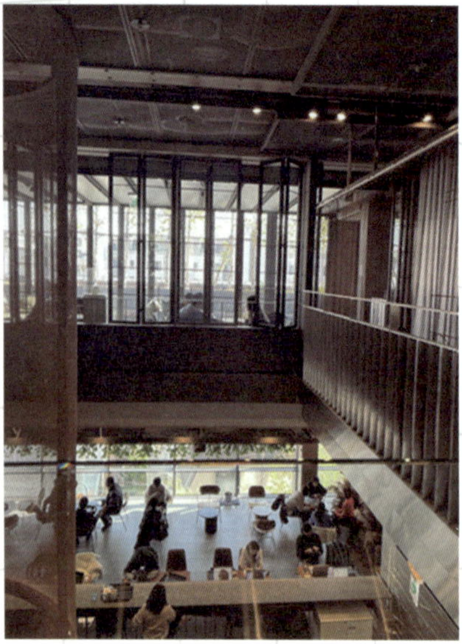

커피 브랜드 맥심에서 직접 운영하는 카페. 지하부터 지상까지 이어지는 넓은 공간과 층고 높은 구조 덕분에 개방감이 뛰어나고, 쾌적한 분위기에서 작업하기 좋다.

Hangangjin

오라라

지나가다가 우연히 들어갔는데,
파리 감성의 예쁜 카페였다.
공간은 크지 않지만 분위기가 있으며,
커피 한 잔에 잠시 여행 온 듯한
기분이 들었다.

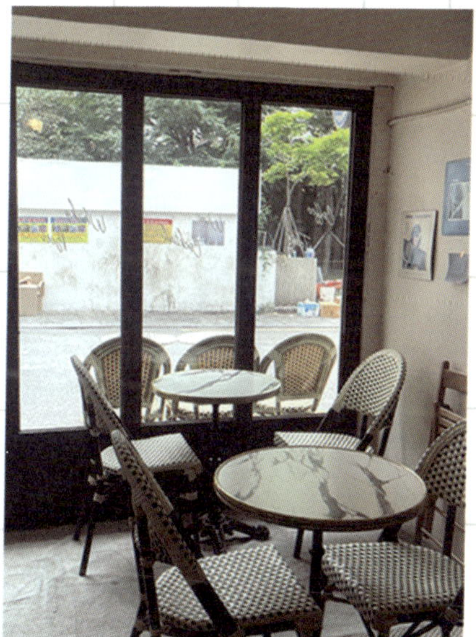

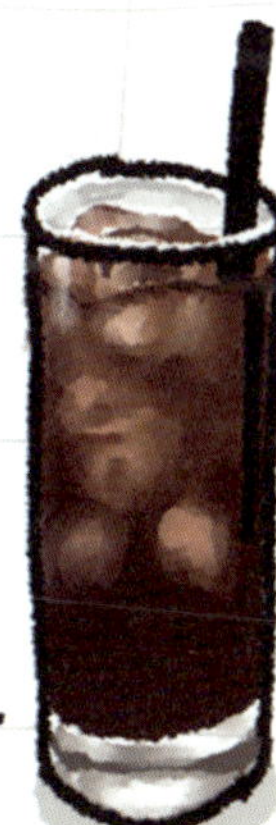

아메리카노 한 잔에
굉장한 deep-토크를 나눴던..

📍 산카레

SAN CURRY

점심시간을 살짝 넘겨 갔는데도 만석이라
땀 뻘뻘 흘리면서 웨이팅했지만,
냉우동 한입에 모든 힘듦이 싹 사라졌다.
라임이 들어가서 입안 가득 상큼했고,
카라아게는 진짜 "바삭!"했다.
쫄깃하고 탱탱한 면발까지 완벽했던 냉우동은
지금 이 순간에도 다시 생각날 만큼 강렬한 맛이었다.

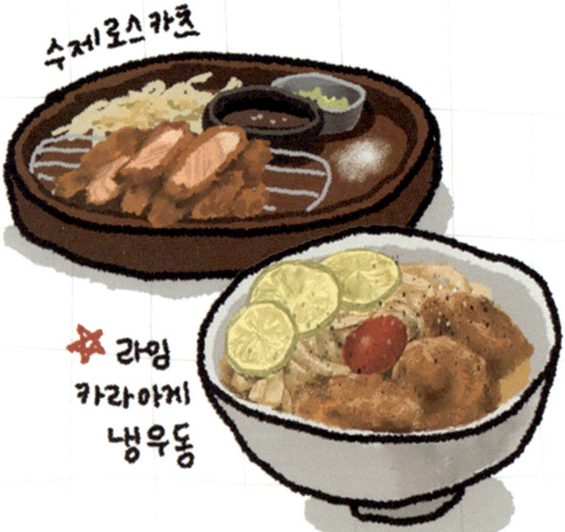

Hangangjin

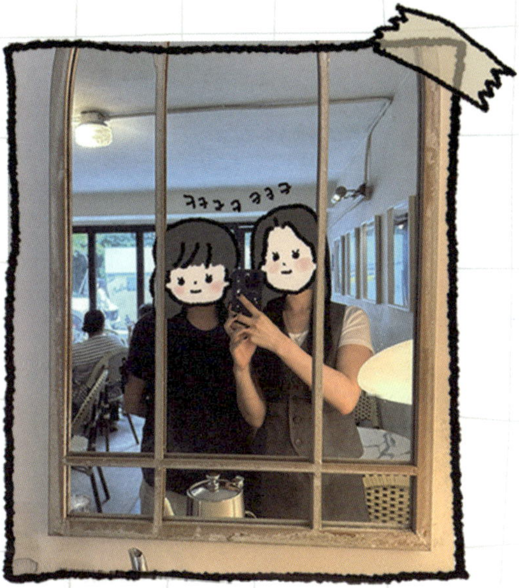

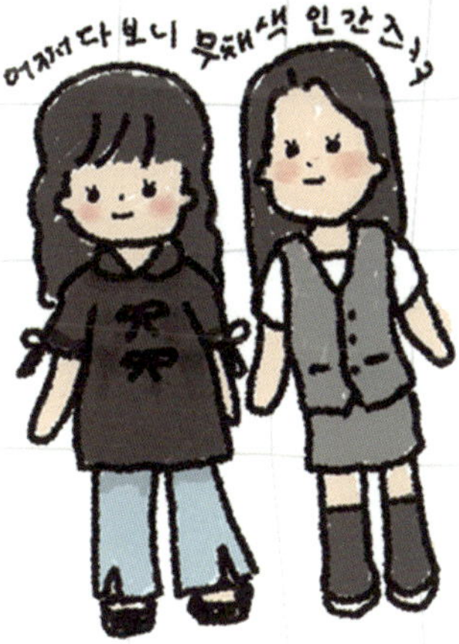

대학내내 붙어다녔던
짱친 동생이랑
밥먹고 일하고
무한 수다 떨고~
즐거운 주말이였다♥

6 이태원역

가볼 만한 곳

경리단길, 이태원 앤틱가구거리,
이태원 부군당 역사공원

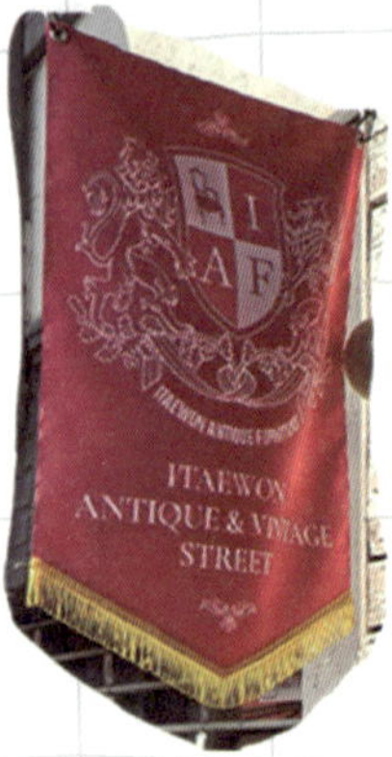

이태원 앤틱가구거리

마침 내가 갔을 땐 축제 기간이라 가게 앞에 소품들이 잔뜩 진열돼 있었다. 평소엔 보기 힘든 빈티지 소품들을 하나하나 들여다보며 그림 영감도 한가득 얻고, 구경하는 것만으로도 여행 온 듯한 기분이었다. 이태원의 매력을 발견할 수 있는 곳.

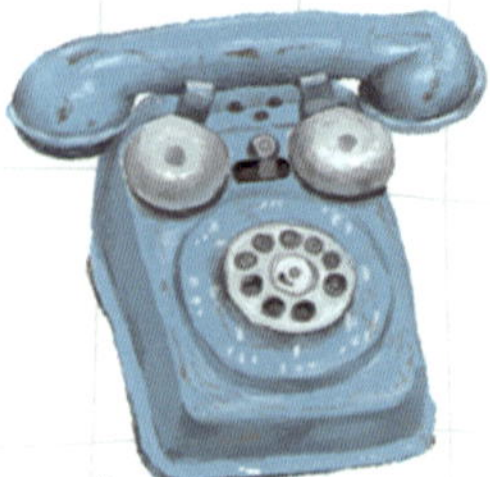

예쁜 앤틱 소품들이 정말 많다!

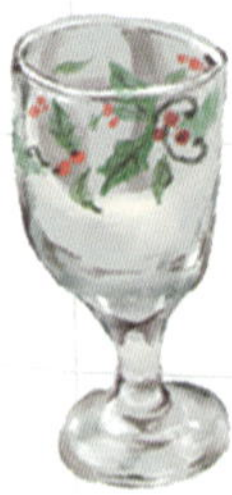

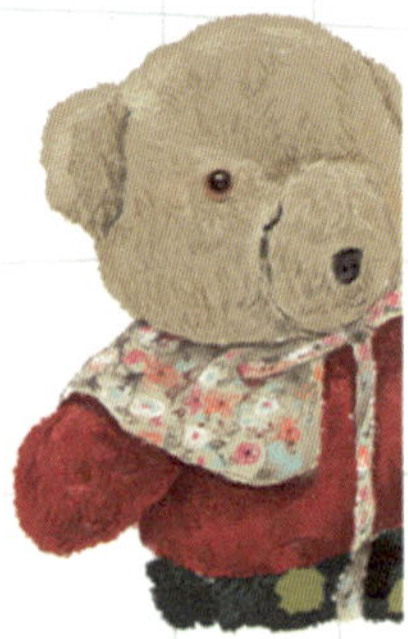

PHOTO DUMP

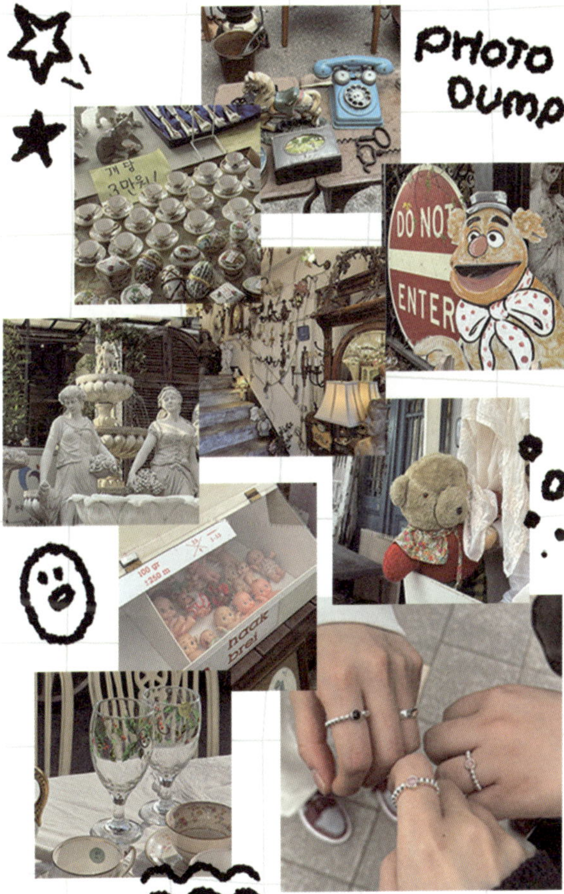

2023. 10. 15
이태원에서..

Itaewon

6 망원역

가볼 만한 곳

망리단길, 망원시장,
망원한강공원, 성산근린공원

고체

망원동의 유명한
수제 젤리 가게.
늘 궁금했던 젤리였는데,
문 닫기 직전에 도착해서
종류가 많지 않았지만
남은 것들로 다양하게
담아왔다.
식감이 정말 독특한데,
일반 젤리보다 부드럽고
탱글하면서도 몰캉한
식감이 묵과 젤리 그 사이
어딘가에 있는 듯했다.
맛은 살짝 슴슴한 단맛인데,
과일 씨나 과육이
살짝씩 씹힌다.

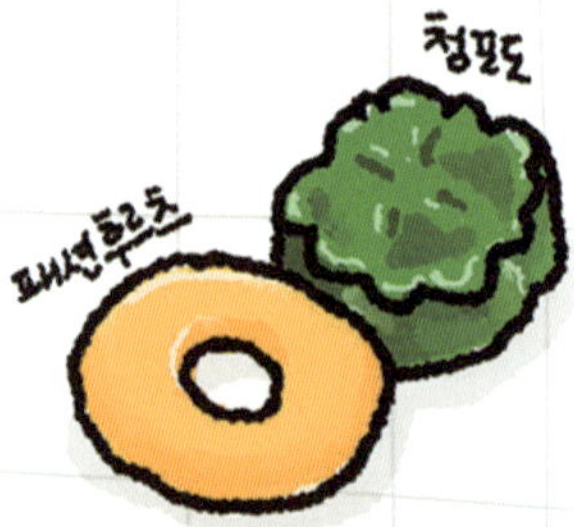

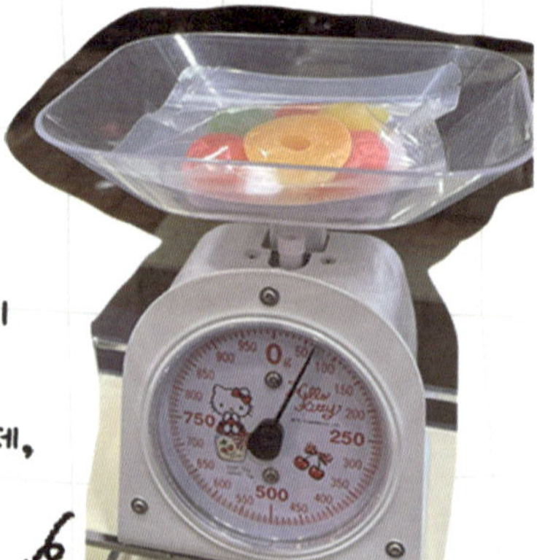

늘 긴장되는 무게 재기

스타벅스 망원한강공원점

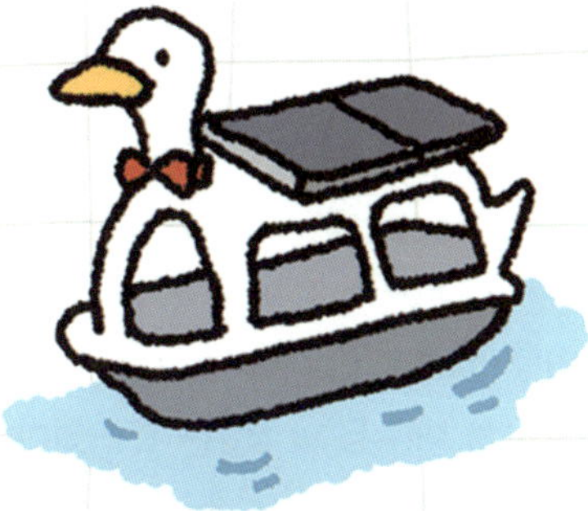

한강 위에 떠 있는
이색적인 매장.
통유리 너머로
펼쳐지는 한강 뷰에
커피 한 잔 하며 여유를 즐기기 좋은 곳이다.
근처 오리배 타는 곳이 보여서 귀여운 뷰까지 덤!
한강 산책하다 잠시 들르기 좋고, 주말에는
사람이 많아 붐비니 한가한 평일 방문을 추천한다.

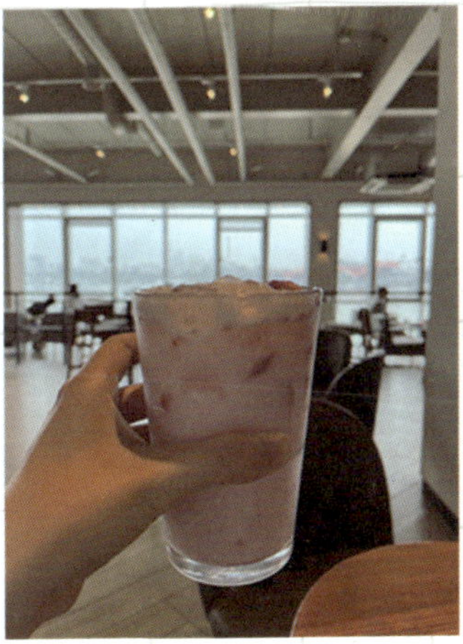

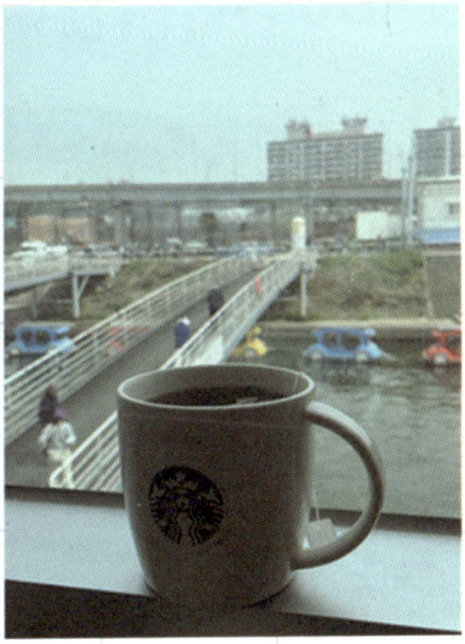

Mangwon

코드파스타 망원

친구의 생일을 기념해 찾은
정통 스타일의 생면 파스타 맛집.
은은한 조명에 아늑한 분위기가 정말 좋았다.
트러플 화이트 라구 파스타와 스테이크는
시그니처 메뉴답게 훌륭한 맛이었다.
내가 방문했을 때는 주류 주문이 필수여서
평소 술을 잘 안 마시는 친구와
처음으로 함께 마신
기념적인 첫 술이었다.

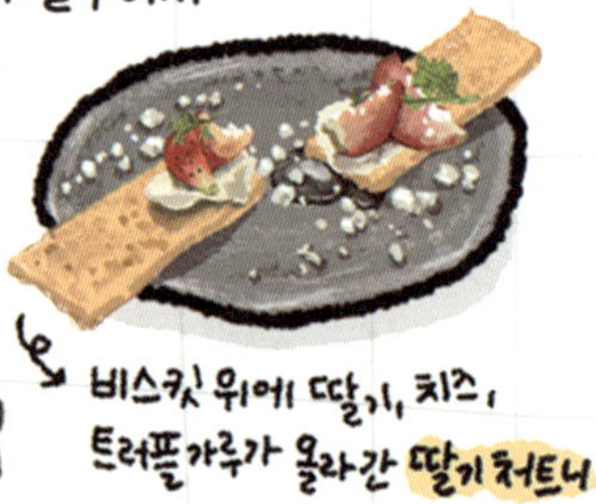

CODD PASTA BAR

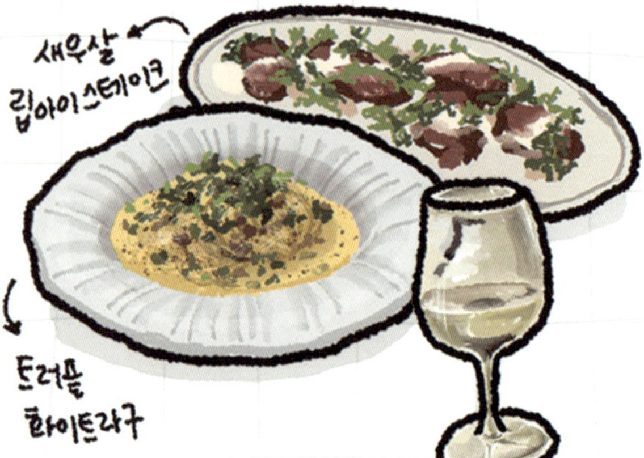

루아르 망원

늦게까지 하는
카페를 찾다가
발견한 곳.
깔끔하고 감성적인
인테리어에
디저트와 음료도
다양하고 맛있다.
낮에 오면 채광이
잘 들어서
더 예쁠 것 같은
공간이다.

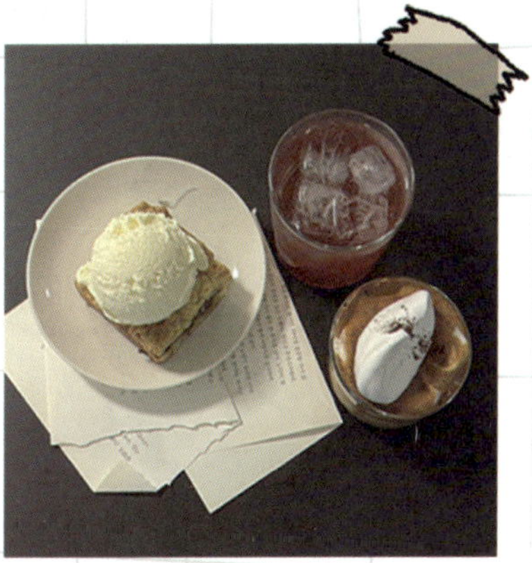

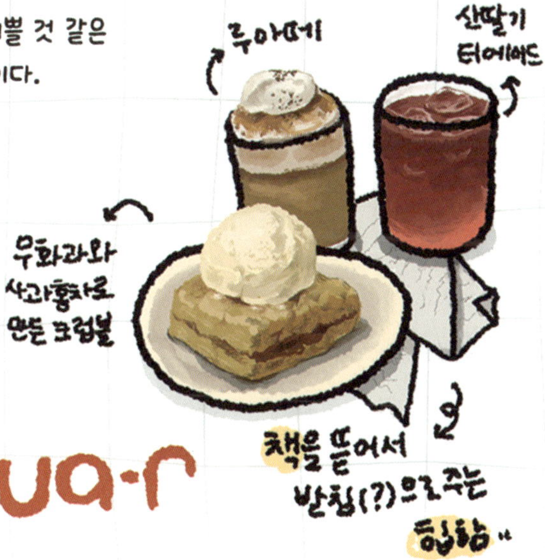

rua-r

Mangwon

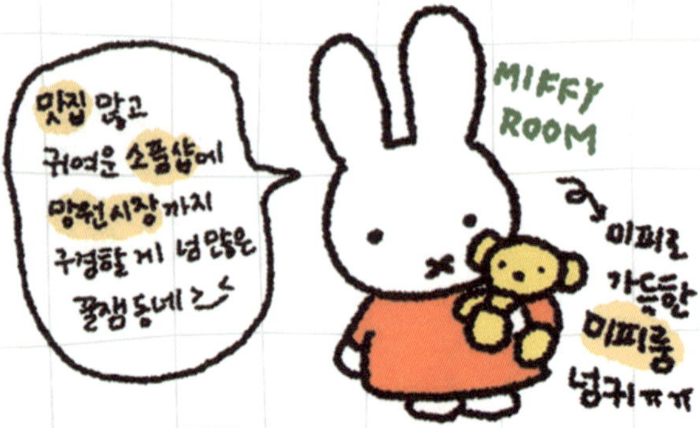

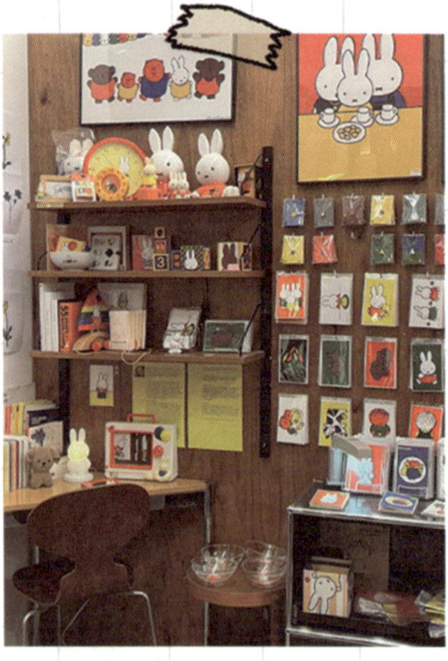

제로스페이스

감각적인 디자인 굿즈가 가득한 소품샵. 매장 안쪽에는 미피 굿즈 전용 공간인 미피룸이 있는데, 소장 욕구 자극하는 귀여운 미피 소품들이 모여 있다.

이때부턴가... 미피에 빠지게 된 게...

소바식당

다양한 소바 메뉴를 맛볼 수 있는 곳. 그중에서도 깨비빔소바는 마치 방앗간을 통째로 삼키는 듯한 진한 고소함이 매력적. 따뜻한 메뉴도 있어서 계절 구애 없이 찾아가기 좋다.

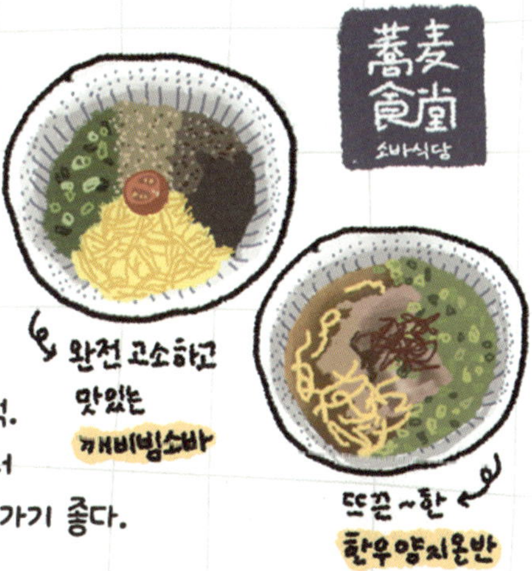

놀이터 가챠

간판부터 귀여운 가챠 머신 모양으로 시선을 끄는 곳. 아담한 공간에 100개가 넘는 가챠 기계들이 빼곡히 들어차 있다. 가게 안쪽에는 '비밀의 방'도 있는데, 그 정체는 직접 방문해서 확인해보자!

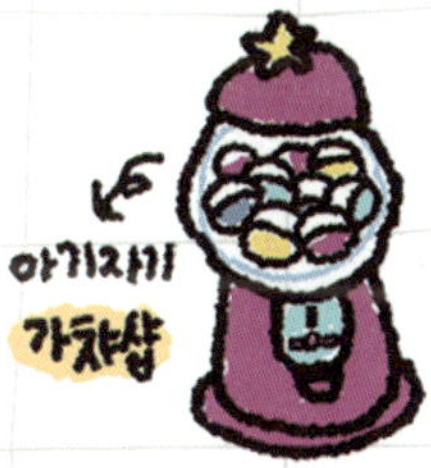

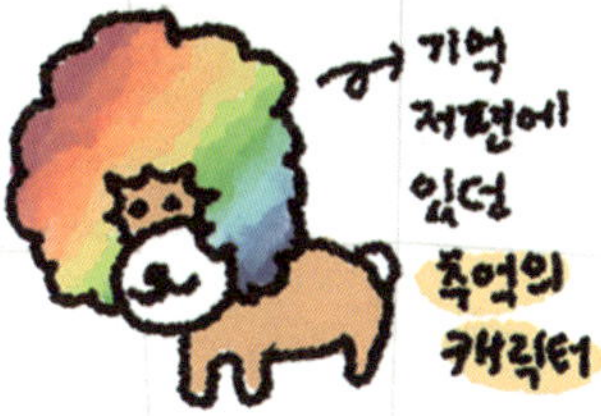

6 신당역

가볼 만한 곳

충무아트센터, 서울중앙시장,
동대문디자인플라자

충무아트센터

베르사유의 장미

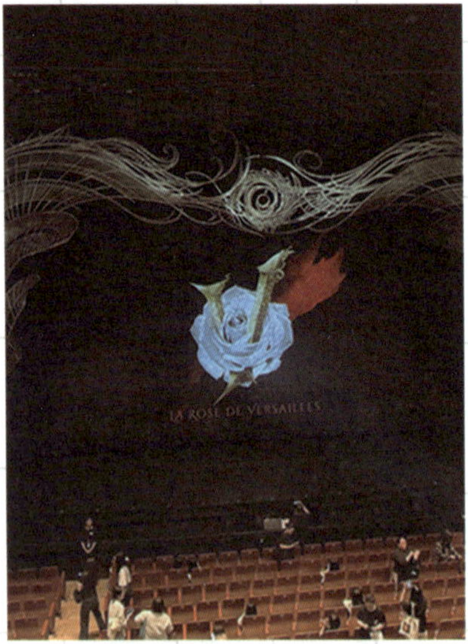

한여름날, 대극장에서
유지컬을 봤다.
배우들의 몰아치는
연기와 노래에
완전히 빠져들어
보다보니 어느새
공연이 끝나 있었다.
스무스하게 전환되는
무대장치와 화려한
조명, 의상까지
모두 인상 깊었다.

오페라글라스도
대여되던데
있으면 좋은듯?!

📍 하니 칼국수

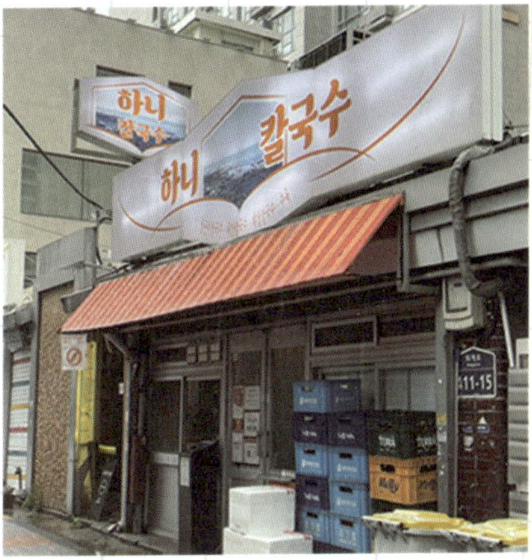

비가 주룩주룩
오던 날,
알곤이에 푹 빠졌던
시기에 찾아간
얼큰한 알곤이칼국수
맛집. 외관은
오래된 맛집처럼
레트로한데,
내부는 의외로 힙한
요즘 감성이었다.
술 한 방울
안 마셨는데도
속이 확 풀릴 만큼
시원한 알곤이칼국수는
비 오는 날씨와
찰떡같이 어울렸고,
담백하고 고소한
오징어다리전과의
조합도 완벽했다.

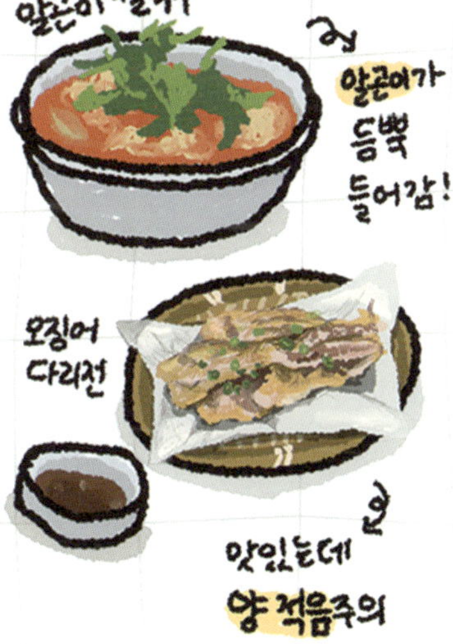

시미베

사시미 케이크라는 메뉴를 보고 내 생일을 맞아
친구와 함께 찾은 곳. 회를 정말 좋아하는 나에겐
이보다 완벽한 생일 케이크는 없었다.
우리는 사시미 케이크와 아부라 소면,
사이교야끼 차항, 그리고 귤과 유자 하이볼을 주문했다.
(이곳은 주류 주문이 필수인 매장이다.)
비주얼도, 맛도 모두 만족스러웠던
저녁 식사였다.

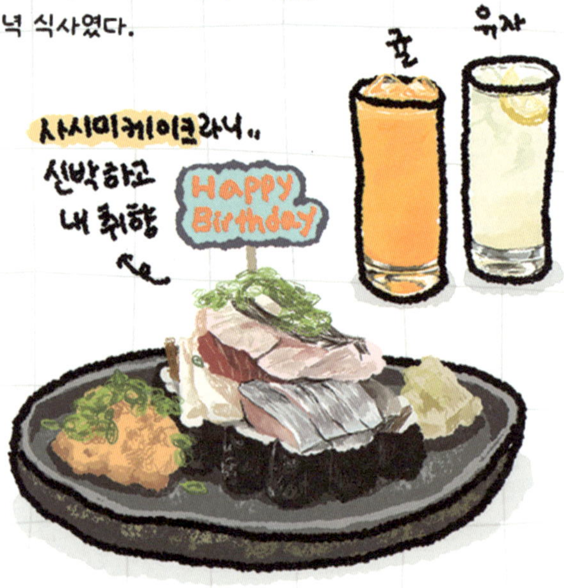

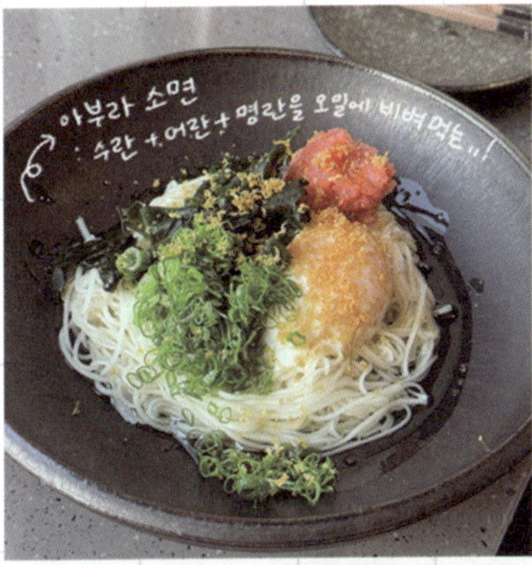

짠!

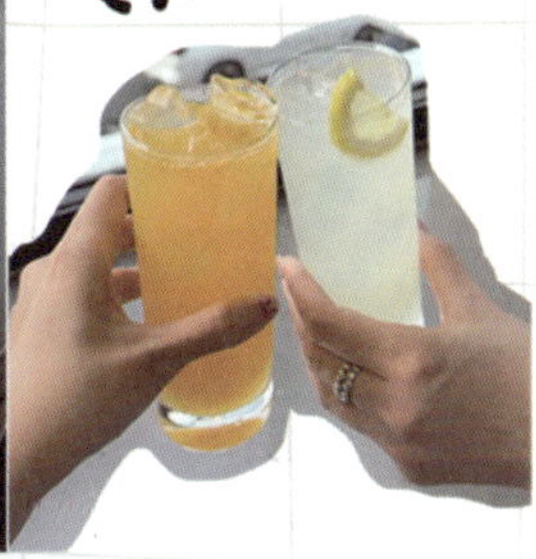

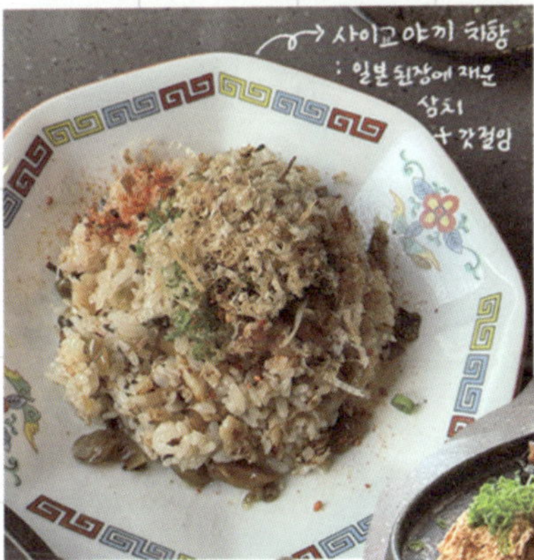

날 위한
케이크잖아?!

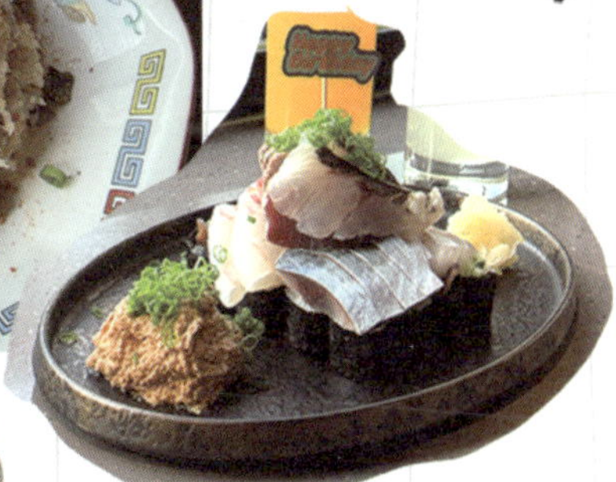

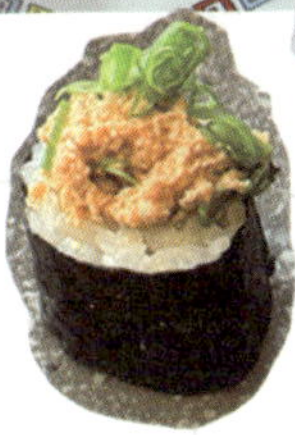

이렇게
야무지게 올려서 먹었다!

Sindang

메일룸 신당

신당동 시장 골목에
위치한 힙하고
귀여운 컨셉의 카페.
1층에서 주문하면
우편함 열쇠를 주고,
음료가 준비되면
그 열쇠로 직접
우편함을 열어
메뉴를 찾아오는
재밌는 시스템이다.
열쇠 꽂기도 전에
문이 열려 있어서
머쓱했던 건
안 비밀.
컨셉에만 충실할
줄 알았는데
에그타르트가
너무 맛있어서
놀랐다.

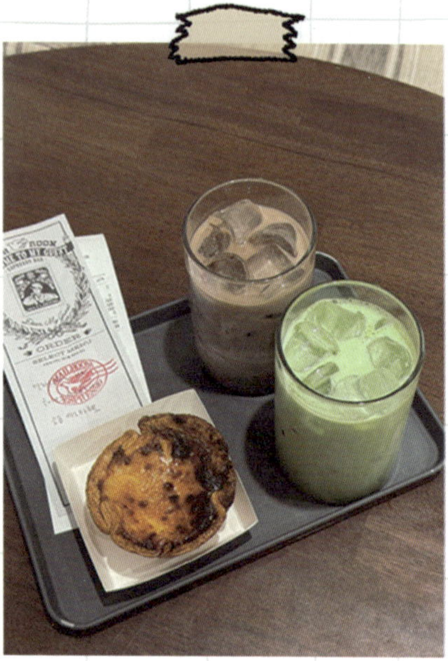

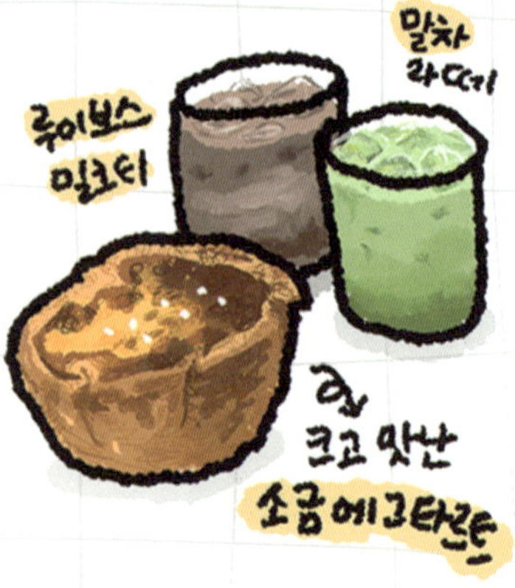

MAIL ROOM
ESPRESSO

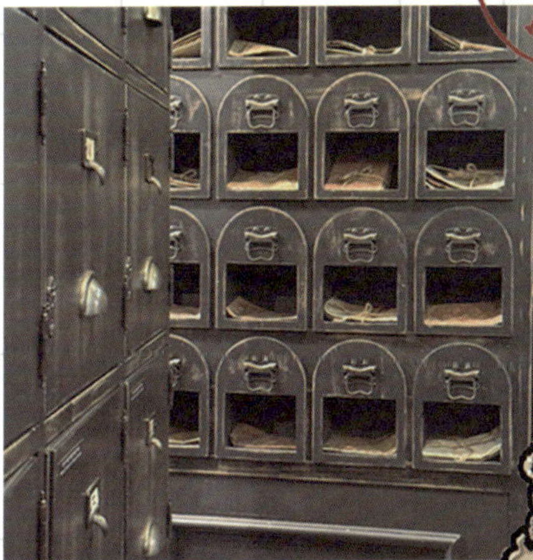

지독한
컨셉
카페인 줄
알았는데
생각보다
소소함ㅋㅋ
그래도 재밌다!

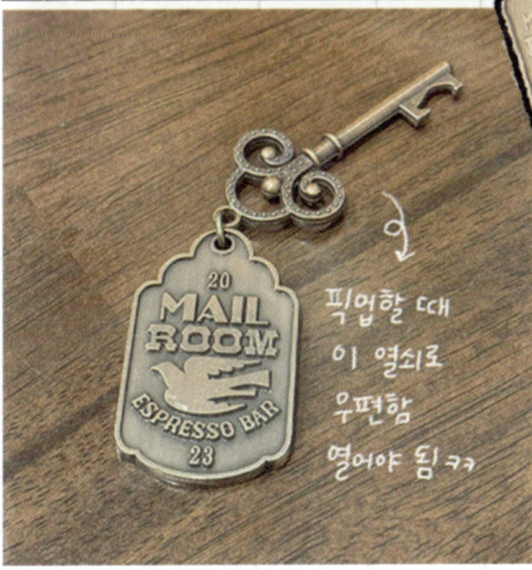

Sindang

에필로그

다음 역을 향하며

몇 년 전, 회사원일 땐 매일 같은 시간, 같은 역으로 출근했다. 반복되는 일상에 지하철 노선도만 봐도 눈앞이 아찔했던 시절이 있었다. '내 인생, 이렇게 노잼으로 흘러가는 걸까?'라는 생각이 머릿속을 스치던 어느 날, 나는 새로운 결심을 했다. 하고 싶은 걸 하자. 지금부터라도.

20년 넘게 그려온 그림을 그리고 싶었고, 전공을 살려 디자인도 하고 싶었다. 경력을 살려 영상 일도 하고 싶었고, 한 번도 해본 적 없는 분야에도 뛰어들고 싶었다.
하지만 나는 게으른 완벽주의자였다. 완벽하게 완성되지 못한다면 시작조차 하지 않았다. '모든 게 완벽하게 준비되면 해야지'라는 생각만 반복할 뿐, 그런 날은 오지 않았다.
그러던 중 유튜브에서 한 영상을 보게 됐다. 내용은 간단했다. 지금 당장 뭐라도 시작하라는 것.
그 말이 내 몸을 일으켰다.

대충

"그래. 일단 대충 해보자."
부담감을 덜기 위해 아예 이름부터 '대충다이어리'라고 지었다. 그렇게 대충 그린 그림이 한 장씩, 대충 쓴 글이 몇 줄씩 쌓여갔다. 어느덧 그것이 나만의 콘텐츠가 되었고, 이를 좋아해주는 수만 명의 사람들이 생겼다. 여러 기회가 찾아왔고, 이렇게 책까지 쓰게 되었다. 이 글을 쓰며 다시 한번 생각한다. 정말 대충 하길 잘했다!

지하철역은 나에게 단순한 이동 수단이 아니라, 창작의 무대이자 영감의 원천이다. 누군가는 팔자 좋게 놀러 다니는 거라 생각할지 모르지만, 나만의 이야기가 담기는 장소는 내 작업에 없어서는 안 될 중요한 재료다.
아직 다 하지 못한 7·8·9호선, 그리고 다른 호선들의 이야기도 언젠가 기회가 되면 꼭 들려주고 싶다.
혹시 여러분만 아는 특별한 장소가 있다면 언제든 제보해 주시길. 언젠가 그곳에서 또 다른 이야기를 시작할 수 있기를 바란다.

대충 그린 서울 핫플 다이어리

초판 1쇄 인쇄 2025년 12월 8일
초판 1쇄 발행 2025년 12월 19일

지은이 이예은
펴낸이 이범상
펴낸곳 (주)비전비엔피·이덴슬리벨

책임편집 김혜경
기획편집 차재호 김승희 한윤지 박성아
디자인 김혜림 이민선 인주영
마케팅 이성호 이병준 문세희 이유빈
전자책 김희정 안상희 김낙기
관리 이다정
인쇄 새한문화사

주소 우) 04034 서울특별시 마포구 잔다리로7길 12 (서교동)
전화 02) 338-2411 | **팩스** 02) 338-2413
홈페이지 www.visionbp.co.kr
인스타그램 www.instagram.com/visionbnp
이메일 visioncorea@naver.com
원고투고 editor@visionbp.co.kr

등록번호 제313-2009-000096호

ISBN 979-11-91937-68-8 03810

·값은 뒤표지에 있습니다.
·잘못된 책은 구입하신 서점에서 바꿔드립니다.